长江师范学院武陵山区特色资源开发与利用研究中心
长江师范学院武陵山片区绿色发展协同创新中心

武陵研究文库

新型城镇化进程中武陵山民族地区乡村文化传承与发展研究

刘安全／著

Theoretical Research on the Inheritance
and Development of Rural Culture in Wuling Minority Region
in the Process of the New Urbanization

中国财经出版传媒集团
经济科学出版社
Economic Science Press

图书在版编目（CIP）数据

新型城镇化进程中武陵山民族地区乡村文化传承与发展研究/刘安全著. —北京：经济科学出版社，2017.11
ISBN 978 – 7 – 5141 – 8716 – 8

Ⅰ.①新… Ⅱ.①刘… Ⅲ.①民族地区-农村文化-研究-湖南 Ⅳ.①G127.64

中国版本图书馆 CIP 数据核字（2017）第 291507 号

责任编辑：王 娟 凌 健
责任校对：隗立娜
责任印制：邱 天

新型城镇化进程中武陵山民族地区乡村文化传承与发展研究
刘安全 著
经济科学出版社出版、发行 新华书店经销
社址：北京市海淀区阜成路甲 28 号 邮编：100142
总编部电话：010 – 88191217 发行部电话：010 – 88191522
网址：www.esp.com.cn
电子邮件：esp_bj@163.com
天猫网店：经济科学出版社旗舰店
网址：http://jjkxcbs.tmall.com
北京季峰印刷有限公司印装
710×100 16 开 14.5 印张 310000 字
2017 年 12 月第 1 版 2017 年 12 月第 1 次印刷
ISBN 978 – 7 – 5141 – 8716 – 8 定价：46.00 元
(图书出现印装问题，本社负责调换。电话：010-88191502)
(版权所有 翻印必究 举报电话：010-88191586)
电子邮箱：dbts@esp.com.cn

重庆市社科规划项目"新型城镇化进程中武陵山民族地区乡村文化传承与发展研究"(2014YBSH042)最终成果

重庆市级2011协同创新中心"武陵山片区绿色发展协同创新中心"资助

前　言

一、本书研究的目的和意义

作为最具中国特色的，也是最具稳定性和柔韧性的乡村文化秩序，正在由城镇化一并而来的乡村工业化、市场化和城市化过程中发生了历史性变迁。乡村文化依附在乡村的自然生态和社会结构之中，是乡村社会组织的深层次反映和内在价值的体现。然而，以人口向城市地区集聚和乡村地区转变为城市地区为主要内容的城镇化使得乡村这一人类最为传统居住形式加速没落。作为乡村人日常生活的乡村文化也因其文化生境改变而受到强烈地冲击。传统生计方式的遗失、群体性民俗活动减少、民族服饰的存封，等等，无不彰显着乡村文化的日渐式微。而另一方面，先进的科学文化与社会主义先进文化深入乡村的进程与其城镇化进程并不适应，甚至远远落后于乡村的基础设施建设。乡村文化的缺失和滞后发展问题，已然成为当前新型城镇化进程中乡村建设的重要问题，需要研究者探索在城镇化、农业现代化和农村建设同步发展过程中乡村文化的传承与创新发展问题。

本书立足于乡村文化自身发展张力，梳理近现代以来中国乡村文化建设理论与实践经验，探寻在新型城镇化进程中乡村传统文化在农业现代化、文化交流互动、文化产业发展等新因素影响下传承创新路径的自我选择，为繁荣民族地区文化，稳定民族地区社会提出建议。服务于民族地区乡村文化建设，丰富民族地区乡村文化研究内容，利于保存和保持传统少数民族社区的民族特色以及相助于传统少数民族社区的经济社会发展。

二、本书的主要内容

一是乡村文化主体研究，即是梳理乡村文化概念，并区分其与村落文化、乡土文化、农村文化的异同。村落文化是与村落这一人类物质创造相应的文化系统，由特定的人群在特定的村落环境中创造出来。乡土文化突出了中国传统社会"人"与"土地"之间的亲密关系，是由乡村人顺应社会背景和具体生活处境而建构出来的行为原则和关系模式。农村文化则是指在农村社会生产方式基础之上，以农民为主体，建立在农村社区的文化。在笔者看来，乡村文化是与乡村生境相适应的新乡村文化，是当代中国乡村人们（不仅仅是农民）满足自身生产生活需要的行为选择，与中国特色社会主义乡村市场相结合的新乡村文化系统，在建设社会主义新农村过程中，承载着"中国梦"的美丽乡村建设赋予了她新的内涵。

二是梳理近现代以来中国乡村文化建设的理论与实践，以历史发展线条来分析政府主导下的乡村文化建设的经验与教训。近现代以来，中国人民一直在寻找实现现代化的适当路径，对乡村社会和乡村文化进行了或强制性、或引导性、或自发性的建设。从1909年清廷新政、孙中山乡村建设、村本政治等国民政府乡村建设运动以及国民党对乡村实施从"自治"到"保甲"的乡村控制政策，再到中国共产党领导的乡村建设和乡村改革，为建设新农村和美丽乡村积累了丰富的乡村建设理论和实践经验。

三是从乡村文化及其生境互动关系研究中，梳理武陵山传统乡村文化与其自然生境同构，以及社会人文生境对其内涵的建构，并通过武陵山区乡村实地考察，对不同类型的文化环境作类别式调查，形成较全面的少数民族传统乡村文化发展的民族志素材。

四是考察分析当代武陵山区乡村文化传承的现代性路径，并以来凤县创新摆手舞文化、龚滩古镇旅游开发与文化发展、湘西学校传承民族文化以及黔江板夹溪十三寨生态博物馆建设为具体案例，总结乡村文化在新型城镇化进程的不同发展与建设途径和手段。并从政府主导、产业拉动以及文化自觉三个方面分析了乡村文化当代传承创新的动力与局限。

五是探讨当代武陵山区民族乡村文化发展与建设的可行模式。从地方性知识解构与现代文明知识体系渗透两个方面的结合来建构新的乡村文化。武陵山区乡村文化在当代的发展与建设，需要通过情境实验的方式，使传统的地方性知识与现代知识体系进行磨合，将两种知识体系中的优秀文化因子有机效地结合起来，创造出适应于当代乡村人们生活与价值观的新乡村文化体系。

三、本书的重要观点

本书将乡村文化传承与发展作为一种在政府主导之下的文化自主选择建设

过程。将文化发展视为活态的社会事件,由此,提出如下观点:

一是当代武陵山区民族乡村文化在现代化过程中已然发生了深刻变化,新时代的乡村文化已不再是原始农耕社会基础上的民俗文化和简单的小传统文化,而是日渐接受现代科学理性思维和市场经济方式的一种新的乡村文化形态。

二是乡村文化是与乡村社会变迁相适应的文化,虽然文化发展可能滞后于乡村社会变迁速度,一些传统文化被大量地抛弃,然而它并未脱离其本质特性,即乡村文化主体仍然按文化对其是否"有用"而进行理性地取舍。文化是人为的东西,也是服务于人的需要的人文行为,这种人的行为包括了政治、教育、舆论、群体组织和文化自身。而在当前新型城镇化建设过程中,乡村文化在当代发展遇到的新困境与新问题。

三是新乡村文化的建设就是以乡村作为文化传承主体在新时期的文化选择,承担着传承乡村优秀传统文化和建设乡村文化新体系的历史使命。乡村将不可避免地进入到现代化的洪流,现代化带来强有力的技术、市场及制度等现代性知识体系势必对传统的地方性知识产生冲击。对现代化以及现代性知识的来到,乡村人们并没像一些学者想象的那样手足无措,而是在固守其某些传统(如人鬼神世界观等无法用科学解释的神秘学范畴)之外,乡民们更多地表现出对现代知识的顺应和渴求。现代文明知识,通过教育来丰富乡村人们的知识系统;通过法律规范确保了人与人平等的社会关系;通过市场调节建立和完善了公平的市场运作环境;通过信息技术让乡村与世界联在一起,从中倡导了世界发展的价值观。

四是文化的发展是一定时间和空间中存在的文化现象,而文化的建构需要通过一定时段和区域空间运行才能实现融合,使之成为新文化结构中的有机部分。武陵山区乡村文化的当代发展就是将传统的地方性知识与现代知识体系中的优秀文化因子有机效地结合起来,实现现代乡村文化的华丽变身。

四、本书的创新性

一是采用"文化与其生境互动"的分析框架来解读武陵山区民族乡村文化在新型城镇化过程中的主动选择、调适等一系列发展行为。将武陵山民族地区乡村文化传承与发展作为一项由政府主导、社区参与的文化建设来研究,倡导活态的乡村文化可以用一定技术性措施让它们重新回到劳动链和社会生活之中。

二是坚持普适研究与专业研究相结合的方法，即以民族学、文化学、社会学等专业研究方法作为指导，坚持从实际出发，实事求是地深入实地进行研究。以渝东南龚滩古镇、酉阳石泉苗寨等旅游开发、黔江板夹溪十三寨民族特色村寨、湖北来凤摆手舞传承以及湘西中小学传承民族文化等具体案例分析了乡村文化现代传承路径、创新动力与局限，为武陵山区乡村文化的现代发展与建设提出建设性意见。

三是研究乡村文化传承发展的活态视角。从分析乡村文化的层次性出发，探究由于传统文化受传统社会制度和政治因素所制约，以及新中国成立之后长期城乡二元结构的影响；探究乡村文化发展的地方性知识体系的解构与选择，和现代性因素渗透与重构的多元动力的作用机理。当代武陵山区民族乡村文化的传承发展是一种既认同乡村传统，又面向现代社会多样化发展的新文化。在传统与现代相对接的当代社会中，一方面，乡村文化既要努力传承和取舍自身的文化传统，又在不断地吸收现代性知识中不断适应乡村社会现代化进程；另一方面，以伸张人民权利为核心的社会主义国家文化战略和政策，遵循文化发展规律，以先进的文化指引着乡村文化发展，用技术性措施进行着科学合理的文化指导和文化控制，从而传承和创新乡村文化。

五、本书的学术价值、应用价值及社会影响和效益

（一）学术和应用价值

一是丰富民族地区乡村文化研究的内容。课题将实地田野考察与民族志研究相结合，重新审视武陵山区民族乡村文化的典型性、特殊性和重要性，厘清其在快速现代化过程中发展、变迁以及互动的表现形式与原因，从而检验文化变迁、文化进化、文化适应等相关文化理论，有利于将乡村文化研究推向深入。

二是利于保存和保持传统少数民族社区的民族特色。乡村文化如实地反映了当地社会文化的形态与内容。本书对武陵山区民族乡村文化的梳理，将系统地呈现出少数民族乡村文化表现形式、发展历史、特点，从而有利于在传统民族乡村建设中保持民族特色。

（二）社会影响和效益

一是服务民族地区乡村文化建设。乡村文化建设是保持社会稳定、增强社会凝聚力、促进社会和谐发展的重要途径。乡村文化在促进乡风形成、改变农

村面貌、增强农民素质、丰富农村生活、凝聚农村人心等方面发挥着积极的作用。在随新型城镇化而来的现代化、市场经济以及乡村文化建设滞后等多重因素的影响，传统乡村文化濒临枯竭、乡村文化生活贫乏、文化缺乏活力和创造力，一些腐朽庸俗的不良文化在乡村逐渐抬头。人们在价值判断与选择上，出现信仰危机、价值失序、是非观念模糊等不容忽视的问题。研究立足于乡村文化自身发展张力，通过对乡村文化发展规律的探索，研究在新型城镇化进程中乡村传统文化在农业现代化、文化交流互动、文化产业发展等新因素影响下传承创新路径的自我选择，为繁荣民族地区文化，稳定民族地区社会提出建议。

二是研究为武陵山民族地区乡村文化发展提出不少建议，并得到地方政府和相关文化单位的采纳，对于武陵山民族地区乡村文化发展规划与实施起到重要作用，对于该地区的公共文化服务、文化产业发展、文化旅游融合发展以及文化扶贫等方面工作提供了具有建设性的政策建议。

三是书中涉及相关论文被主流文献数据库收录，拥有较高的下载量和引用量，学术和社会影响较好。多篇论义在各级学术论坛中交流并获奖。

六、对策建议

课题研究表明，新时期武陵山区乡村文化的传承与发展是乡村文化在当代适应人的需求而发生的改变。这种改变是一种以乡村人们为主体的、有计划的文化变迁过程，而在文化发展规律规约之下，这种文化变迁又受着文化传统、社会政治、社会教育和社会舆论等内外部因素的制约和影响。武陵山区乡村传统文化体系是一个结构系统，并且处于被人们熟知其可用或不可用的认知状态之中，透过文化的某种标准可以将其系统还原成多个元素，并一一对应到现代乡村文化的结构体系之中。武陵山区乡村文化在当代的发展与建设，一方面是传统文化不断解构，另一方面则是传统文化持续重构。因此，乡村文化的传承与发展是满足人民需要，由文化传承者不断协调人与自然、人与社会、人与人关系而采取的文化优化。

武陵山区乡村文化发展与建设是国家文化发展大局的一部分，必须与满足当代乡村人们的文化和生活需求、与中国特色市场经济体制相适应。因而必须以科学发展和绿色发展理念引领乡村文化发展和创新，以社会主义先进文化重建乡村文化秩序和价值，以丰富多样的民间文化活动创新乡村文化发展和实践形式。从实践策略方面，建议理顺乡村文化建设的引导和管理体制，提升乡村文化的精品化程度，找回乡村文化自信，重聚乡村人气。

目 录

第一章 绪论 ………………………………………………………… 1
    第一节 问题的提出及选题意义 ……………………………………… 1
    第二节 文化研究视阈中的中国乡村 ………………………………… 2
    第三节 指导性文化变迁、文化控制与文化传承创新 ……………… 7
    第四节 研究的思路、基本方法和主要内容 ………………………… 10

第二章 近现代中国乡村文化建设理论与实践 …………………… 14
    第一节 乡村文化概念解析 …………………………………………… 14
    第二节 晚清至民国时期中国乡村文化建设实践与理论探索 ……… 18
    第三节 中国共产党的乡村文化建设理论与思想 …………………… 26
    第四节 新中国成立后的乡村文化建设与改革 ……………………… 29

第三章 武陵山区乡村文化及其特征 ……………………………… 33
    第一节 武陵山区传统乡村文化类型及其特征 ……………………… 33
    第二节 武陵山区城镇化与乡村文化建设 …………………………… 40

第四章 武陵山区乡村生境变迁及其文化发展 …………………… 49
    第一节 传统社会中武陵山区乡村文化与其生境的同构 …………… 49
    第二节 武陵山区乡村社会文化的近代传统 ………………………… 63
    第三节 武陵山区社会现代转型与乡村文化变迁 …………………… 71

第五章 武陵山区乡村文化传承发展的现代路径 ………………… 87
    第一节 来凤县土家族摆手舞传承与创新 …………………………… 87
    第二节 龚滩古镇的旅游产业开发 …………………………………… 93
    第三节 学校里的民族文化课堂 ……………………………………… 117
    第四节 板夹溪十三寨生态博物馆的文化陈列与展演 ……………… 123

第六章　乡村文化传承创新动力与局限 …… 137

第一节　政府主导下乡村公共文化服务与文化发展 …… 137

第二节　产业拉动与乡村文化建设指向 …… 153

第三节　文化自觉与乡村民办文化诉求 …… 179

第七章　武陵山民族地区和谐乡村文化发展与建设 …… 194

第一节　新时期乡村文化发展与建设起点 …… 194

第二节　武陵山乡村文化发展与建设的目标 …… 200

第三节　武陵山区乡村文化发展与建设的实践策略 …… 204

参考文献 …… 211

后　记 …… 217

第一章 绪论

新农村建设一定要走符合农村实际的路子，遵循乡村自身发展规律，充分体现农村特点，注意乡土味道，保留乡村风貌，留得住青山绿水，记得住乡愁。

——习近平

第一节 问题的提出及选题意义

乡村和城市是人类居住的两种主要形式。"将乡村和城市作为两种基本的生活方式，并加以对立起来的观念，其源头可追溯至古典时期。"[1] 城市以智力、交流和知识为特征代表着成功，引领着人口从乡村到城市自然流动的趋势。以人口向城市地区集聚和乡村地区转变为城市地区为主要内容的城镇化（也称城市化）应运而生。乡村这一人类最为传统居住形式，在早期城镇化建设进程中加速没落。

2014年3月，国务院印发了《国家新型城镇化规划（2014~2020年）》强调新型城镇化是以城乡统筹、城乡一体、产城互动、节约集约、生态宜居、和谐发展为基本特征的城镇化，实现大中小城市、小城镇、新型农村社区协调发展、互促共进。新型城镇化为实现城乡一体化，在以人口城镇化为核心，以城市群为主体形态，以综合承载能力为支撑，全面提升城镇化质量和水平，美丽乡村出现了更多的城市性特征。民居环境改善、农民工市民化、城镇就业等城镇化措施更削弱了传统乡村的乡村性。而作为乡村人日常生活的乡村文化也因其文化生境改变而受到强烈地冲击。传统生计方式遗失、群体性民俗活动减少、民族服饰存封，等等，无不彰显着乡村文化的日渐式微。而另外，先进的科学文化与社会主义先进文化深入乡村的进程与其城镇化进程并不适应，甚至

---

[1] ［英］雷蒙·威廉斯著：《乡村与城市》朝子满、刘戈、徐珊珊译，商务印书馆2013年第1版，第1页。

远远落后于乡村的基础设施建设。乡村文化的缺失和滞后发展问题，已然成为当前新型城镇化进程中乡村建设的重要问题，需要研究者探索在城镇化、农业现代化和农村建设同步发展过程中乡村文化的传承与创新发展问题。本课题立足于乡村文化自身发展张力，探寻在新型城镇化进程中乡村传统文化在农业现代化、文化交流互动、文化产业发展等新因素影响下传承创新路径的自我选择，为繁荣民族地区文化，稳定民族地区社会提出建议。

第一，服务民族地区乡村文化建设。乡村文化建设是保持社会稳定、增强社会凝聚力、促进社会和谐发展的重要途径。乡村文化在促进乡风形成、改变农村面貌、增强农民素质、丰富农民生活、凝聚农村人心等方面发挥着积极的作用。在随新型城镇化而来的现代化、市场经济以及乡村文化建设滞后等多重因素的影响，传统乡村文化濒临枯竭、乡村农民文化生活日渐贫乏、文化缺乏活力和创造力，一些不良文化在乡村逐渐抬头。人们在价值判断与选择上，出现信仰危机、价值失序、是非观念模糊等不容忽视的问题。本书通过对乡村文化发展规律的探索，将有利于建立社会主义文化的乡村价值体系。

第二，丰富民族地区乡村文化研究的内容。本书将实地田野考察与民族志研究相结合，重新审视武陵山区民族乡村文化的典型性、特殊性和重要性，厘清其在快速现代化过程中发展、变迁以及互动表现形式与原因，从而检验文化变迁、文化进化、文化适应等相关文化理论，有利于将乡村文化研究推向深入。

第三，利于保存和保持传统少数民族社区的民族特色。乡村文化如实地反映了当地社会文化的形态与内容。本书对武陵山区民族乡村文化的梳理，将系统地呈现出少数民族乡村文化表现形式、发展历史、特点，从而有利于在传统民族乡村建设保持民族特色。

第四，有助于传统少数民族社区的经济发展。保护及可持续开发乡村社区传统物质和非物质文化资源，对于利用本地资源发展特色优势产业，促进传统少数民族社区"一村一品""一区一品"经济文化格局是至关重要的。

第二节 文化研究视阈中的中国乡村

（一）国外研究：读懂中国的乡村模型

相对而言，国外学者致力于构建理论框架来认知和理解中国乡村社会与文化，在研究方法和视角上提供了借鉴，如黄宗智以华北农村的农业经济考察乡村社会文化，施坚雅以中国四川农村的市场研究传统中国的社会结构，杜赞奇创建了"文化的权力网格"来解释中国传统乡村社会文化，以及里查德·麦迪森以社会主义意识形态与传统德治父权统治之间的差异与冲突，揭示乡村文化变迁的基本态势。

黄宗智的《华北的小农经济与社会变迁》梳理和比较国外关于农村经济研究的三个学派，即以舒尔茨为代表的形式主义学的"理性小农"、波拉尼、斯科特为代表的实体主义学的"道义小农"以及传统马克思主义学从生产关系层面研究的"剥削小农"，进而区分中国不同阶层的小农。他认为中国的小农可以分为三个阶层，即富农或经营式农场主、自耕农、佃雇农。乡村社会中小农的分化形成分层，一是雇佣劳力的富农和经营式农场主，一是出卖劳力的贫农和雇农。该书以20世纪30年代日本人在华北33个村庄的实地调查资料为基础，探讨清初至20世纪40年代中国华北乡村经济的演变形式，关照到华北农村经济作物（棉花）的种植取代粮食种植在提高小农收益和成本的同时，加速了华北农业经济的商品化。而小农的分化并没有产生资产阶级和工人阶级的萌芽，因而作者坚信"清初以来，中国华北农村经济中没有出现资本主义萌芽"这一观点。[①]

施坚雅在《中国农村的市场和社会结构》中提出了中国农村集市体系理论和区域体系理论，对中国农村市场形态、功能、结构及变迁等进行理论层面分析和探讨。他首先清晰地界定了农村、基层市场、中心市场和都市等概念，随后提出了六边形市场区域理论。结合几何学原理和中国经验数据，他认为，"农民的实际社会区域的边界不是由他所住村庄的狭窄的范围决定，而是由他的基层市场区域的边界决定"，因此，每一个市场区域被挤成了六边形。由于施坚雅提出的是一个纯粹抽象的数学模型，并非由中国史料，而是由欧洲相类似情况推理而出，所以自它提出之日起一直受到学者非议。[②]

杜赞奇在《文化、权力与国家——1900～1942年的华北农村》提出文化网络的概念，并认为文化网络是地方社会中权力生发的源泉。研究着眼于"国家政权建设"和"权力的文化网络"之间的关系，利用日本南满铁道株式会社调查部编辑的《中国贯行调查报告》和南开大学经济研究所在20世纪二三十年代所做的社会调查材料，分析建构从晚清到国民政权一步步地深入乡村社会和权力的文化网络在乡村发挥不同的效用——从融合到消解的过程。说明国民政府在推进政权建设的过程中，忽视了文化网络在地方社会权力生长过程中的决定性作用，最终被政权内卷化逆流所淹没。战争、匪患、自然灾害不是

[①] 黄宗智：《华北的小农经济与社会变迁》，北京：中华书局1986年版。
[②] ［美］施坚雅著：《中国农村的市场和社会结构》，史建云、徐秀丽译，中国社会科学出版社1998年版。

国民党丧失政权的根本原因，由国家政权内卷化而导致的政权非法化才是根本。①

查德·麦迪森（Richard Madsen，中文名赵文词）《一个中国乡村中的道德与权力》②关心的是现代社会道德秩序。这种道德秩序的实践通过仪式与道德话语得以完成和转化，行动者使用社会中的文化资源形成这些仪式与话语。麦迪森和陈佩华、安戈三人通过对1975～1978年间移居香港的陈村村民的访谈，研究新中国成立后陈村在由国家所编织的经济与政治关系网中的社会变迁。考查乡村的道德权威与政治秩序，并分析国家、行动者、社区之间的互动，揭示陈村变迁中的"共产主义意识形态与传统德治父权统治之间的根本差异和潜在矛盾与冲突"和"社会主义'新人'在乡村是如何在不断接受国家所强加的道德'锻炼'的同时，又为自己的目的而有意识地利用这种'锻炼'"。③

（二）国内研究：从落后传统到文化资本

从近代以来，中国乡村社会一直处于剧烈的变化过程之中，传统乡村文化随之发生变迁。乡村文化研究者们对传统乡村文化的认知也从鄙视的极端观点转向为较为相对和尊重的态度，引发了乡村文化研究理论、方法与视角的变化。

自20世纪20年代开始，传统乡村文化被视为"落后""愚昧"与"封建"的残留，而新村改良就是用西方的"先进文化"来改造"病入膏肓"的中国传统文化。一些学者基于实业救国、教育救国的理念开始进行乡村社会建设与文化改良实验，以梁漱溟的乡村建设理论和晏阳初的"民族再造"思想影响较为广泛。梁漱溟认为中国的问题的根本就是文化失调，而根治病态中国最好的良方就是"创造新文化，救活旧农村"。④救活旧农村则必须组织和教育农民，对中国传统乡村社会的文化秩序进行改造，既要继承文化优秀传统，又要吸收外来文化精粹，以实现乡村文化和乡村秩序的重建。晏阳初则认为中国乡村问题归根到底是人的问题。"对于民族的衰老，要培养它的新生命；对于民族的堕落，要振拔它的新人格；对于民族的涣散，要促成它的新团结新组织"。⑤所以，他主张用学校教育、社会教育和家庭教育相结合的方式在农村

---

① ［美］杜赞奇著：《文化、权力与国家——1900～1942年的华北农村》，王福明译，江苏人民出版社2010年版。
② Richard Madsen, *Morality and Power in A Chinese Village*, Berkeley: University of California Press, 1984, 2.
③ 郑欣：《运动中乡村道德与权力——毛泽东时代的陈村领导及其道德困境》，《二十一世纪》网络版，2002年12月号。
④ 梁漱溟：《梁漱溟全集》第1卷，山东人民出版社1989年版，第612页。
⑤ 梁漱溟：《乡村建设论文集》，邹平乡村书店1936年版，第32页。

进行政治、教育、经济、自卫、卫生和礼俗建设。

费孝通先生以一个文化自观者的角度提出了中国传统乡土性文化的解释框架：差序格局理论。差序格局概括了中国乡土社会的基层结构，解释了中国传统社会的政治、经济和文化以及人际关系的特点。"以'己'为中心，像石子一般投入水中，和别人所联系成的社会关系，不像团体中的分子一般大家立在一个平面上，而是像水的波纹一般，一圈圈推出去，愈推愈远，也愈推愈薄"。① 差序格局理论为认知和理解中国传统社会与文化提供了良好的理论范式。在解释性研究范式下，王沪宁在《当代中国村落家族文化——对中国社会现代化的一项探索》中概括了转型期家族文化向现代社会变迁的主要特征。②黄树民《林村的故事——一九四九年后的中国农村变革》以农村党支部书记叶文德的生命史为主线，描绘了福建厦门乡村社会文化变迁景象，揭示了在中国农民的经济社会发展过程中生活普遍改善，国家倡导的大众文化得以建立的背景下，某些传统的信仰与习俗在乡村仍得以延续。③王国胜指出，现代化、工业化和城市化进程使乡村文化受到前所未有的冲击，在规模和形式上都是"解构"和"重构"的过程。④

时至今日，乡村文化在现代化、新农村建设、新型城镇化背景和"文化多元""保护非物质文化遗产"等思想理念下，有识之士逐渐认识到乡村文化的价值，强调在保存传统乡村文化"文脉"前提下建设有先进性的新乡村文化。如孟航提出建设具有民族特色的新城镇，必须从文化实践出发，综合考虑环境、资源承载力、人的需求以及文化的发展。⑤纪丽萍强调了现代化与乡村文化不囿于形式都能够发展出精彩纷呈的内容，两者之间正向博弈的实现，还须夯实乡村文化现代性发展的内在根基，增强我国乡村文化现代性发展的经济基础和发挥地方政府的主导作用。⑥周军针对农村现代化的发展历程与发展规律、乡村文化转型、国家主导文化和乡村"小传统"文化冲突的现状及其问题进行分析，提出了乡村文化知识与价值系统、文化保障系统、文化管理系统和文化动力系统的建构策略。⑦ 在辛秋水看来，乡村文化的现代化需要"文化扶贫"，倡导"扶贫扶人，扶智扶文"，即以"树人"为核心的文化扶贫围绕着人及人的行为习惯，通过乡村"三个基地"（图书室、贴报栏群、实用技术培训中心）、"一个保障"（村民自治）建设，培育农村的民主文化、法治精神

---

① 费孝通：《乡土中国》，江苏文艺出版社2007年版，第29页。
② 王沪宁：《当代中国村落家族文化——对中国社会现代化的一项探索》，上海人民出版社1991年版。
③ 黄树民：《林村的故事——一九四九年后的中国农村变革》，读书·新知三联书店2002年版。
④ 王国胜：《现代化过程中的乡村文化变迁探微》，载《长江论坛》2006年第05期。
⑤ 孟航：《文化实践与民族地区的新型城镇化道路》，载《中国民族》2013年第06期。
⑥ 纪丽萍：《变迁视阈中的现代性与中国乡村文化》，载《理论月刊》2013年第05期。
⑦ 周军：《中国现代化与乡村文化建构》，中国社会科学出版社2012年版。

和科学思维，塑造新一代农民，使之能够依靠自己的力量创造财富，摆脱贫困。[①]

基于乡村文化产业发展的研究，则侧重于将乡村文化作为一种产业资源，其研究重点在于从资源到产品的途径和模式探索。乡村文化的开发利用，要导入产业意识用创意去激活现存的资源，引入现代文化元素和表现方式使乡村文化焕发出新的生命力。[②]李佳认为本土价值观复兴和村民经济利益诉求，为乡村文化的现代性重构提供了契机。乡村文化的现代性重构需要完成从资源到产业的转化：一是精神性重构，对乡村文化空间和文化意象的重构；二是制度性重构，建立起符合现代产业方式的合理体系。[③]马翀炜等人认为乡村文化产业发展不仅促进了当地的经济增长，提高了村民参与市场经济的能力，而且使社区的组织结构得到了改善。乡村文化产业化可以依托旅游业发展和开拓市场，实现日常生活用品向民族工艺产品转化，民族歌舞向民族歌舞演艺业转化，传统民族艺术品向文化产品转化等。[④]刘从水指出以乡村文化产业为动力的云南民族村寨经济转型包含了资源要素、行为主体、组织方式、经济成果和产业结构转型五个方面。[⑤]

在当前数以千计以"乡村文化"为关键词的文章和专著多从乡村文化特质、乡村文化变迁、乡村文化发展冲突与矛盾等方面加以研究。上述乡村文化研究呈现出两种不同的研究取向：一是乡村文化建设研究，二是乡村文化认知研究。学者多从乡村文化发展的某一方面进行研究，而较少对其进行系统地考量。因此，需要建立一个乡村文化发展完整体系的观察视野。

另外，就微观研究而言，研究者对于华北、东南和西南的乡村个案关注较多，而中南地区的少数民族乡村文化研究略显单薄。武陵山区是土家、苗、侗等少数民族聚居之地，在经历社会主义改造、新农村建设、农村现代化和新型城镇化的过程中，其乡村社会发生重大的改变。因其处于中原与西南少数民族的结合部，又是传统的少数民族地区，学者们关注到少数民族文化、经济与社会的发展与转型，取得了丰硕的成果。如段超的《土家族文化史》、柏贵喜的《转型与发展——当代土家族社会文化变迁研究》、周兴茂的《土家族的传统伦理道德与现代转型》等。以上研究成果部分地涉及武陵山区乡村文化研究，

---

① 辛秋水：《传统文化与现代文明相对接——新乡村建设的理论与实践》，合肥工业大学出版社2010年版，《自序》第4页。
② 管宁：《导入产业意识 激活乡村文化——关于农村文化产业发展的一个视角》，载《东岳论丛》2009年第10期。
③ 李佳：《从资源到产业：乡村文化的现代性重构》，载《学术论坛》2012年01期。
④ 马翀炜、孙美璆、李德建：《乡村文化产业发展的路径及意义——以云南省为例》，载《西南边疆民族研究》2009年00期。
⑤ 刘从水：《乡村文化产业：云南民族村寨经济转型的新动力》，载《思想战线》，2013年第02期。

而未能将乡村文化系统作为研究对象。本书希望系统地考察武陵山民族地区乡村文化发展，将乡村文化作为完整的系统，考察现代化、文化产业化给乡村文化发展带来的冲击，剖析当前新型城镇化进程中乡村文化的传承、发展和建设等问题，进而提出维护乡村文化自我运行系统的策略。

第三节　指导性文化变迁、文化控制与文化传承创新

文化变迁是一种社会常态，也是学界一直探讨的古老话题。"物之生也，若骤若驰，无动而不变，无时而不移"。[①] 人类文化的变迁是"凡文化内容的增加或减少及其所引起的文化系统结构、模式、风格的变化"。[②] 而技术、意识形态、竞争、冲突、政治与经济因素以及结构性张力是导致文化变迁的特定因素。[③] 奥格本在《社会变迁：关于文化和先天的本质》中提出社会变迁是一种文化现象。文化变迁是社会变迁的重要内容，发明、积累、传播和调适都将影响到文化变迁。物质文化和非物质文化按照不同的方式进行。物质文化变迁有一个明显的、定向或革新的特征。非物质文化变迁往往没有一个被普遍接受的衡量标准。一般地，物质文化变迁较快或较早，非物质文化变迁则较迟或较慢。物质发明带来了变迁，而这种变迁又要求非物质文化的各个领域作出相应的调整。不同文化变迁的不同步引起的文化失调，将产生"文化滞后"或"文化堕距"。[④]

文化变迁是一种主体性行为，也就是说当某一种文化不满足人类需要时，文化的改革与变迁也就不可避免。那么一种有意识的、有目的的主动变迁则构成了文化的指导性变迁（Directed change）。[⑤] 指导性变迁作为一种技术或观念习俗的引进让另一个民族的技术、社会和思想的习俗发生变化的文化发展或改造方式，在文化研究界十分敏感和富有争议。反对观点一致认为，任何一种文化都有其自行生长、形成模式的自为过程，也是文化持有者自己的选择，不能通过人为外在因素去改变其文化的类型、方式、领域、持续时间。然而，当今社会文化的共生关系（Symbiotic），决定了在共同生存环境中的各种文化都有着既互助互利又互制互毁的关系。如在蚊子肆虐传播疟疾病源时引进灭蚊器或杀虫夜剂，引进科学避孕方法来减少用溺婴来控制人口增长，以及用动物

[①]　庄子：《庄子·秋水篇》。
[②]　司马云杰：《文化社会学》，中国社会科学出版社2001年版，第316页。
[③]　[美]史蒂文·瓦戈著，王晓黎等译：《社会变迁》，北京大学出版社2007年版，第8~9页。
[④]　[美]威廉·费尔丁·奥格本著：《社会变迁：关于文化和先天的本质》，浙江人民出版社1989年版。
[⑤]　[美]克莱德·M·伍兹著，何瑞福译：《文化变迁》，河北人民出版社1989年版，第65页。

（血之象征）替代人祀等都是必要的。指导性文化变迁是"一项极为谨慎的实践活动"，任何强制性指令都将导致恶性结果，"指导性变迁是以绝对尊重一个特定民族文化基础上的示范性表演，接受变迁的百分之百的权利不在于'表演者'而在接受者"。① 因而只有政策与具体实施结合紧密且具有良性反应的指导性变迁才是文化发展创新的最合理选择。

文化控制是"对文化的生产、传播、冲突、变迁等社会过程进行系统管理和操纵的一种科学"。② 文化一旦生成，其本身就形成一种势力，并能控制新的文化创造及文化生活。社会系统对文化的控制都由四个部分组成，即：作为原始变量的文化信息源、作为控制变量的决策者、作为输入（输出）变量的社会组织系统和通讯系统以及环境。文化控制将社会看成一个有自我调节、自我组织能力的系统，不同的社会系统对于文化都具有控制能力，如文化系统、教育系统、舆论系统、群体组织系统和政治法律系统等。文化控制论认为文化的生产、增长、采纳、应用，从个体（微观）而言是有计划的意识的行为，而从总体上看仍具有明显的盲目性。而文化控制的积极意义是在文化调适中起到一种功能性的作用，即"控制某些文化的超限度增长，编制各种文化发展的'指令表'"，"控制文化失调，避免社会问题出现"，"控制文化变迁，使之更有计划性"。③

我们正迎来一个"文化时代"，文化正在成为一股非常重要的影响力，④文化创新将是这一时代的主流。民族文化传承创新问题引起了不少学者的关注与研究。"文化创新，就是对原有文化价值观念、文化知识体系、文化思维方式和文化体制的思维解构活动，也是新的文化价值观念、新的文化知识体系、新的文化思维方式和新的文化体制的思维创造及其现实实践"。⑤ 文化全球化就是要求文化主体转换文化立场，超越本土文化既定模式，摆脱文化传统积淀，通过不同类型的文化之间的交融互动而形成人类共同的文化。人类整体发展时代的文化创新研究源于文化主体视角，即从文化主体按照人类普遍文化价值的准则下维护自身文化，实现其文化自觉。从文化哲学出发，在文化全球化的大潮中，文化创新包括了文化一体化、科学与人文的整合以及个体与类的统一三个基本方面，而由于文化发展的特殊性，在人类文化的整合进程中，文化创新"必须在传统与现代之间找到一种平衡，尤其是要慎重地对待自己民族的文化传统"。⑥

---

① 彭兆荣：《"指导性变迁"之我观——瑶族文化研究札记》，载《广西民族研究》，1992年第4期。
② 司马云杰：《文化社会学》，中国社会科学出版社2001年版，第350页。
③ 司马云杰：《文化社会学》，中国社会科学出版社2001年版，第371~372页。
④ [美]保罗·谢弗著：《经济革命还是文化复兴》，社会科学出版社2006年版，第9页。
⑤ 郑丽莉：《文化全球化语境下的文化整合与民族文化创新》，载《内蒙古大学学报》2005年第1期。
⑥ 邹广文：《人类整体发展时代的文化创新》，载《求是学刊》2009年第3期。

建设社会主义先进文化事业，实现中华文化的伟大复兴，不仅是国家繁荣昌盛、社会发展进步的需要，更是亿万中国人的强烈期盼。而少数民族文化创新对于由各民族共同创造的中华文化而言，实现少数民族文化创造性转换和创新性发展，是关系民族团结、社会稳定、国家长治久安和中华民族繁荣昌盛的大事。[1] 中国各少数民族文化在文化全球化进程中的创新，需要尊重少数民族历史和风俗习惯，继承和发展少数民族文化，活化物化少数民族文化资源；[2] 需要汲取民族传统文化精华，整合外来文化，新创文化发展范式，对民族文化进行综合创新，才能使中华文化屹立于世界先进文化之林。[3] 我国传统文化中的"积极进取、自强不息的人生理念，重视整体思维、讲究综合创新的思维方式，通过开拓的创新精神与市场经济的创新特征十分吻合"，[4] 但作为发展中国家，民族传统文化条件和文化价值基础与现代市场经济化要求有很大的差异和不适应性，因而需要淡化或淘汰民族传统文化中的阻碍性因素，实现传统文化的现代性转生。

从实践层面来看，各民族地区一直尝试基于本土民族文化融合其他产业或事业发展的新路子。在"1+N"思维之下，民族文化融入文化产业、民族文化融入体育节会、民族文化融入旅游、民族文化融入公共文化服务供给等文化发展的创新模式层出不穷。如作为本土知识重要内容之一的云南民族工艺文化在旅游业背景下的文化产业型发展，[5] 特色民族文化创新旅游发展中成为湘西旅游的核心竞争力。[6] 段超在对湖北民族地区民族传统创新进行调研后，认为新形势下的民族文化创新要充分考虑民族文化有效保护和文化创新的现实条件，建立文化创新保障体系，推动人民群众的文化实践活动。[7] 秦莹、张人仁通过对跨境民族景颇族传统节日"目瑙纵歌"当代创新的田野考察，认为民族文化创新需要"把根留住"，即培养少数民族文化人才、开启民族文化自觉以及赢得文化创新空间。[8]

新形势下民族地区乡村文化创新势不可挡，学者们对乡村文化创新却保持了一种谨慎态度。无论是文化哲学的理论研究，还是政策学、民族学的应用研

---

[1] 本报评论员：《弘扬和发展少数民族文化 为中国梦提供强大精神动力——五论以习近平总书记重要论述推动民族工作创新发展》，载《中国民族报》2014年5月1日1版。
[2] 施立学：《努力实现少数民族文化创造性转换和创新性发展》，载《吉林日报》2015年1月13日8版。
[3] 李普者：《论我国少数民族文化的创新与发展》，载《云南民族大学学报》（哲学社会科学版）2009年第1期。
[4] 杨虹：《论社会转型期间的民族文化创新》，载《长春大学学报》2002年第4期。
[5] 金少萍：《本土知识与文化创新——以云南民族工艺文化为研究个案》，载《云南师范大学学报》（哲学社会科学版）2007年第5期。
[6] 刘新荣：《论少数民族文化创新与湘西旅游核心竞争力》，载《企业技术开发》2005年第11期。
[7] 段超：《关于民族传统文化创新问题的调查与思考——湖北民族地区民族传统文化创新调研报告》，载《江汉论坛》2005年第11期。
[8] 秦莹，张人仁：《跨境民族传统节日的文化创新——以景颇族"目瑙纵歌"为例》，载《民族论坛》2014年第1期。

究，都从整体上关照了传统文化与文化现代化的相互关系，把握住了文化创新的方向性问题。但从文化创新实践主体来看，则忽略了对政府作为文化创新主要推动者、组织者的关注。而政府推动乡村文化创新有积极的影响和现实作用，但在政府主导下政府角色定位、文化传承创新利益分配以及文化根源问题在不同程度被忽视或遗漏，都将会产生不良的消极影响。

第四节 研究的思路、基本方法和主要内容

（一）研究思路

文化是活态的。我们不赞同将民族文化贴上标签然后放置在档案里，而是倡导用一定技术性措施让它们重新回到劳动链和社会生活之中。因此，本书采用"文化与其生境互动"的分析框架来解读武陵山区民族乡村文化在新型城镇化过程中的主动选择、调适等一系列发展行为。

活态的乡村文化是继承了传统，又在当代进行传承发展的新乡村文化。由于传统文化受传统社会制度和政治因素所制约，以及新中国成立之后长期城乡二元结构的影响，乡村文化带有明显的层次性。因而当代武陵山区民族乡村文化的传承发展是一种既认同乡村传统，又面向现代社会多样化发展的新文化。在传统与现代相对接的当代社会中，一方面，乡村文化既要努力传承和取舍自身的文化传统，又在不断地吸收现代性知识以不断适应乡村社会现代化进程；另一方面，以伸张人民权利为核心的社会主义国家文化战略和政策，遵循文化发展规律，以先进的文化指引着乡村文化发展，用技术性措施进行着科学合理的文化指导和文化控制，从而传承和创新乡村文化，以建设美丽乡村。研究线路如图1-1所示。

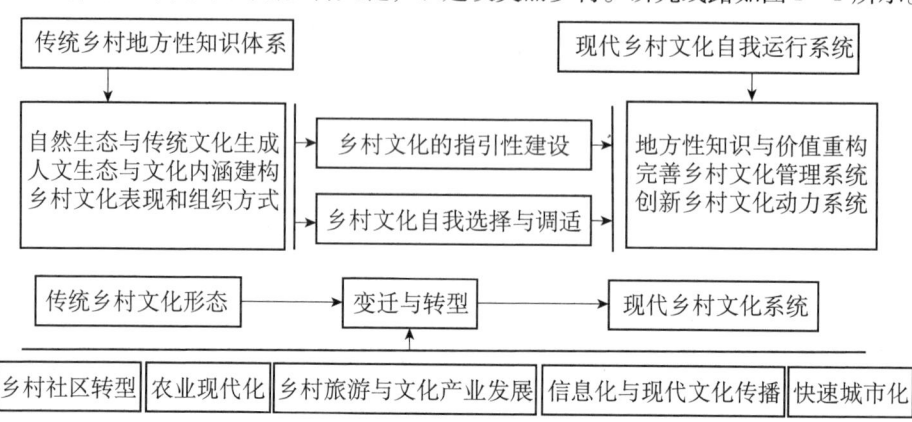

图1-1 本书研究路线

具体而言，就是将少数民族传统乡村文化视为一种独特的活态系统，并放置在全球化、现代化进程以及国家文化战略、美丽乡村建设、多元文化格局保护与发展的总体背景之下分析，通过梳理近现代以来中国乡村建设的理论与实践，厘清武陵山区乡村生境变迁与文化发展的相互关系，总结武陵山区乡村文化在当代传承发展的实现路径，关照新型城镇化进程中的乡村社区转型、农业现代化、文化产业、文化传播对乡村文化传承与创新的规制与引导，从中发现少数民族乡村文化发展的根本性问题与实质性挑战。

（二）研究方法

本书研究坚持普适研究与专业研究相结合的方法，即以民族学、文化学、社会学等专业研究方法作为指导，坚持从实际出发，实事求是地深入实地进行研究。

文献研究法：收集整理相关文献资料，回顾前人研究成果并关注前沿研究，查询收集关于武陵山区乡村文化建设、乡村社区建设以及新农村、美丽乡村建设以及田野实地调查点的相关资料，为课题研究提供背景知识及理论积淀，并为开展田野调查做好前期准备。

参与观察法：民族学文化理论研究范式给我们发展的视野，少数民族传统乡村文化作为一种类型的文化，有其自身发展的规律；强调融入研究群体的参与观察方法给了我们研究的态度，以实地田野的观察与理解来收集资料和解读研究对象。

深度访谈法：作为民族学最重要的资料收集方法，深度访谈能使研究者迅速了解研究对象。在访谈设计中，采用半结构式访谈法，由研究者先拟好提纲，在访谈过程中，根据与访谈对象的谈话内容适度调整内容，以便获得更丰实和广泛的材料。

（三）主要内容

小城镇建设和新型城镇化持续推进深刻地影响着乡村社会。作为最具中国特色的，也是最具稳定性和柔韧性的文化秩序，正在由城镇化一并而来的乡村工业化、市场化和城市化过程中发生了历史性变迁。从传统与现代的转型，关于乡村文化的当代传承与发展问题，学术界一直争论不休。"传承是创新的基础，创新是传承的生命"观点已被多数学者认同，但如何传承，如何发展仍在仁者见仁，智者见智的讨论中。乡村文化依附于乡村的自然生态和社会结构之中，是乡村社会组织的深层次反映和内在价值的体现。当代武陵山区民族乡村文化在现代化过程中，已然发生了深刻变化，新时代的乡村文化已不再是原始农耕社会基础上的民俗文化和简单的小传统文化，而是日渐接受现代科学理性思维和市场经济方式的一种新的乡村文化形态。

乡村文化属于发展范畴，即是与乡村社会变迁相适应的文化，虽然文化发展可能滞后于乡村社会变迁速度，一些传统文化被大量的抛弃，然而它并未脱离其本质特性，即乡村文化主体仍然按文化对其是否"有用"而进行理性的取舍。所以乡村文化本体研究，即是要厘清什么是乡村文化。通过以往研究文献、理论与研究方法的系统梳理，对于其概念的内涵与外延进行界定与再认识。对其应有之意、基本要素进行逐一厘清。针对不同类型的乡村文化环境类别分析。探索乡村文化发展与变迁的一般规律性认识。

文化是人为的东西，也是服务于人的需要的人文行为，这种人的行为包括了政治、教育、舆论、群体组织和文化自身。近现代以来，中国人一直在寻找实现现代化的适当的路径，对乡村社会和乡村文化进行了或强制性、或引导性、或自发性的建设。从1909年清廷新政、孙中山乡村建设、村本政治、民国乡村建设运动以及国民党对乡村实施从"自治"到"保甲"的乡村控制政策，再到中国共产党领导的乡村建设和乡村改革，建设新农村和美丽乡村积累了丰富的乡村建设理论和实践经验。而在当前新型城镇化建设过程中，乡村文化在当代发展遇到的新困境与新问题。本书从乡村文化及其生境互动关系研究中，梳理传统乡村文化与其自然生境同构，以及社会人文生境对其内涵的建构，并通过武陵山区乡村实地考察，对不同类型的文化环境作类别式调查，形成较全面的少数民族传统乡村文化发展的民族志素材。

新乡村文化的建设就是以乡村作为文化传承主体在新时期的文化选择，承担着传承乡村优秀传统文化和建设乡村文化新体系的历史使命。乡村不可避免地进入到现代化的洪流，现代化带来强有力的技术、市场及制度等现代性知识体系势必对传统的地方性知识产生冲击。对现代化以及现代性知识的来到，乡村人们并没像一些学者想象的那样手足无措，而是在固守其某些传统之外，乡民们更多地表现出对现代知识的顺应和渴求。现代文明知识，通过教育来丰富乡村人们的知识系统；通过法律规范确保了人与人平等的社会关系；通过市场调节建立和完善了公平的市场运作环境；通过信息技术让乡村与世界联在一起，从中倡导了世界发展的价值观。文化的发展是一定时间和空间中存在的文化现象，而文化的建构需要通过一定时段和区域空间运行才能实现融合，使之成为新文化结构中的有机部分。武陵山区乡村文化在当代的发展与建设，则需要通过情境实验的方式，使传统的地方性知识与现代知识体系进行磨合，从而将两种知识体系中的优秀文化因子有机效地结合起来，实现现代乡村文化的华丽变身。

(四) 创新观点

本研究在尊重以往研究成果的基础上，在实地调研中发现问题，围绕前人研究成果的薄弱之处，以及新型城镇化进程中美丽乡村建设和乡村文化传承发展的新动向展开系统研究，希望对指导乡村社会和文化建设实践起到一定的促进作用。

第一，少数民族传统乡村文化环境具有极大的差异性，不能关注某一种变迁的可能性，而是尽可能地从实际出发，发现多种文化环境变迁的模式。对于少数民族传统乡村文化的系统性研究，以往关于乡村文化的研究莫不是以某种类型的环境，如教育环境、生态环境等进行研究，而较少全面系统地以文化环境为主体进行研究。

第二，少数民族传统乡村文化作为一种类型的文化，有其发展变迁的一般过程。新型城镇化进程中，少数民族传统乡村文化受着全球普适性文化、现代因素以及多元文化交流带来的负面影响，正朝着同质化方面发展。我们应该寻找切实可行的规避方法，以减少负面影响，保存其特异性，从而维护文化多元格局。

第三，武陵山区作为全国重点扶贫攻坚的连片贫困区，在脱贫过程中，其超越式发展对于乡村文化影响是巨大的，而物质文化的快速变迁，加大了与非物质文化变迁的"文化堕距"。研究武陵山区，特别是民族地区的乡村文化传承与发展是新时期区域社会发展的需要。而研究领域，以往关于武陵山区民族社区研究多以历史、社区秩序以及以土家族、苗族等少数民族为主体，也较少对于其乡村文化进行单独研究。

第二章 近现代中国乡村文化建设理论与实践

近代以来，中国作为一个带有浓厚乡土味的农业国家在学习和追赶西方现代化国家的路途中，进行着跨越式的发展。这种社会的跨越式发展带来的是革命般的变革，中国社会"从产品经济向市场经济的转变，从专制社会向民主社会的转变，从熟人社会向法理社会转变，从农业优势向工业、服务业优势的转变，以乡村为中心向以城市为中心的转变，从封闭的传统思想向开放的现代思想观念的转变"，[①] 快速实现着社会转型。乡村社会转型也为传统的乡村文化变迁发展提供了足够的动力。近代以来，中国人不懈地探索着乡土乡村的现代化实现路径，推动着乡村文化的发展与建设。

第一节 乡村文化概念解析

一、从村落文化说起

任何一项文化都将是由特定的人群在特定的环境中创造出来。文化生态学将影响文化产生发展的自然环境、科学技术、生计方式以及社会组织与价值观念所构成的完整体系看作文化生态系统。主要的且较早的文化生态系统，要数人类从游牧狩猎生活走向定居所产生的一种人的居住形式——村落。与村落这一人类物质创造相应的文化系统就是村落文化。

从考古发现来看，目前已知最早的人类村落存在于 200 万至 300 万年以前的更新世的非洲奥杜威遗址中。在捷克南部多尔尼·维斯顿旧古器遗址（25000～29000 年前）的棚式建筑被认为人类真正建筑的人工住所。[②] 从人类遗存的村落遗存推断，村落及村落文化的形成正是在野蛮时代人类先后在美

[①] 周军：《中国现代化与乡村文化建设》，中国社会科学出版社2012年版，第75页。
[②] 林耀华主编：《原始社会史》，中华书局1984年版，第161～162页。

洲、欧洲、西亚、东亚等地定居，以动物的驯养、繁殖和植物的种植为标志的畜牧业和农业革命的结果。[①]

特定的自然环境是村落文化创造的重要变量。村落的分布也由自然力支配，游牧狩猎时期，村落主要分布在森林、果实丰饶的山区和有鱼虾的湖泊、江河和沼泽地，以及有牛羊等畜群出没的草原。而在农业时期，村落分布主要聚集在土地肥沃的河谷、平原和三角洲，或群山环抱的盆地。人类在不同的环境中创造出了具有不同特质的村落，如在平原多建房屋、高原地区有窑洞、草原多帐篷、南方山区则以干栏建筑为多。在原始村落文化中，许多文化特质都与自然环境中的物质资源条件息息相关。

然而，人在创造文化的过程中，一方面出于生存的需要表现出对于自然的亲和；另一方面，人的创造活动又创造出了人居生活的新环境。人类一旦创造出新的文化环境，为了适应它，又不断地进行新的文化创造。这时，自然环境已不是决定村落文化的唯一决定条件，文化环境本身构成了文化创造的重要变量。如农耕村落文化都是以农业的出现为主要特征，农业的出现，推动了整个文化的发展。农业促进了农作物的种植，农作物的种植给村落文化奠定了经济基础，带动了农村农业制度文化的发展。同时，农耕村落中人们的风俗习惯、道德、宗教等观念，也受农业经济的影响。随着山林水泽的利用、家畜的饲养、手工业的发展、农业科技的进步、农村社会分工、乡村市场的出现以及社会组织、社会关系的扩大都是在文化生态系统各因素交互作用、相互影响中得以发展和进步。

现代村落是几千年来村落文化的延续，其发展是与科学、技术、交通、经济发展直接相关的。乡镇工业、农村医疗、卫生事业、公共服务体系的建设与发展，大大改变了传统的村落居住结构，在国家政策引导、村民自治等先进管理方式下，村落在各方面都发生改变，社会组织、风俗习惯、社会关系发生变化，使得村落社会关系更加复杂起来。

一些学者认为村落仍然是当代中国农村社会最基本的组织形式，村落文化也是中国农村最具特色的文化形式。当代的村落文化指的是以信息共有为其主特征的一小群人所拥有的文化。其主要特征：一是村落的规模少；二是村落成员的流动性差；三是有竞争倾向的人际关系；四是村落中的成员生活同质化压力。也有学者认为，村落文化是反映当前中国村落制度结构特征的一种文化形态，是基于地域基础的排他性村级基层组织和村庄土地集体所有制，与国家权力在村庄的互渗而产生出来的文化现象。在社会整体文化中，村落文化是

[①] 司马云杰著：《文化社会学》，中国社会科学出版社2001年版，第163页。

"一个受到传统文化影响和支配的小传统的民间传统文化"。①

二、乡土文化是对中国传统农村社会的解读

乡土文化突出了中国传统社会"人"与"土地"之间的亲密关系，是中国传统农村社会文化的一种标签。乡土文化是由乡村农村顺应社会背景和具体生活处境而建构出来的行为原则和关系模式。乡村社会和人际关系的差序格局是其最显著的特点，体现在信仰、价值观念、社区精神、道德规范、行为准则、公众制度、历史传统、风俗习惯、生活方式、文化环境和特定象征等方面的安土重迁、崇尚勤俭、保守封闭、重农轻商、熟人社会等大众文化特征。是建立在封建社会结构下的小农文化固有的文化特征。②

传统中国是以农业为根本的国家，从官方祭祀"社祭"到民间日常生活都对在土地上耕种十分重视。在这种文体体系下，人和土地有机融为一体：人就是整个生态循环里的一环，从土里出生，食物取之于土，泻物还之于土，一生结束又回到土地，周而复始，人类在土地上创造了五千年的文明。五千年来的中国农村都是以农业为生，农业解决了众多人口的温饱问题。同时，农业也将人牢牢地拴在土地之上。生于斯，长于斯，世代定居，使得中国传统农村社会流动性极小，村落之间自成一体，彼此隔绝。长期的定居和少于交往交流，使得中国传统农村自然形成一个封闭的堡垒，从语言、风俗习惯、信仰到人的性格和心理结构都反映出某些地方特性。

由于长期定居，日常交往的人中几乎没有陌生人，这构成了中国传统农村的熟人社会。在这样的社会里，"每个小孩都是在人家的眼中长大的"，人与人之间的交往是直接的互动和全面的投入，每个家庭的情况乃至每个人的性格，包括某些人有什么亲戚朋友之类的社会关系都了如指掌。道德规范和风俗习惯成为控制和调节人际关系的重要手段和标尺，在许多时候甚至超越了政治和法律的社会功能。

乡土文化是乡村农民群体在历史上不断创造和积淀的独特产物，在不同历史时期不断发生着各种变异和转型。近现代以来，中国传统乡土文化在城市的扩张和现代体制交替中逐渐被城市的、现代的文化价值悄然改造，发生着变异。"传统的宗族联系解体了，血缘关系弱化，地缘联系被破坏，利益联系尚未建立且缺乏建立起来的基础"。③ 一方面，农村在实现经济体制改革以后，姻亲和虚拟化家族进入差序格局，利益正成为决定亲疏关系的标尺，原本以宗

---

① 陈吉元、胡必亮：《当代中国的村庄经济与村落文化》，山西经济出版社1996年版，第197页。
② 李龙梅：《快速城市化中的乡土文化转型》，上海人民出版社2007年版，第2页。
③ 贺雪峰：《新乡土中国》，广西师范大学出版社2003年版，第5页。

族关系为核心的差序格局正朝着多元化和理性化方向发展。另一方面，以市场为主导的现代社会人际关系原则还未在乡村社会完全建立起来。

三、农村文化相关于"三农"问题

农村文化是一组关于农民、农村以及农业发展的文化，是指在农村社会生产方式基础之上，以农民为主体，建立在农村社区的文化。农村社区，即以农业产业为主的地区，包括各种农场、林场、园艺和蔬菜生产等。跟人口集中的城镇比较，农村社区人口呈散落居住。农村文化是由农村生产力水平和生产关系类型决定的，社会生产方式决定了农村文化的特性以及其变迁的走向与趋势。

从广义的文化概念出发，农村文化可以理解为"农民的文化水平、思想观念以及在漫长的农耕实践中形成并积淀下来的认知方式、思维模式、价值观念、情感状态、处世态度、人生追求、生活方式等深层心理结构的反映，它表达的是农民的心灵世界、人格特征以及文化开化的程度"。[①]

狭义的农村文化是指农村精神文明建设，包括农村思想建设和农村文化建设两项内容，是社会主义精神文明建设的一个重要方面。当代中国乡村发展与社会主义新农村精神文明建设与建设乡村和谐小康社会息息相关。农村文化建设就要建设现代农村的新房舍、新设施、新环境、新农民和新风尚。一方面，精神文明建设将改善广大农民精神面貌的变化，指引其思想观念解放。另一方面，物质文化建设的发展也对农村精神文明建设提出新任务和要求。

四、乡村文化的学理性和现实性

国外所谓的乡村（Rural 或 Country）一词，强调的是人类赖以谋生的土地与人类社会成就之间的联系，传统的乡村生活方式，包括了猎人、牧人、农夫和工厂化农场主的各不相同的生活，其组织包括了从部落、领地到封建庄园等不同形式。这与中国传统的以农耕生产为主的农村聚落有所不同。在西方，现代意义上的乡村已经削弱了农民和农业在其中的分量，相对于城市的乡村是一种高度发达的农业资本主义，传统的农民阶层很早就消失了。"在英国历史上的帝国主义阶段，不列颠和殖民地农村经济的性质都在很早就有了变化：对国内农业的依赖程度降到了很低，经济上活跃的人只有不到百分之四从事农业"。[②]

[①] 吕红平：《农村家庭问题与现代化》，河北大学出版社2001年版，第211页。
[②] [英]雷蒙·威廉斯著，韩子满、刘戈、徐珊珊译：《乡村与城市》，商务印书馆2013年版，第2页。

在中国，乡村泛指县城以下的农村地区。长期以来，认为乡村就是从事农业生产和农民聚居的地方，把乡村经济和农业相等同。因而，乡村文化是指"在乡村社会中，以农民为主体，以乡村社会的知识结构、价值观念、乡风民俗、社会心理、行为方式为主要内容，以农民的群众性文化娱乐活动为主要形式的文化"。①由于将农民作为乡村文化的主体，以及中国传统乡村的乡土性，在人类学和民族学科中一般将乡村文化表述为"小传统文化和农民文化"。

中国乡村正处于由近代型向现代型过渡的阶段。从1949年新中国成立起，中国社会的经济和政治形态发生了巨大的变化，国家政权进入乡村打破了传统的乡村文化秩序。现代文明伴随着国家政权在乡村伸张，从而乡村区域建设起了以现代文明为代表的"新文化"与传统乡村"旧文化"的对立。乡村文化的传统呈现出"双轨制"发展特征，而在经济全球化、乡村城市化、新农村建设等现代社会发展进程中，现代文明强势地在乡村占据了主要位置，而乡村传统文化则逐渐式微，在民间、家庭以及少数群体中零星传承。因而，在笔者看来，乡村文化是一个发展的范畴，与其存在于其中的生境相适应的新乡村文化。在建设社会主义新农村过程中，承载着"中国梦"的美丽乡村建设赋予了她新的内涵。乡村文化是当代中国乡村人们满足自身生产生活需要的行为选择，与中国特色社会主义乡村市场相结合的新乡村文化系统。

第二节　晚清至民国时期中国乡村文化建设实践与理论探索

一、1909年清廷新政

在传统中国，乡村社会是政府有意忽略的治理对象，绝大多数情况下国家政权并不过问乡村事宜，即使有少数县官因重大社会或经济事件涉入乡村，总是由乡绅代为管理和自理。直到辛亥革命前夕的1906年，清政府在立宪派呼吁和推动下，试行府州县、城镇乡两级自治，即在乡、市实行完全自治制度，在府州县实行官治与自治相结合的制度。"乡为完全之自治，而市已略参官治之性质。其上为县，官治与自治参半。"② 1909年清政府颁布了《城镇乡地方自治章程》和《城镇乡地方自治选举章程》。地方自治的原则是"助官治之不

---

① 周军：《中国现代化与乡村文化建设》，中国社会科学出版社2012年版，第33页。
② 《出使考察政治大臣戴鸿慈等奏请改定全国官制以为立宪预备折》，《清末筹备立宪档案史料》上册，中华书局1979年版，第378页。

足",强调以自治辅助官治,实行城镇乡的自治。自治范围在章程中有明确规定:①

> 第五条城镇乡自治事宜,以左列各款为限:
> 一、本城镇乡之学务:中小学堂、蒙养院、教育会、劝学所、宣讲所、图书馆、阅报社,其他关于本城镇乡学务之事;
> 二、本城镇乡之卫生:清洁道路、蠲除污秽、施医药局、医院医学堂、公园、戒烟会,其他关于本城镇乡卫生之事;
> 三、本城镇乡之道路工程:改正道路、修缮道路、建筑桥梁、疏通沟渠、建筑公用房屋、路灯,其他关于本城镇乡道路工程之事;
> 四、本城镇乡之农工商务:改良种植牧畜及渔业、工艺厂、工业学堂、劝工厂、改良工艺、整理商业、开设市场、防护青苗、筹办水利、整理田地,其他关于本城镇乡农工商务之事;
> 五、本城镇乡之善举:救贫事业、恤嫠、保节、育婴、施衣、放粥、义仓积谷、贫民工艺、救生会、救火会、救荒、义棺义冢、保存古迹,其他关于本城镇乡善举之事;
> 六、本城镇乡之公共营业:电车、电灯、自来水,其他关于本城镇乡公共营业之事;
> 七、因办理本条各款筹集款项等事;
> 八、其他因本地方习惯,向归绅董办理,素无弊端之各事。

在非县州府政府所在地的城镇设立议事会和董事会;乡设议事会和乡董。议事会均由城镇乡的选民选举产生,设议员、议长、副议长等名誉职,不支薪水,但因公事务可获得公费补贴。

城镇乡自治体现了"以本乡之人办本乡之事"的精神,"在处理本地方公益事务方面,有相对完善的立法与执行机构、相对独立的经费来源,故而拥有较大的自治权限"。城镇乡的自治制度的确立与执行,一些乡村精英和乡绅逐渐活跃于乡村社会。乡绅在地方的权力大大地获得扩展,逐渐掌控了乡村的政治权力,获得了乡村事务的仲裁权资格和占有乡村权威性资源的便利,而在自治机关在乡村治理范围的"无所不包",使他们与地方政府捆绑,借由政府暴力行政,国家政权则借乡村精英之手渗入乡村。另外,新政的推行摧垮了旧式的私塾教育和科举制度,乡村教育模式的转换形成了人才离开乡村的巨大拉力。"一方面在地方自治的旗帜下,地方精英的权力极大地膨胀了;而另一方面,乡村读书人中的优秀人才又在废科举兴学堂的热潮中被拉走,这样一来,

---

① 《城镇乡地方自治章程》,《清末筹备立宪档案史料》下册,中华书局1979年版,第728~729页。

势必造成留在乡村的精英出现劣化的迹象,道德感日减,素质日差,他们中的狡黠之徒往往特别乐于参与自治机构,新政赋予他们的权力变成了为自己牟利的渊薮"。①

二、孙中山的乡村建设思想

孙中山乡村建设思想的核心在于用资产阶级改良主义的方式,发展农业生产,提高农民生活水平。"农村社会建设必须经济建设、政治建设、文化建设、思想建设并举;既要有破,又要有立;既要依靠农民自身的力量,又需借助政府和社会之力"。②

第一,"建设之首在于民生",即建设乡村社会必先发展农业生产。"以农为经,以商为纬,本末备具,巨细毕赅,是即强兵富国之先声,治国平天下之枢纽也。"③农业是中国这个传统农业国家的根本,因而,中国国家的富强必以农业为主,辅以商业进行调剂,使国家富起来,社会也将趋于稳定。而农业发展的前提就是土地问题,平均地权则是中国变革的要务。"将来民生主义真正达到目的,农民问题真是完全解决,是要耕者有其田,那才算是我们对于农民问题的最终结果。"④孙中山提出发展农业另外一项措施就是"科技兴农",吸取西方先进农业科技改良农业生产技术,把农业生产置于科学指导之下,提高土地单位面积产量,才能解决我国人多地少和民众饥饿的问题。

第二,乡村社会实行地方自治。他在《地方自治实行法》中规定:"地方自治之范围,当以一县为充分之区域。如不得一县,则联合数乡村,而附有纵横二三十里之田野者,亦可为一试办区域。"⑤地方自治是县以下基层社会实现全民政治和自我控制。在孙中山看来,将一个县的全部农村组成为一个自治基本单位,在清户口、立机关、定地价、修道路、垦荒地、设学校等方面自我管理,是对乡村社会进行有效治理的途径。另外,乡村的自治不仅仅是政治上的自治,还应包括经济合作,如农业合作、工业合作、交易合作、银行合作、保险合作等。地方自治机构提倡经济合作,培养农民的合作意识与合作观念,也是重建乡村社会的重要手段。

第三,"教育兴农"。中国人的封闭、保守、落后是教育不普及导致的结果,需要通过发展教育来改造乡村社会。"吾国虽自号文物之邦,男子教育,

---

① 张鸣:《乡村社会权力和文化结构的变迁(1903~1953)》,陕西人民出版社2008年版,第45页。
② 欧阳仕文、陈金龙:《孙中山关于乡村社会建设的构想》,载《光明日报》2010年7月6日。
③ 孙中山:《农功》,《孙中山全集》(第1卷),中华书局1981年版,第6页。
④ 孙中山:《民生主义》,《孙中山全集》(第1卷),中华书局1981年版,第6页。
⑤ 孙中山:《地方自治实行法》,《孙中山全集》(第5卷),中华书局1981年版,第220页。

不及十分之六，女子教育，不及十分之三，其中有志无力者，颇不乏人。其故在何？国家教育不能普及也。"① 因而，只有全体国民都受到很好的教育，整个民族才能兴旺，国家才能富强。乡村建设首先要办农政学堂，培养农业专业人才；然后设立农业博览会，推广农业技术。而农民则是教育最为首要的对象，为教育农民、发动农民，孙中山多次去农讲所讲课。

第四，培养农民的国家意识。中国乡村社会受传统宗法思想影响，只有家庭和宗族观念没有民族和国家的思想。"中国人最崇拜的是家族主义和宗族主义，所以中国只有家族主义和宗族主义，没有国族主义。外国旁观的人说中国人是一片散沙，这个原因是在什么地方呢？就是因为一般人民只有家族主义和宗族主义，没有国族主义。"② 这需要通过教育来"唤醒国民"，在全国树立起国家意识，批判中国人的奴性意识和守旧意识，"欲图根本救治，非使国民群怀觉悟不可"。

三、阎锡山的"村本政治"

阎锡山自辛亥革命以来就控制山西军政大权直至1949年。阎氏早年留学日本，受社会主义思潮的影响，在长期经营山西的过程中有意识地借鉴各种社会主义流派的学说试图在山西建立一个基于警察化、军事化网络的"公道社会"。1917年，阎锡山仿效日本提出"用民政治"，在村一级设立行政干部，即设村长、村副，村下设闾长、闾下设邻长，由政府发给补贴，在农村代行警察职能。在以"保境安民"的基本原则下，以行政和警察手段推行"六政三事"。"六政"即水利、植树、蚕桑、禁烟、天足、剪发；"三事"即种棉、造林、畜牧。此时阎锡山在山西推行的政治策略其实质是仿效日本，在政治上的军国主义，行政上的警察化和经济上的农业国家资本主义三者合一的地方行政制度。

1921年6月21日，阎氏在督军府进山上召集山西学政各界及社会贤达24人会议商谈山西改革问题。这次被史学界称为"进山会议"的"学术讲座会"，希望在山西建设的实践中找到一个既非资本主义，也非共产主义的"适中的制度"。实行"资公有""产私有""按劳分配"；主张公道，超越地域、国家、人种的界限达到"世界大同"。1922年3月阎氏召开山西省第一次行政会议上正式提出"村政自治"的概念，希望山西进入"村民自办村政之时代"。一是设立编村，每一编村管百户人家，每村设村长、村副和村公所。在

---

① 孙中山：《孙中山全集》（第2卷），中华书局1981年版，第552页。
② 孙中山：《孙中山全集》（第9卷），中华书局1981年版，第185页。

1917 年改革的基础上实行编村制度，每 300 户设一个编村，不足 300 户的村联合设置编村。二是设村级组织息讼会、监察会和村民会议，并成立由适龄男丁组成的保卫团。在每个村都成立各种村组织，成立息讼会、监察会、村民会议以及学董会等。三是制订村禁约（阎氏称之为村宪法）规范村政。村级组织最主要的任务就是整理村范，以整理"十种人"为重点。四是在伦理观念上提出了"村公道"和"村仁化"。推崇"感化主义"，在各种公开场合大力鼓吹宣传其公道社会。①

阎锡山希望用"公道主义"对人民进行"按劳分配"，但最终理想与现实出现了背离。"村本政治"虽然有着强烈的自治和民主诉求，但在具体实施过程中村民会议基本上流于形式。编村制度实施之后，乡绅、豪强的权力扩大，对普通民众的合法伤害能力随之变强。"（山西）村长的产生，表面上是由村民票选的。不过因有种种财产上的限制，有资格当选为村长的，也只有高利贷者、富农、商人、地主等人。同时，官方为慎重起见，须将票数较多的前十名村长候选人全部送县由县长圈定；因此，县长就可以商同县绅、不拘票数多少，任意选定加委。此外，尚有村调解员、村监察员等，也是由村民票选，再经区长圈定。但是这些都不过是村政制度的摆设而已，实权完全操纵在村长手里。所有村长以下的闾邻长等，完全由村长自由推荐，村民无权过问。假使有人敢说村长的不是，村长只要写个'二指条儿'，就要村民的命了。县政府对于各村村长送来的人犯，不必询问，无条件地收押起来。……押一个月半个月，才提出来问问，有罪判罪，否则也不过命令讨保开释而已。……村长爷的权威在村民的眼光中，是至高无上的。"②

20 世纪 20 年代的山西"村本政治"寻找到一条在贫穷落后的乡村迅速走向带有军事化意味的现代化的捷径。村本政治在乡村制造了一个富有特色的下层结构，使政府能够将农村的控制强化到极致。"但阎锡山并没有将山西建成人人都按统一步调和规矩行事说话的社会，让村干部都像军人和警察一样规范化行事，根本难以办到，中国式的人情无论何时何地都会充盈于上到政府下至村间之间，玩忽职守、搪塞、拖沓和漫不经心一样会吞噬着阎锡山的'村本政治'"。③

四、各种类型的民国乡村建设运动

20 世纪二三十年代，以知识分子精英为主体的学者们推动了中华民国时

---

① 腾讯网：《转换中国第 66 期：村本政治》，http://news.qq.com/zt2012/zxzg/1929.htm。
② 悲茄：《动乱前夕的山西政治和农村》，《中国农村》（月刊），第 2 卷，第 6 期。
③ 张鸣：《乡村社会权力和文化结构的变迁（1903～1953）》，陕西人民出版社 2008 年版，第 80 页。

期大规模的"乡村建设运动",其时,先后有600多个团体和机构,在全国各地建立实验区1 000余处。① 这一时期的乡村建设运动由众多民间团体和民族精英发起,由于政治、文化背景不同,他们所主张的乡村建设在观点、形式不尽相同,但主要目标都为以"改造乡村"为基础,并以此达到"民族自救"的目的。

(一) 教育救国:定县实验和晓庄实验

晏阳初和陶行之等一批教育家认为乡村建设的核心在于"教育"。"教育即为引起建设事业中种种活动之动力"。② 陶行知则认为要改造落后的中国,必先改革其教育,即"建设适合乡村实际生活的活教育"。③

1926年晏阳初在河北定县进行著名的"定县实验",在乡村开展了以"三大方式""四大教育"为特色的"六大建设"。即在社会调查的基础上采用社会、学校和家庭三位一体的"三大方式";推行以文艺教育治愚,以生计教育治穷,以卫生教育治弱,以公民教育治私的"四大教育";从而达到政治、经济、文化、自卫、卫生和礼俗"六大建设"。定县实验是晏阳初"民为邦本,本固邦宁"信念在乡村建设的实践,其目的是开启民智,培植民力,实现农村的根本改造。"只有人民创造了新的思想意识,乡村建设计划才能实现。而新习惯新技能,又只有通过四个方面的教育渗入到他们的生活之中,才能获得"。④

1927年陶行之在南京城外创办了试验乡村师范学校(后来的晓庄学校),践行其"生活即是教育"的主张。"生活教育"使学校成为改造乡村社会的中心,通过培养出有实践能力的教师来培养具有实践能力的现代农民,来完成教育改造社会的功能。晓庄实验在"师范教育下乡运动"理念下兴办乡村教育学校,提倡"教学做合一",使教育与社会实践相结合。

(二) 文化复兴:梁漱溟的邹平实验

梁漱溟认为"中国问题并不是什么旁的问题,就是文化失调问题——极严重的文化失调。其表现出来的就是社会构造的崩溃,政治上的无办法"⑤。要解决中国乡村的事情,需要复兴中国传统文化,在中国文化的基础上进行改

---

① 《乡村建设经验》,中华书局1935年版,第19页。转引至刘重来:《民国时期乡村建设运动述略》,载《重庆社会科学》2006年第5期。
② 宋恩荣主编:《晏阳初全集》(第一卷),湖南教育出版社1989年版,第219页。
③ 陶行知:《陶行之文集》,江苏人民出版社2008年版,第170页。
④ 宋恩荣主编:《晏阳初全集》(第一卷),湖南教育出版社1989年版,第259页。
⑤ 梁漱溟:《乡村建设理论》,乡村书店1937年版,第17页。

造创新,"建设一个新的社会组织构造"①。而创办"乡农学校",集政、教、富、卫为一体,实现"行政机关教育化"和"社会学校化"。在政治思想上对农民进行伦理教育,改变"小家庭对大家庭之伦理关系"的认知;在经济上组织各类合作社,从事农作物优良品种推广;在防卫上组织地方自卫团体,训练民众,维护治安。邹平实验从1931年到1936年间,培训学生达2 400余人,在发展农村教育、培养农业人才,进行农村行政组织改革等进行了有益的探索。

(三) 实业救国:北培实验和江村经济

在五四运动前后,民族资本家大力提倡国货,抵制外国的经济掠夺,维护民族利益。在开发实业的要求下,资本主义生产方式、工厂机械化成为不可抗拒的历史趋势。1927年卢作孚在四川巴县北碚乡进行乡村建设实验的核心就是实业建设,要解决乡村中的"民生"和"民享"问题。"北碚实验"的主要内容为:一是以经济建设为中心推进乡村的现代化,在实验区建设铁路、煤矿、纺织、水电等一批交通工矿企业,并在经济建设的基础上发展文化教育事业;二是不依赖军阀,自力更生,独自创办民生公司,保有乡村建设高度自主权;三是积极学习西方的先进技术和管理知识。北碚实验历时20余年,将"一个原是盗匪猖獗,人民生命财产无保障,工农业落后的地区,改造成后来的生产发展、文教事业发达,环境优美的重庆市郊的重要城镇和文化区"。②

费孝通于1936年对"江村"进行调查,开始对中国农村经济建设进行探索。他认为"中国农村的基本问题,简单地说,就是农民的收入降低到不足以维持最低生活水平所需要的程度,中国农村真正的问题是人民饥饿的问题","最终要解决中国土地问题的办法不在于紧缩农民的开支而应该增加农民收入",可行的方法则是"实行土地改革,减收地租,平均地权"和"恢复农村企业"。③

五、从"乡村自治"到"保甲":南京国民政府的乡村控制政策

1929年3月召开的中国国民党第三次全国代表大会上正式提出"地方自治"。其《确定地方自治之方略及程序以立政治建设之基础案》,规定了地方自治四项根本原则:"一,确定县为自治单位,努力扶植民治,不得阻碍其发

---

① 中国文化书院学术委员会:《梁漱溟全集》(第2卷),山东人民出版社1990年版,第496页。
② 梁漱溟:《怀念卢作孚先生》,载《名人传记》1987年第5期。
③ 费孝通:《江村经济——中国农民的生活》,商务印书馆2005年版,第236、238页。

展。二，制定地方自治法规，规定其强行办法，使地方自治体成为经济、政治的组织体，以达到真正民权、民生之目的。三，由国民政府选派曾经训练考试及格之人员（限于党员），到各县协助人民，筹备自治。四，地方自治之筹备，宜逐渐推行，不宜一时并举。以自治条件之成就，选举完毕，为筹备自治之终期。"乡村自治主要有两项，即一是村政清理，二是土地田赋改良。乡村政治清理，是清理和健全乡村行政系统，重新划分县以下的行政区，主要内容包括清查户口，健全各级机构和健全完善地方武装。县下分若干区，百户以上村庄为乡，百户以上街市为镇。乡镇和区级设相应机关，区乡镇都有区公所。各职都由乡民大会或间邻居民会议选举。土地田赋改良是集土地整理、田赋整理和租佃改良三位一体的乡村改良计划。

一些学者认为，1929 年国民党"三大"提出的"地方自治"制度"过于理想"，是仿效西方民主制度设计的，其目的"不过是南京政府成立之初为了树立自己的'民主'形象、使自己的统治更具'合法性'而对孙中山地方自治和直接民权理论的一种附会"。[①] 因此，这套制度基本没有能够真正实施。"随着共产主义的威胁日益加剧，他们实际上放弃了'自治'这块带有西洋味的遮羞布，直接斥诸传统最赤裸裸和冷酷的资源，恢复并强化保甲制"。[②]

保甲制度是中国古代社会中，中央王朝维护和强化地方统治的一种地方政治制度，创始于周代，后经秦商鞅、宋王安石变法的修正与完善，使得国家权力能施行于社会最下层。清末以来保甲制度逐渐废弛。1931 年蒋介石令人研究保甲制度，并在江西修水等 43 县试行。1932 年 8 月南京国民政府颁布《剿匪区内各县编查保甲户口条例》及《豫鄂皖三省剿匪总司令部施行保甲训令》正式推行保甲制度。此时的保甲制度有三项主要内容，一是清理人口，进行户口登记；二是实行互保连坐制度；三是使农村组织军事化。其主要针对共产党，经追查匪盗和"通共"事件，而保甲长的权力在此制度下逐渐坐大。南京国民政府花费了大量的人力、物力和财力，从制度详细计划、分步实施、巡回监督，以及保甲培训，再结合政府倡导的"新生活运动"来推行保甲制度，但是从总体上看，"终国民党统治之世，保甲制依旧办得有名无实，基本上官样文章"。[③]

[①] 李国青：《1929 年国民政府标榜民主行地方自治 实为保甲制度》，载《史学集刊》2010 年第 5 期。

[②] 张鸣：《乡村社会权力和文化结构的变迁（1903～1953）》，陕西人民出版社 2008 年版，第 103 页。

[③] 张鸣：《乡村社会权力和文化结构的变迁（1903～1953）》，陕西人民出版社 2008 年版，第 108 页。

第三节　中国共产党的乡村文化建设理论与思想

中国共产党一直非常重视乡村和乡村文化建设，在乡村为中心的特殊的革命战斗形势下，从革命文化到改革文化、创新文化积累了丰富的乡村文化建设经验，在从"五四运动"以来的历史过程中，把握住了先进的文化发展方向，将"一个被旧文化统治因而愚昧落后的中国，变为一个被新文化统治因而文明先进的中国"。[①]

一、马克思的乡村文化思想与中国文化观

马克思强调文化是人类劳动实践的经验总结，随着人类发展文化也将越积越深厚。在城市与乡村二元框架比较之下，城市比农村进步。"如果说城市工人比农村工人发展，这只是由于他的劳动方式使他生活在社会之中，而土地耕种者的劳动方式使他直接和自然打交道。"[②] 因而资本主义城市在社会文明进步的重要作用十分明显，而乡村则需要在城市的引领下脱离传统乡村的愚昧状态，乡村的现代化发展的必然趋势是乡村城市化。最终消灭城乡差距的前提条件则是工业文明。"大工业在全国的尽可能均衡的分布，是消灭城市和乡村分离的条件"。[③]

马克思对中国传统文化有特立的观点。第一，中国封建社会的文化是建立在古代之前存在的"亚细亚生产方式"基础上的，是一种农村公社式的"一种原始的形式"。第二，中国乡村的封闭性导致人在精神上的保守性和自私性。第三，中国农民"既是庄稼汉又是工业生产者"。第四，世界文化的发展趋势是打破民族文化的片面性和局限性。中国文化要发展就要打破旧有的封闭状态，使社会全面开放。"各民族的精神产品成了公共的财产。民族片面性和局限性日益成为不可能，于是由许多民族的和地方的文学形成了一种世界的文学。"[④]

二、毛泽东的新村主义和文化思想

1918年毛泽东读到了周作人发表在《新青年》上的《日本的新村》一

---

① 毛泽东：《毛泽东选集》（第2卷），人民出版社1991年版，第663页。
② 马克思：《马克思恩格斯全集》（第26卷第2册），人民出版社1973年版，第260页。
③ 马克思：《马克思恩格斯选集》（第3卷），人民出版社1995年版，第647页。
④ 马克思：《马克思恩格斯选集》（第1卷），人民出版社1995年版，第276页。

文，勾起了他试图用和平方式创建新生活和新社会的兴趣。在1919年发表在《湖南教育月刊》的《学生之工作》中全面阐述了毛泽东的新村主义：一是主张教育与生产实践相结合，知识分子要积极参与农村劳动；二是发展家庭、社会、学校三位一体的教育；三是提倡财产公有，服务共享，人人平等的社会关系。然而"乌托邦"式的新村建设实验在当时的条件下不可能实现。

在严峻的现实面前，毛泽东接受了马克思主义思想。而后在特殊的革命战争环境下，立足于中国传统文化精华，将马克思主义理论与中国实践相结合，提出带有明显反帝反封建特征的新民主主义文化，"无产阶级领导的人民大众的反帝反封建的文化"①。在建设新民主主义文化中，毛泽东强调农民在乡村文化建设中的主体地位和重要性。"大众文化，实质上就是提高农民文化。"② 而农民"是现阶段中国文化运动的主要对象"③。"菩萨要农民自己去丢，烈女祠、节孝坊要农民自己去摧毁，别人代疱是不对的。"④ 在1944年至1945年间，毛泽东多次在重要会议强调乡村文化建设需要按照群众的需要和自愿，维护群体的根本利益。"我们的文化是人民的文化，文化工作者必须有为人民服务的高度的热忱，必须联系群众，而不要脱离群众。要联系群众，就要按照群众的需要和自愿。一切为群众的工作都要从群众的需要出发，而不是从任何良好的个人愿望出发。"⑤

三、邓小平的乡村文化建设思想

在新中国进入改革开放之期，邓小平发展了马克思主义文化理论，突出文化改革的创新性，强调在物质文明建设的同时要加强精神文明建设，提出了"两手抓，两手都要硬"的建设方针。在农村文化建设方面，从农村的稳定和繁荣出发，要求在农民通过科技培训和学习过程中提高思想和文化素质，逐渐摆脱传统、封闭和落后的精神状态。同时，对于乡村改革过程中出现的一些地方忽视文化建设造成乡村文化的边缘化的现象作出明确的指示，并把农村文化建设与农村社会稳定联系起来，"中国稳定不稳定首先要看这个百分之八十稳定不稳定。城市搞得再漂亮，没有农村这一稳定的基础是不行的。"⑥ 要求各级党委和政府要加强对文化工作的重视，要求将满足农民精神文化需求、促进农民素质向现代化转变，作为社会主义农村文化建设的重要任务。

---

① 毛泽东：《毛泽东选集》（第2卷），人民出版社1991年版，第698页。
② 毛泽东：《毛泽东选集》（第2卷），人民出版社1991年版，第692页。
③ 毛泽东：《毛泽东选集》（第3卷），人民出版社1991年版，第1078页。
④ 毛泽东：《毛泽东选集》（第1卷），人民出版社1991年版，第33页。
⑤ 毛泽东：《毛泽东选集》（第3卷），人民出版社1991年版，第1012页。
⑥ 邓小平：《邓小平文集》（第3卷），人民出版社1993年版，第65页。

乡村文化建设必须紧紧依靠农民，发挥农民的主体性、创造性和积极性。"农村改革中的好多东西，都是基层创造出来，我们把它拿来加工提高作为全国的指导。"① 因而，关于乡村文化建设，一是要提高农村基层党员和干部经济建设素质、政策水平、依法办事能力；二是激发农民的政治参与意识；三是开展文化宣传活动，使先进的社会主义文化观深入人心。

四、当代国家领导人的乡村文化建设思想

先进文化、和谐文化以及美丽乡村是当代中国国家领导人提出的乡村文化建设的主要思想，进一步创新和发展了马克思主义的文化观。

先进文化思想在党的十六大会议上提出，强调"在当代中国，发展先进文化，就是发展面向现代化、面向世界、面向未来，民族的科学的大众的社会主义文化，以不断丰富人们的精神世界，增强人们的精神力量"，② 在"二为""双百"方针的指引下，"坚持以科学的理论武装人，以正确的舆论引导人，以高尚的精神塑造人，以优秀的作品鼓舞人"。③ 社会主义先进文化发展将关系到增强民族的生命力、创造力和凝聚力。针对于农村文化思想道德教育在新形势下出现的各种问题，用农民喜闻乐见的形式引导农民学习和自我调节，建设社会主义新农村则是先进文化建设在乡村践行的重要措施之一。先进文化在乡村的建设就是"进行爱国主义、集体主义、社会主义教育和艰苦奋斗教育，努力在农民中传播社会主义市场经济知识、科学知识和法律知识，坚定广大农民走建设有中国特色社会主义道路的信念，提高农民的思想道德素质和科学文化素质。"④

和谐文化建设突出了"以人为本"的文化内涵，是建设中国特色社会主义文化事业的重要任务。"社会主义核心价值体系是建设和谐文化的根本。必须坚持马克思主义在意识形态领域的指导地位，牢牢把握社会主义先进文化的前进方向，弘扬民族优秀文化传统，借鉴人类有益文明成果，倡导和谐理念，培育和谐精神，进一步形成全社会共同的理想信念和道德规范，打牢全党全国各族人民团结奋斗的思想道德基础。"⑤ 乡村和谐文化建设强调树立以人为本的科学的文化发展观，发挥人民群众的主体作用，加强现代化、民主、科学和法制意识教育，促进乡村文化全面、协调、可持续发展。⑥

---

① 邓小平：《邓小平文集》（第3卷），人民出版社1993年版，第382页。
② 江泽民：《江泽民文选》（第3卷），人民出版社2006年版，第559页。
③ 《十六大报告辅导读本》，人民出版社2002年版，第34页。
④ 江泽民：《论社会主义市场经济》，中央文献出版社2006年版，第152~153页。
⑤ 《中共中央关于构建社会主义和谐社会若干重大问题的决定》，2006年10月18日，新华网。
⑥ 《中共中央关于推进农村改革发展若干重大问题的决定》，人民出版社2008年版，第23页。

美丽乡村建设中国共产党第十六届五中全会提出关于建设社会主义新农村"生产发展、生活宽裕、乡风文明、村容整洁、管理民主"的具体要求。在新型城镇化进程中，建设美丽中国，从乡村起步，共圆中国人的"发展梦、小康梦、富裕梦、生态梦、和谐梦和家园梦"。美丽乡村是现代化、城市化的根基，是人类共有的文化根脉和精神家园。2013年中央一号文件第一次提出了要建设"美丽乡村"的奋斗目标，要求进一步加强农村生态建设、环境保护和综合整治工作。在乡村基础设施建设、经济发展、城乡统筹等各方面强化乡村建设。美丽乡村建设更强调"农民"的主体性作用，确保其"知情权、参与权、表达权和监督权"，让其"看到美丽乡村建设的美好远景"，"增强广大农民群众的生态意识和环保意识，大力倡导节约、绿色消费方式和生活习惯"，变"要我建"为"我要建"，变"等等看"为"主动干"。[1]

第四节　新中国成立后的乡村文化建设与改革

一、新中国的乡村土地改革

新中国成立后，中共中央的工作重点是"迅速恢复和发展经济"，《中国人民政治协商会议共同纲领》提出要"有步骤地将封建半封建的土地所有制改变为农民的土地所有制"。中国共产党领导的土地改革始于第二次国内革命战争时期，随着斗争形势的发展，土地改革政策也在相应调整。但总的方针是"按照乡村全部人口，不分男女老幼，统一平均分配土地，在数量上抽多补少，质量上抽肥补瘦"。

1950年1月，中共中央文件《关于在各级人民政府内设土改委员会和组织各级农协直接领导土改运动的指示》，明确规定了土地改革的总路线和总政策："依靠贫农、雇农，团结中农，中立富农，有步骤地有分别地消灭封建剥削制度，发展农业生产"。1950年6月颁布的《中华人民共和国土地改革法》规定："废除地主阶级封建剥削的土地所有制，实行农民的土地所有制，借以解放农村生产力，发展农业生产，为新中国的工业化开辟道路。"到1953年春，除部分少数民族地区外，中国大陆普遍实行了土地改革。土地改革真正实现了中国农民数千年来获得到土地的愿望，使农民从经济上翻身做了主人，从而最深入、最广泛地调动了农民群众建设乡村的积极性，使农村生产力获得了极大的解放。从旧中国农民依附于土地到新中国农民当家做主，有着自由的人

---

[1] 冬君：《落实习总书记指示为美丽乡村建设添彩》，2013年10月10日，人民网。

身和饱满的乡村建设热情，乡村文化在新的土地制度下随之发展，源于乡土的丰富的乡村文化形式被借用为农村现代化建设服务，如在集体劳作的劳动号子、薅草锣鼓；日常生活中的山歌、"四言八句"、民间故事等在乡村生活颇为常见。

二、农业合作化和人民公社

农业合作化运动，是通过合作化道路，把小农经济逐步改造成为社会主义集体经济，遵循自愿互利、典型示范和国家帮助的原则，从组织带有社会主义萌芽性质的临时互助组和常年互助组，发展到以土地入股、统一经营为特点的初级农业生产合作社，再进一步建立土地和主要生产资料归集体所有的高级农业生产合作社。到1956年底，全国参加初级社的农户占总农户的96.3%，参加高级社的达总到农户总数的87.8%，基本上实现了社会主义改造，完成了由农民个体所有制到社会主义集体所有制的转变。

1957年冬到1958年春，为了配合全国农村开展大规模的农田水利基本建设活动，需要集中土地和人员，毛泽东提出了把小型的农业生产合作社有计划地适当地合并为大型农业生产合作社的建议，此后"人民公社化"运动在极短时间内骤然兴起。1958年8月29日中共中央政治局扩大会议正式通过了《中共中央关于在农村建立人民公社问题的决议》，明确了人民公社是规定逐步过渡到共产主义形势发展的必然趋势性质，并规定了公社的组织规模（一乡一社、两千户左右）、并转步骤、社名、所有制和分配制问题以及相关的经济政策问题。到全国农村于1982年取消政社合一的体制建立乡政权止，人民公社存在了近25年。

新中国乡村的农村合作化和人民公社化是国家在计划经济时代下，以国家和村社集体所代表的"公"文化在乡村的强力推行。带有强烈的共产主义意识形态的各种形式的"公文化"冲击着传统乡村文化，乡村民间文化处于"断裂"的边缘。集体形式对于乡村家庭个体性产生巨大影响，以家庭为传承单位的乡村文化被压缩至最低，而传统的乡村公共文化有些被"公文化"借用了外在表现形式，有些则直接打上"封建""迷信"而被抛弃。

三、1978年农村改革

1978年12月，中国共产党第十一届三中全会通过了《中共中央关于加快农业发展若干问题的决定（草案）》和《农村人民公社工作条例（试行草案）》，要求全党工作重点从1979年起转移到社会主义现代建设上来。其中重要一条就是"集中主要精力把农业搞上去",从而拉开新时期农村改革的序幕。

1978年的农村改革首先从改变农村的基本经营制度入手,推行"包产到户"和"包干到户"等责任制形式,逐步形成了家庭承包经营制度。1977年底,安徽省凤阳县小岗村生产队首创"大包干"。1980年4月9日,《人民日报》发表文章《联系产量责任制好处很多》充分肯定了包产到户的农村改革形式。随后,包产到户等责任制形式得到了普遍推广。到1983年底,全国农村基本上实行了以家庭承包经营为基础、统分结合的双层经营体制。

1981年中共十一届六中全会通过《中国共产党中央委员会关于建国以来党的若干历史问题的决议》要求在"基层政权和基层社会生活中逐步实现人民的直接民主",实现村民自治。村民自治就是在村一级建立村民委员会,实行村民的自我管理、自我服务和自我教育。1982年全国人大一次会议修订的《中华人民共和国宪法》对村民自治作出了明确的法律规定:"城市和农村按居民居住地区设立的居民委员会或者村民委员会是基层群众性自治组织。"村民委员会由居民选举,村民委员会同基层政权的相互关系由法律规定。按照宪法、村委会组织法等法律法规,由村民直接选举或罢免村委会干部。通过村务公开、民主评议村干部和村委会定期报告工作等形式,由村民监督村中重大事务,监督村委会工作和村干部行为。

1978年起进行的乡村改革,实际上是一个国家政权在形式上逐渐撤出乡村社会的过程。农村合作化和人民公社化过程中,乡村农民作为无差别的集体个人在整齐划一的生活模式下成为"单位人",处于国家分配的框框内。家庭联产承包责任创新了农村的经济制度,村民自治使农民享有更多的民主权利,使他们又可以从"公文化"中寻找自己的文化诉求。在社会主义市场经济体制建设过程中,乡村文化不同程度的复兴和参与市场,为乡村文化的发展增加了足够的动力和生命力。

四、社会主义新农村建设

建设社会主义新农村是体现科学发展观和建设和谐社会的要求。2005年《十一五规划纲要建议》提出要按照"生产发展、生活宽裕、乡风文明、村容整洁、管理民主"的要求建设社会主义新农村。在工业化达到相当程度以后,工业反哺农业、城市支持农村,实现工业与农业、城市与农村协调发展。新农村建设是在我国总体上进入以工促农、以城带乡的发展新阶段后面临的崭新课题,是时代发展和构建和谐社会的必然要求。新农村建设就是在经济上通过调整农村产业结构,提高务农劳动者的收入;在社会事业、文化事业等方面通过调整国民收入分配格局,实现城市对农村的反哺,工业对农业的反哺,使农业得到可持续发展的基础。

统筹城乡发展的新型城镇化是社会主义新农村建设的新阶段。"积极稳妥推进城镇化,合理调节各类城市人口规模,提高中小城市对人口的吸引能力,始终节约用地,保护生态环境;城镇化要发展,农业现代化和新农村建设也要发展,同步发展才能相得益彰,要推进城乡一体化发展。"[1] 新型城镇化以城乡统筹、产城互动、生态宜居、和谐发展为基本特征,强调大中小城市、小城镇和新型农村社区协调发展。不仅要有"人口的城镇化",更要促进产业、人口、土地、社会、农村五位一体协调发展。推进城镇化,着力提高乡村内在承载力,实现产业发展和城镇建设融合,为农业现代化创造条件、提供市场,实现新型城镇化和农业现代化相辅相成。[2]

社会主义新农村建设和新型城镇化进程中的乡村建设,是在当前新形势下以科学发展观为指导,坚持以人为本的理念,指导乡村经济、社会、文化、法制、生态等方面全面发展的科学的乡村建设思想。与新农村建设相适应,新乡村文化建设必然是以当代新型农民作为主体,在融入中国特色社会市场经济体制中,以现代科学理性思维选择自身文化传承模式,在继承和发扬传统乡村优秀文化的同时,不断吸取先进的现代文化精粹,从而创新与新农村生活共生共荣的新文化。

---

[1] 习近平:《合理调节各类城市人口规模 提高中小城市对人口的吸引能力》,新华网,2013 年 7 月 31 日。

[2] 新华网:《李克强强调推进城镇化核心是人的城镇化》,2013 年 1 月 15 日。

第三章 武陵山区乡村文化及其特征

第一节 武陵山区传统乡村文化类型及其特征

文化类型，是由于自然环境和生存方式差异，以及人的观念、信仰、习惯和心理性格不同，而形成的具有相似文化特征的地理单元。文化类型的研究呈现出各种文化形态体系的差异性，彰显出各种文化形态体系最有特色、最能显示文化本质属性的特征，承认这种差异是人类的不同群体在历史依据一定的自然和人文环境自发创造的结果。[①]武陵山区范围覆盖了渝、鄂、湘、黔三省一市交界地的15万多平方公里，自古以来就是内接湖广，西通巴蜀，北连关中，各民族南来北往频繁的地区。境内河道纵横、山川耸立，土家、汉、瑶、苗、侗等民族居住在由山与水分割的地理单元内，依托于山区丰饶的资源和社会环境共同创造了别具特色的物质设备、经济生活、工艺技术和特殊的风俗习惯、伦理道德以及宗教、语言、族群制度等文化，表现为不同的乡村文化类型。

一、武陵山区乡村文化类型

（一）传统山地农耕型文化

武陵山区的山地环境决定传统农业生产为主的生计方式。与中原农耕不同，武陵山区农业是以旱地作物为主的农业。这决定于武陵山区山多田少，田地多在陡坡，蓄水不易，"晴久则虑其旱"；而且山地田地面积窄小，农业种植规模不大；同时，武陵山区拥有较多适宜旱地种植的作物。"高山峻岭上，种荞麦、豆、粟等杂粮，阴雨过多，多崩塌。水田甚少，有所谓早稻者，米性坚硬、不及水稻之滑腻，惟苞谷最盛，播不择地，不忌雨，但迎岁虫腐，不可

---

① 司马云杰：《文化社会学》，中国社会科学出版社2001年版，第201页。

久留。疾遍山，挖萁准作面，可备荒。"①

武陵山区农业起步于唐宋，其耕作方式刚刚进入刀耕火种时期。"川峡山险，全用此刀开山种田""村民刀耕火种，所收不多"（《宋会要辑稿》）。"山冈沙石，不通牛犁，惟伐木烧畲，以种五谷"。（《太平寰宇记·施州》）唐刘禹锡《畲田吟》云："何处好畲田，团团漫山腹，钻龟得雨卦，上山烧卧木。下种暖灰中，乘阳拆牙蘖。"宋代文豪黄庭坚被贬涪州别驾，于当时黔州安置，其《谪居黔州十首》就有"苦雨初入梅，瘴云稍含毒。泥秧水畦稻，灰种畲田粟"的诗句，写到灰肥种粟、泥田育稻的生产方式。

宋时羁縻怀柔政策给武陵山区创造了宽松的政治环境，在经济发展方面的策略，推动了该地区的经济发展，特别农业在这一时期得到显著发展。中央王朝从不同角度给予方便和优惠措施，鼓励酋长头人率其子孙邑人，发展农业经济物产。"土家之忠义者，有愿自备费用，自治农具，自办耕牛，自用土人，各随其便。"（《宋史·食货志》）募民垦复荒地，军事屯田，推广牛耕技术，准许"以盐易粟"和减轻赋税等一系列优惠政策的实施，对于武陵山区农业经济发展产生促进作用。外地汉人纷纷举室迁入，地方豪酋也采取诱胁掠夺边民的办法来增加从耕人口。清油、黄连、木药子、茶叶、桐油成为武陵山区名产方物。西瓜也在此时引入武陵山区，"郡宋秦将军到此，栽养万桑，诣菜园间修莲花池，创立接客亭及种西瓜。"②

武陵山区崇山峻岭和激流险滩，造成王国国家军队补给的艰辛，以明代屯堡为代表的军队就地屯种成为突出的历史现象，来自农业和手工业较为繁荣和发达的汉族地区军事移民带来先进的生产技术、适宜的作物品种和青壮年劳动力，开发山间河谷之地为稻田，修建水利灌溉工程，改善民族地区的种植结构和人们的饮食结构，极大程度地促进了经济社会发展。③ 鄂西地区良田较多，物产富饶，当年施州卫有屯田 260 顷、屯粮 1 058 石。④

清代对武陵山区土司进行改流之后，农耕经济进入又一个大发展时期。一是大量的农户迁入武陵山区，人口的增多，大量荒地被开垦，为农业的发展打下了基础。二是外来农民带了中原地区先进的生产工具和生产技术，改木犁、木耙为铁犁、铁耙、铁镰；大兴水利，改进灌溉工具，使用"筒车""蜈蚣车""冲筒"等；耕作制度也仿效汉族地区，玉米开始被引种推广。三是官府通过政令对农业生产作出积极规定，鼓励农民发展农业和传播汉族地区先进的

---

① 《施南府志·风俗志》道光版。
② 王晓宁：《恩施自治州碑刻大观》，新华出版社 2004 年版，第 259 页。
③ 杨洪林、陈文元：《论明末清初施州卫的政治选择及其历史影响》，载《西南民族大学学报》2014 年第 5 期。
④ ［清］张家榴等：《恩施县志》（卷 3）《军置》嘉庆十二年，刻本。

农耕经验。如卯洞宣抚使向那吾颁布"广根植"告示："治道首重农桑，必土地辟，始有饱暖之庆；树植广，乃无号寒之悲。"鹤峰州第一任知州毛峻德发告示《劝民蓄粪》《劝开垦》《劝贮》，针对农业生产劣习进行矫正。四是政府制定一系列有利于发展农耕经济的政策，助推了当地农业发展。如丈量土地，清理钱粮，统一赋税，废除苛捐杂税，规定"一切杂粮私征，严行禁革"，废除土司时期规定的"锄头钱""火炕钱""烟户钱"等苛捐30多项。

历史上各朝对武陵山区农业发展的鼓励和管理，奠定了武陵山区农业发展的基础，使得武陵山区农业成为该地区的核心支柱产业。由此，武陵山区以农业生产为基础的乡村遍布各地，一些著名的乡村镇逐渐涌现。

重庆市石柱县悦崃镇是典型的农业大镇。全镇年产粮食近1 000万公斤；种植辣椒17 200亩，产椒1.2万吨；种植以黄连为主的中药材2 500亩。具有浓厚的农耕民俗文化摆手舞和"啰儿调"山歌是传统山地农耕代表性文化项目。悦崃镇建置于公元619年，至今已有1388年的悠久历史。早在北周时期就是重庆通湖广、四川，出长江的重要驿站，是石柱县的政治、经济、文化中心。唐朝时期，寺院坪（今寺院村）所产的"报圣香米"被封为"宫廷贡米"，历代封建王朝均一直相传，至今仍享有盛名。

钟多镇地处酉阳土家族苗族自治县城，全镇面积219平方公里，耕地35 326亩，其中农业人口34 772人。钟多镇历来为司、州治所，清为忠孝里，民国分置为钟灵、多福两乡，是传统的农业大镇，是酉阳县重要的粮食基地、烤烟基地、蔬菜基地、水果基地和畜禽养殖基地。粮食种植面积7.3万亩，粮食总产量1.9万吨；烤烟种植3 500亩，产量7 000担；莳菜种植面积5 000亩，以萝卜、白菜、西红柿、辣椒为主，蔬菜合作社已发展社员近400户；各类水果种植4 000亩，以桃、梨、草莓、李子为主。

（二）集市商贸型文化

武陵山区早先时期并不重视商贸活动，往往是"稼穑之外，不事商贾"，"家家耕织，绝不经商"。随着农耕经济发展，武陵山区与外界交流日渐频繁，特别是土司向朝廷进贡过程中买卖物资交易的刺激，同时，中央王朝准许汉地与武陵山区"以粟易盐"的民间交易行为，商业逐渐发展起来。

宋代时朝廷在武陵山区重要地区设立"博易场"。当地民众在"博易场"赶集互市，互通有无。每月逢一、二、三、四、五、六、七、八、九、十日，在不同地点举行互市贸易。干支市场也在武陵山区屡见不鲜，如龙场、马场、蛇场、猴场、牛场、鸡场、鼠场、兔场、猪场等，以12地支分配场期，如龙场每遇辰日聚集交易一次，猴场是每逢猴日和猫日赶集，每七天一场。"楚蜀粤之地，与蛮獠溪峒相接者，以及西州沿边羌戎，皆听与民通市。"（《宋史·

食货志下》）容美土司田舜年"爱客礼贤，招来商贾"，"客习中者，江浙秦鲁人皆有，或以贸易至，或以技艺来，皆仰膳官厨。有岁不愿去者，即分田授室"，以致于"当旺盛时，百货聚集，细肆典铺无不有之。"（《顾彩容美纪游》）

民间贸易活动基本是以物易物，极少用银，少数地区以某种土特产——如盐或布——作为一般等价物。随着商业发展，中有钱币和"交子"流通，但仍不能满足市场需求，一些地方还发行过"皮钱""竹币"。在皮钱和竹币上盖上官府的火印，有"当钱一文""当钱五文""当钱十文"之分。对外贸易也有一定程度发展，外销物产以茶、药材和木材为多，也有朱砂、水银、蜡、硝、桐油、生漆等。

清改土归流之后，深购远销成为民间贸易的一种重要形式。"贾人列肆，所卖汉口、常德、津、沙二市之物不一，广货川货四时皆有，京货、陕货亦以时至。百物即集，民心所以益奢，民用所由日柜也"（李勖《来凤县志》）。乌江、清江、酉水沿岸的卫所屯堡、驿站逐渐兴起一些集场，最后成长为地方的商业中心，如彭水、沿河、思南、石堤、凤凰等。一些外地著名的专营商号也出现在武陵山区，有的专营陶器、土特产及百货、布匹、牲畜，等等。

百福司镇位于来凤县西南，地处鄂、湘、渝交界之地，借酉水航运之利，成长为酉水上游重要的商贸集镇，历史有"万担桐油下洞庭，十万杉条达九州"的商业贸易。"邑之卯洞（今百福司镇），可通舟楫，直达江湖。县境与邻邑所产桐油、靛、梓，俱集于此。以故江右楚南贸易者糜至，往往以桐油诸顺流而下，以棉花诸物逆水而来。"（李勖《来凤县志》）

（三）传统工业型文化

武陵山区矿藏丰富，有丹砂、汞矿、雄黄、金矿、银矿、铁矿、铅矿、煤矿等。依托于矿产资源，武陵山区一些地方很早开始采丹、炼铁、熬盐。

远在春秋战国时期，重庆彭水郁山和贵州沿河咸井两处就有人煮盐。华阳国志记载："汉发县有盐井"。东汉时，以自流盐泉——飞水井为中心，郁山开凿鸡鸣井、老郁井和鹁鸠井。唐代仅黔州（现武陵山区西北大部）就有盐井41口。由于盐业发展，唐肃宗宝应元年（762年）开始设盐官"监"，而后又设州盐特使管理当地盐业生产和征收盐税。至清初，郁山产盐量为每年1万担左右，其盐有时"止供思南、务川，黔江及酉阳各土司贩户零星易卖"，有时"借配富顺、犍为"，有时"行于黔楚附近之区"。郁盐在武陵山区西北部影响较大。

除于盐业生产以外，采丹炼朱砂也有悠久的历史。《史记·货殖列传》记载："巴寡妇清，其先得丹穴，而擅其利数世，家亦不訾。"巴寡妇清的丹穴所在地就武陵山区乌江流域中下游。早在商代，乌江流域就有开采丹砂的历史。《逸周书·王会》有"卜人以丹砂"的记载。隋大业十年（614年）；黔中太守田宗显在今务川大平镇境内开水银、朱砂两厂。唐宋时期，当地人开采朱砂，提炼水银，作为贡品送到京都。至今在盛产朱砂的务川板场一带，还流传着仡佬族先祖因献朱砂于周武王，被称为"宝王"的故事。

重庆市彭水苗族土家族自治县郁山镇，位于渝东南与湖南、贵州接壤处，面积149.6平方公里，人口4.2万人。郁山有着5千年余年的盐业开发史。最早，由当地濮人（苗族祖先）在乌江流域发现流出地表的天然盐泉——郁山伏牛山盐泉，遂取水提盐。而后郁山盐业成为夏商至春秋时期巴国重要经济命脉，战国时期，郁山以其重要的战略地位为群雄所觊。自西汉建元元年（公元前140年），汉武帝置涪陵县至玄宗开元二十一年（公元733年）设黔中道，郁山先后为县、郡、州（相当于地及行政机构）、道（相当于省及行政机构）治所所在地，历时近千年。

贵州省务川仡佬族苗族自治县大坪镇素有"丹砂古镇、仡佬之源"美誉。早在殷周时期，仡佬族先民濮人就在这块土地上开荒辟草，采砂炼丹。万山汞矿遗址位于贵州省万山特区万山镇土坪村。万山素有中国"汞都"之称。秦、汉时就有人在万山采矿。唐、宋时万山已盛产朱砂、水银。万山朱砂历史上以比重大，色泽鲜红，半透明亮，宝石光泽为特点著称，在唐垂拱二年（686年）时，即以"光明丹砂"为皇室贡品。

（四）交通要冲型文化

随着武陵山区水陆道路的开辟与疏通，民间经济交易日渐繁荣，处于水陆交通要冲之镇的驿站、码头和卫所逐渐发展成为重要集市，由此形成重要的商业交易节点。四川、陕西、江西、两湖、两广商人进入武陵山区设立商号经商，各地商号在武陵山区重要集市和城镇组建了会馆和行会，如江西会馆、西秦会馆、禹王宫、两湖会馆、川主庙等。外来商客的入驻为交通要冲型集镇的迅速发展起到了积极的促进作用。

另外，由于特殊的地理环境和特殊的地质灾害造成交通阻断，为了物资的运输，一部分沿江码头逐渐发展成为武陵山区重要的集镇。重庆市酉阳土家族苗族自治县龚滩镇是一个千年古镇，是乌江连接重庆的黄金口岸。龚滩兴于唐、明两代，这里终日舟楫列岸，商贾云集，成了渝川湘黔的物资集散地，故又有"钱龚滩"之誉。明代万历年间（1573年）山洪暴发，垮塌的岩石填塞乌江而成滩，上下过往船只不能通行，逐渐形成古镇。重庆、涪陵、江津、贵州、湖南、湖北等地商人云集于此，上水运来大宗食盐、布匹及日用百货，下水运出桐、茶、漆、朱砂、水银等物资。到民国时期，龚滩涌现出大业、玉成、同益等10多家较大盐号及100多家商行，形成乌江岸边繁华的小集镇。

沿乌江上行15公里，可至重庆市武隆县江口镇。江口镇因贵州绥阳道经道真县境内芙蓉江汇入乌江处而得名，是黔渝物资集散之地。江口是明清时期道真、正安、务川等县食盐供给的中转站。这里现在仍流传着一句歇后语："江口卖盐巴——依轮子"。这个典故源于镇上大户盐商斗争的故事，由于镇上大户盐商都想垄断食盐市场，而几户势均力敌，又互不相让，后经人协调规定每户一场，按顺序卖盐而得来。作为重要的物资集散地，江口聚集了一批批背帮运送的力夫，他们用竹编成脚小口大的背篓，手执一根打杵用于歇息，行走在乌江岸边创造了丰富的多彩的力夫文化。

武陵山区峡江水道较多，且河流湍急，河江上行船需要纤夫拉纤才得上行。"一条船上，有摇桨的、撑篙的、掌舵的，少则十几人，大船多则上百人。100人的大船上70～80人为纤夫，他们的行动以击鼓或号子协调，鼓手和喊号子的在船上由舵手指挥。12～20人留在船上撑篙……"由此，沿峡江的重要集市也产生武陵山区特殊的文化——纤夫文化。纤夫们在常年的拉纤劳作过程，以击鼓和号子作为协调，创造了曲调丰富的拉纤号子。峡江号子都是沿江而上下，见景生情，随意填词，所唱的均与民间传说和两岸风物有关，特色鲜明。

二、武陵山区传统乡村文化的特征

武陵山区在数千年发展历史中，由于受地理条件、族群意识与国家政策影响，在不同历史时期里表现出不同的文化类型。其中传统农耕从唐宋开始，一直持续并在武陵山区乡村文化作出重大贡献。依山畔水的生存环境，使得武陵山区文化深深烙上了地理的印迹。生活在这片热土之中的少数民族人群，有着各自的发展历史和文化存在方式。如此种种，使得武陵山区乡村传统文化呈现出多姿多彩的形态，但这些特点终究与武陵山区特有的文化环境、社会生活与国家管控影响息息相关。

（一）地理环境与武陵山区乡村文化的封闭性

地理环境决定了生活于其中的人类生存和生产的基本方式。武陵山区特殊的山地地形地貌的制约，造就武陵人原始渔猎、采集、刀耕火种等生计方式。在数千年的文化传承过程中，处于一种自生自灭的自然生长状态，有其封闭的特性。"依山吃山，靠水吃水"，原始低下的生产力水平决定了武陵山区自然物资是当地人生存的根本，并将他们捆绑在武陵山的土地和河水之上，从而在长期以来成长在自给自足的乡村家庭经济之中。依附于山区的土地和物产，把解决基本温饱作为最幸福的生活选择，这样的族群生活意识，再加上与外来文化接触的断绝，以及穷山与恶水对交通限制，严重地束缚了武陵山区乡村社会的发展。这种自给自足的乡村生活方式导致了乡村社会的封闭，从而影响到武陵山区乡村人在心理、风俗、习惯以及行为制度的封闭性。

(二) 复合式经济结构与武陵山区乡村文化的多样性

武陵山区地处中国南方，区域内高山耸立，河流纵横，山地和江河中的物产丰富，这样的自然环境使武陵山区经济逐渐成长为一种复合式经济，采集经济、渔猎经济、农耕经济、矿业经济以及商业经济都是武陵山区经济生活的重要组成部分。早期"采蕨挖葛为食"，"春来采茶，秋则取岩蜂、黄蜡，冬则入山寻黄连、割漆"的采集经济；"持枪入山，野兽获焉"，"临渊捕鱼，则所获终至满笱"的渔猎经济；唐宋以后"垦荒耕地，经营畲田"的农耕经济；兴盛于春秋战国时期的煮盐、采丹、炼砂等手工业经济；以及依托乌江、清江、酉水等水系而形成的"舟楫往来、商贾鳞集"的商业贸易经济有机混合，形成了武陵山区特殊的复合式经济。复合式经济创造了复合式文化，从而呈现出采集文化、渔猎文化、农耕文化、手工业文化和商业文化等多彩纷呈的武陵山区乡村文化的传统形态。

(三) 族群共生与武陵山区乡村文化的交融性

武陵山区历史人文积淀十分深厚，地域文化特色鲜明，民族气息浓厚，各种文化共处一地，共生共存。从历史发展而言，武陵山区乡村文化独立展示了人类社会从野蛮到文明的系列演进轨迹，数十万年前的"水城人""穿洞人"等证明乌江，其文化发展的轨迹一贯而今，文化发展的足迹清晰。各个历史时期不同民族迁居武陵山区后共同参与区域文化的缔造，完成不同区域和民族文化的汇融，共同促成了武陵山区文化的发展，更创新繁荣了本民族文化，既有古老的越濮巴蛮文化，也有苗、土家、彝、布依、仡佬等多个民族创造的现代民族文化。它们分属不同的文化体系，任何一种文化包括外来文化、区域性文化及民族文化都难以概括其多样性和丰富性，多种文化来源广泛且长期并存生。除了武陵山区世居土著民族之外，历史时期不同民族因自然、军事、经商等原因迁居乌江流域并带动不同文化的交流汇聚，相互吸收碰撞，形成"你中有我、我中有你""多元共存、共生共荣"的文化格局，武陵山区文化"多元一体"的历史进程也就是历代移民不断深入的过程。不同时期的不同族群的迁移交流，不仅带来了人口数量的增加和民族构成的复杂，而且共同的命运、共同的生境、共同的艰难、共同的愿望使武陵山区各族人民形成了"开放""多样""包容"的文化心理基因，也从根本上促成了各族人民世代和谐共处，思想、情感、文化、教育、居处等方面的融合趋同却是大势所在。

（四）地方特殊行政制度与武陵山区乡村文化的层次性

武陵山区作为一个少数民族地区，历史上各朝代都对其实施了特殊的地方行政制度。"羁縻政策"是宋元交替时期之前中央王朝笼络少数民族，使之不生异心而实行的一种地方治理政策。羁縻政策在武陵山区的施行，源于战国时期秦灭巴国之后。"秦惠王并巴中，以巴氏为蛮夷君长，世尚秦女，其民比爵不变"。汉高祖时"酉辰巫武沅等五溪"之地，巴氏五兄弟各"为一溪之长"。唐王朝在各族首领所辖领地设置羁縻府、州、县，任各族首领为都督、刺史等官，并采用世袭制度。到宋元之际，羁縻政策逐渐发展为土司制度。土司制度的确立，在土司的承袭、纳贡、征调、赋税等方面均有严格的规定，从而加强对武陵山区的控制。无论是羁縻政策，或是土司制度，在地方政治结构上仍是君主专制制度。在这种地方行政制度之下，武陵山区传统乡村社会实际上是有两个不同结构的文化结合，一个是国家官僚体系的上层结构文化，受王朝礼制所规约，即官方"大传统"，另一个则由乡村自发传承的民间文化。在传统社会里官方的权威并不直接加于民众头上，在其行政制度之内，只停留在各级州县（包括各土司官职）。在上下两层不同的社会结构中，国家并未深入基层社会，于是在这样复合的社会结构中，形成了两个层次的文化系统。上层是土司首领或改土归流之后州县长官、士绅、知识分子所代表的具有浓烈官方气息的文化。而一般乡村社会大众，特别是各少数民族日常生活所遵从的民俗和生活文化，则构成与官方文化相对的民间文化。民间文化是指民众共同参与共同事务所形成的文化，是整个民间精神最重要的组成部分，民间精神大量地以文化形态来作为其精神表达方式。民间文化是整个民族文化的一部分，它是和统治阶级的文化相互渗透又相互对立统一的客观存在。

第二节　武陵山区城镇化与乡村文化建设

文化变迁是文化发展不变的主题。从传统到现代，乡村文化从产生之日起就不停地发生变化。武陵山区丰饶的物产，外来人的掠夺或交易，促使了武陵山区水道航运的开辟，从而使得武陵山区文化与外来文化产生接触，进行交流，引发交融，使本土文化有了发展变迁的基础和方向指引。时至今日，武陵山区乡村建设在经历新中国成立之后的土地改革、农业合作化、人民公社化和大跃进，以及中国农村的世纪大改革，实行农村家庭承包责任制和村民自治，在此过程中，多姿多彩的乡村文化特色在逐渐地消减。特别是全球性的现代化浪潮不断洗涤，社会主义新农村建设以及城镇化进程使得乡村文化出现了"城市化危机"。

一、城镇化进程与乡村文化环境的现代变迁

城镇化（urbanization/improvisation）也称为城市化，是由社会生产力的发展、科学技术的进步以及产业结构的调整，以农业为主的传统乡村社会向以工业和服务业等非农产业为主的现代城市型社会逐渐转变的过程。2011年12月，中国社会蓝皮书发布，中国城镇人口占总人口的比重将首次超过50%，标志着中国城市化首次突破50%。2013年全国人口城镇化率达到53.7%，而连片特困区人口城镇化率为28.91%。[1]

（一）以经济建设为重心的乡村城镇化

城镇化进程对于乡村的经济产业和基础设施建设的促进作用是明显的。城镇化是乡村现代化的一个重要标准。香港中文大学教授金耀基认为工业化（城镇化）是传统社会进入现代社会的动力，是对乡村传统结构与生产组织进行挑战的主角，而城镇化对于乡村最大贡献则在于促进了其经济的现代化。[2]中国人关于"现代化"的意识则源于晚清以来对于西方文明的认知，其相当大的理念则是"师夷长技以制夷"。到了1949年新中国成立后，中国则选择一条与现代欧美国家和苏联不同的"现代化"发展模式[3]。这种创新性的模式在摸索着前行，屡经坎坷，终于得以建构起中国特色的现代化雏形。

中国现代化的起点是借鉴于西方式工业化和城市化经验的，正如罗兹曼所言："借助现有社会遗产，并在他们所采纳的社会主义模式的指引下，中国共产党人制定了一套基本上旨在获得经济增长、军事威力和科学优势以及其他目标的政策，我们和他们一样一致认为这些就是所谓的现代化"[4]。同时，因中国特殊的国情而因地制宜，主要是"依靠国家的力量在较短的时期内自觉地、有组织地完成更多的事情"[5]。因而作为后发外生型的中国特色社会主义现代化需要短期内在许多公共经济领域，如能源、材料和技术等方面的改变来接近发达国家。从"一部分人先富起来"到"全国各族人民共同富裕"的国家经济发展指向都强调了产业和民生问题，而在其他方面，如文化、生态以及乡村

---

[1] 王军：《集中连片特困地区的城镇化选择》，载《社会科学报》2013年4月18日。
[2] 金耀基：《从传统到现代》，中国人民大学出版社1999年版，第99页。
[3] [美]吉尔伯特·罗兹曼：《中国的现代化》，江苏人民出版社2008年版，第9页。
[4] [美]吉尔伯特·罗兹曼：《中国的现代化》，江苏人民出版社2008年版，第590页。
[5] 周军：《中国现代化与乡村文化建构》，中国社会科学出版社2012年版，第44页。

社会治理则力度稍显不足。

（二）补与反补断裂的弥补：乡村产业体系的调整

城镇化过程是中国社会由传统农业社会向现代工业社会转变的过程。在中国特色社会主义现代进程中，强大的国家政权以统筹的方式来推进现代工业的进步，利用国家政权力量，集中了人力、物力和财力，在很短的时间内建立起了独立的工业体系和国民经济体系。改革开放以来，工业在社会生产中的地位不变上升，中国逐渐完成了由农业社会向工业社会的转变。农业补贴工业，农村支持城市，农业支持工业已经功德圆满，然而"工业反哺农业"成为一句高高在上的口号。工业社会的发展过程中，出现了城乡差异，包括工业与农业、城市与乡村、市民与农民以及工农业产品剪刀差等一系列差别政策的惯性，导致了城市与乡村之间的关系发生断裂，影响了社会的平衡。因而城镇化和新型城镇化建设必须在乡村建立与乡村现代化相适应的合理的产业体系，减少农业劳动力，提高工业化程度。

（三）乡村市场化：乡村城镇化发展终极走向

乡村市场化是突破制约农村改革和发展的瓶颈，应对加入世贸组织所带来的挑战，开创农村经济发展新局面的必然要求。"当前的中国正经历两个转变，即从指令性经济向市场经济转变和从农村、农业社会向城市、工业社会的转变"。[1] 在完善农村市场经济体制，帮助农民顺利进入国内外农产品市场，成为现阶段推进乡村市场化建设的重要措施。而乡村传统农业较低的市场竞争力、素质相对较低的农民以及越来越大的人口外流，造成了乡村农业成为弱势产业的现状。因而，加强对弱势农业的保护，扩大农业的对外合作与交流，切实增强农产品的市场竞争力，不仅需要政府充分发挥政府宏观调控和引入市场调节，健全和完善农村市场体系和运行机制。而且，更需要着力培育和提高市场主体的整体素质，发展乡村文化教育，改变农民的传统思维方式。

二、武陵山区乡村文化的现代嬗变

中国乡村文化的变迁是伴随着中国现代化进程而发生的飞跃性变化，从文化风格、文化模式都发生了改变。这种文化突变的源头可追溯到鸦片战争，"英国殖民者在中国大肆宣传西方城市文化和工业文明，古老的中国乡村文化不断地被解读为'愚昧、落后、闭塞'的文化形态；农民则被描述为古老中

---

[1] 世界银行：《2020 年的中国》，中国财政经济出版社 1997 年版，第 1 页。

国文化劣根性的代表人物，成为国民性改造的首要对象。在不断被浸染和被改造的过程中，乡村文化失去了自己在人类文化发展的历史长河中独有的文化特性"。① 在借鉴了西方国家现代化经验的中国特色社会主义现代化建设过程中，以工业文明、市场化、城市化为主要手段的乡村文化改造，对于中国传统的乡村文化产生巨大的冲击并形成消解。

（一）乡村市场关系的尝试建立与乡村社会差序格局的逐渐解体

中国乡村传统人际关系的"差序格局"源于乡村人群血缘关系核心——家族。从家族本位出发，乡村社会仿佛一块磁铁，所绝大部分村民吸附在一起，拥有非常高的整合度。现代中国乡村社会经历了土地改革、人民公社等社会改造，再由家庭联产承包到乡村市场化建设，乡村经济体制发生重大转变，乡村社会生产逐渐由以家庭生产经营产生的血缘亲疏关系逐渐走向以利益为重心的社会关系，原本以"血缘关系（宗族关系）为核心的差序格局正变得多元化、理性化"②。"走上了工业化道路的农村，社会已经发生了深刻的变迁，亲属之间关系在生产经营中产生的亲疏越来越取决于他们在生产经营中相互合作的有效和互惠的维持"③。随着武陵山区乡村基础设施建设深入，公路铁路交通状况的改善，乡村的封闭得以打破。传统以自给自足的以保证口粮为主的传统农业生产逐渐被经济作物、经济林木经营所替代，家庭传统养殖让位于中小规模养殖等现代农牧业生产方式逐渐占据乡村生产的主导地位。同时，信息传播，如卫星电视、有线电视、互联网、手机微信等现代信息技术在乡村应用和普及，农民获得信息的渠道得以拓展和获取信息的主动性得以加强，传统的思维方式、思想观念和交往方式都与古代传统乡村有着天渊之别。现代乡村的人际关系更趋于经济的理性化。

（二）乡村公共文化空间萎缩

宗法组织作为传统乡村的自我治理组织，也是国家政权在乡村的代理。宗族组织向其成员提供生活空间，经常举行公共活动，如祭祖、社祭、维修祠堂宗庙和乡村基础设施等，以增强个体成员对宗族的认同和联系，保证村庄的团结性和延续性。新中国成立后，农村社区组织形式发生了显著的变化，从土地改革、社会主义改造、合作化运动再到家庭联产承包责任制，农村公共资源先

---

① 赵霞：《传统乡村文化的秩序危机与价值重建》，载《中国农村观察》2011 年第 3 期，第 80 页。
② 辛秋水：《传统文化与现代文明相对接——新乡村建设的理论与实践》，合肥工业大学出版社 2010 年版，第 34 页。
③ 贺雪峰：《新乡土中国》，广西师范大学出版社 2003 年版，第 33 页。

由过分集中发展为分散经营,村民的私人空间逐渐扩大化,而留给乡村的公共空间不断缩小,多数乡村只能保证村民代表会议,而其他形式的公共活动已基本绝迹。从乡村空间布局变化来看,随着公路交通的改善,武陵山区传统以家族祠堂、民族象征建筑为中心的乡村聚落布局原则被打破。乡村民居建筑搬迁逐渐以公路为中心,沿公路而建的乡村社区总体上由农民自发建设,缺乏总体规划,基本上没有预留出乡村公共空间。从人口流动来看,武陵山区乡村每年外出务工人口占到总人口的一半以上,而且外出人口有近 1/3 长期留居于务工之地,从而导致乡村公共文化传承主体的缺乏。

(三) 政府主导下的科技文化普及与乡村民俗活动并行

为了促进乡村文化建设,改善乡村社会风气,推进乡村精神文明建设,满足广大农民的精神文化生活需求。20 世纪 80 年代初,团中央首次号召全国大学生在暑期开展"三下乡"社会实践活动。1997 年,"三下乡"活动在全国正式开展。政府主导的送文化、科技、卫生"三下乡"坚持了一贯的社会主义先进文化方向,通过送图书、送戏和电影下乡、科技人员下乡和医务人员下乡,科技文化和科技产品已经广泛地进入了普通的村民家庭,依赖科学的观念也在"三下乡"活动中得以形成并巩固。

另外,得益于新兴的旅游产业和文化创意产业的出现和发展,乡村传统民俗文化得以融入其中,逐渐体现出乡村民俗文化的特殊价值。在"文化搭台、经济唱戏"的乡村文化开发的指导思想下,民族特色浓郁的文化项目进入旅游和文化产业中。特色民族村寨、民俗文化村、历史文化名村(镇)等创建活动都在政府主导之下不同程度地传承着本土特色民俗,从而为乡村传统文化的传承和创新注入新的动力,呈现了乡村文化繁荣发展的景象。

(四) 乡村民间文化式微与传统道德碎片化

李亦园认为中国传统文化具有双层性,即上层的士绅文化和下层的民间文化。"在小传统的民间文化上,追求和谐均衡的行为表现在日常生活上最多,因此总体的和谐目标大都限定在个体的健康及家庭的兴盛上面,也就是反映出小传统文化的功利现实的特性。"[①] 民间文化是一种本能的、自发的文化、流传而多于传授来的内容,它关系到与其乡土极为贴近的植根很深的居民阶层。乡村生活的日益商品化和市场化,传统乡村文化出现自然消减和人为放弃现象,传统朴质的优秀的民间道德呈现出碎片化和边缘化趋势。在经济理性思维下,一切能够卖钱的资源都可进行交易,大量的自然资源被无序和过度地消

---

① 李亦园:《人类的视野》,上海文艺出版社 1996 年版,第 145 页。

耗,如滥砍树木、乱采土石导致水土流失、土地荒漠化问题出现。有的人将"能赚钱"评价为一个人能力水平的唯一标准,诚实守信、勤俭节约、宽厚悌让等传统民风逐渐退化。"什么都不信"的个人主义信仰,让不少村民贪图近期利益,进一步导致他们精神的空虚与贫乏。"农民陷入了主流道德文化和多元道德观念尖锐冲突的两难境地"。①

三、武陵山区乡村城镇化建设与乡村文化的整合创新

2016年2月23日,中共中央指出新型城镇化建设要"坚持以创新、协调、绿色、开放、共享的发展理念为引领,以人的城镇化为核心,更加注重提高户籍人口城镇化率,更加注重城乡基本公共服务均等化,更加注重环境宜居和历史文脉传承,更加注重提升人民群众获得感和幸福感"②。乡村城镇化建设需要乡村文化的精神支撑,我们倡导一种城镇化与乡村文化整合创新建设思路,不是完全抛弃乡村文化传统,而是以建设社会主义先进文化为目标,有效保护乡村优秀文化,吸收现代进步文化因素,实现乡村文化的整合创新,追求一种和谐发展的乡村建设理念,使美丽乡村真正成为诗意栖居和精神家园。

(一)城镇化与乡村文化共生理念

城镇化是人类社会进步不可逆的发展趋势,乡村不可避免地随着城镇化建设而改变着自身形态和文化内核。乡村文化是自然生态和人文的直接结合,其纯朴和原始一直是人类,特别是久居自然生态遭受破坏的大城市的人们所向往的诗意栖居,承载着厚重的文化情感。对于中国人来说,乡村更具有文化根源的意味。"在乡村比在城市更易于了解中国人的生活知识,必须把乡村看作是中国社会生活的一个基本单位。"③

城镇化进程中的乡村文化发展与创新将与变革推动者所持有的文化发展观紧密联系在一起。持有不同的文化发展观和文化发展不同视角的研究者对于城镇化建设中乡村文化发展走向有着不同的见解。但总的共识是一致的,即文化发展是面向未来的,文化的传承、发展与创新需要找到尊重文化自然属性,在继承过去的同时去吸收先进文化因素,从而形成新的文化形态以适应人的不断更新的生活方式。在行政指令社会发展时代,由政府提供的乡村文化占据了乡

---

① 赵霞:《传统乡村文化的秩序危机与价值重建》,载《中国农村观察》2011年第3期,第83页。
② 新华每日电讯:《习近平:新型城镇化要坚持五大理念》,新华网,http://news.xinhuanet.com/mrdx/2016-02/24/c_135124774.htm。
③ [美]亚瑟·史密斯著:《中国人德行》,张梦阳、王丽娟译,新世界出版社2005年版,第4页。

村文化大部。而后的文化事业单位和公益机构所承担的"送文化下乡"活动，实难平衡"赠予者"与"被赠予者"的文化供与求。在另一方面，乡村自办的文化设施和形式，限于自身管理素质和经费等问题，难以维持。城镇化进程中乡村文化的空心化和乡村公共文化供给不足的困难，似乎使乡村文化发展陷入了无解的怪圈。

一种可资借鉴的理念是发展文化产业，即传统的乡村文化与现代产业结合。城镇化的本质是用现代化的生产方式和生活方式，来调整产业结构和就业结构。乡村文化的产业化在当前已然成为区域经济发展的主流思想，借鉴于一两个成功案例，总结出自认为是可供推广的产业发展模式，从而快速有效地积累起财富，乡村文化的保护也将在其中受益。但从文化产业实践过程来看，这种预期并没有达成。基于产业学理念，从资源到财富往往需要市场来检验，只有那些有经济价值和容易规模化生产的文化资源可能进入商品的"生产线"，一些经济价值不明显且不易开发的资源则被打上"无价值"的标签而得不到保护或被抛弃。同时，产业开发者的管理水平，和文化产品加工精细化程度的不同，也制约和影响着乡村文化产业的美好前景。当前乡村文化的开发大多限于简单的、粗放的产业化手段，产品类型也限于手工品、特色服饰、民族民俗风情表演等，精品化程度和消费者认可度极为低下。"依靠产业化思路发展乡村文化，必然有所'得'与'失'，所'得'是眼前的利益，所'失'则正是获取这些利益的本源。"[①] 城镇化进程中乡村文化产业化需要平衡好产业与文化的相互关系，"文化是激活产业发展动力的创造过程，产业化是对文化的一种再认识、再研究、再开发、再利用、再创新的重生过程"[②]。因此，城镇化进程与乡村文化产业化同构的重点在于，乡村文化资源开发要保护文化的真实性，关注长远利益的文化产品市场的培育以及长期有效的制度安排和设计。

除了文化产业化发展外，乡村文化事业建设也将是城镇化与乡村公共文化共建的重要措施。乡村公共文化空间和公共生活的缺失，严重影响了乡村文化的创新能力和文化活力[③]。乡村农民本体性价值丧失[④]、家庭关系理性化[⑤]和个人行为逻辑去公德化[⑥]都与乡村文化"公共性消解"深刻影响相关。培育和发

---

① 张振鹏：《新型城镇化中乡村文化的保护与传承之道》，载《福建师范大学学报（哲学社会科学版）》2013年第6期，第19页。
② 宋暖：《非物质文化遗产产业化传承有关问题的探讨》载《东岳论丛》2013年第2期。
③ 马永强：《重建乡村公共文化空间的意义与实现途径》，载《甘肃社会科学》2011年第3期，第179页。
④ 贺雪峰：《农民价值观的类型及相互关系——对当前中国农村严重伦理危机的讨论》，载《开放时代》2000年第3期。
⑤ 贺雪峰：《农村代际关系论：兼论代际关系的价值基础》，载《社会科学研究》2009年第5期。
⑥ 阎云翔著：《私人生活的变革：一个中国村庄里的爱情、家庭与亲密关系（1949~1999）》，龚小夏译，上海书店出版社2006年版，第243~246页。

展乡村公共文化需要新型城镇化建设和乡村公共文化服务体系建设关联互动，从乡村公共空间入手，"使之成为创新和发展先进文化、提高乡村发展能力、培育新式农民的孵化器与乡村精神成长的摇篮"。[1] 乡村文化源于农民的乡村生活，即互惠性的田间劳作和生命意义的同质化体验，又受国家文化意识形态的影响和形塑。因此，乡村公共文化很难体现出独立性，随着国家政权阶段性工作重心的转移，乡村文化也随之发生变化。乡村公共文化建设是一项涉及多方面的系统工程，在城镇化进程中与其整合，在国家供给模式下的制度下运作之下，乡村文化的建设、传承与创新才容易被基层治理架构所接受。[2]

另外一种观念就是城镇化建设并非就是乡村原有共同生活体的瓦解。民间文化自会找其传承和发展的途径。在大规模城镇化建设中，经济上的贫富成为衡量乡村生活是否幸福的重要维度，将乡村作为经济落后或需要进行经济开发的地方，固执地认为只要发展了乡村经济就取得城镇化建设的胜利，然后这种做法忽略了乡村中活生生的个人和群体的文化空间。而在另一方面，过分地强调传统文化的保护，仅从文化价值判断上来取舍乡村文化，则与当地民众利益发生冲突。因而，"社区文化的发展，应该让成熟的社区自己来决定"。"如果当地老百姓珍视这种历史的记忆，那么他们一定会促其转型，转向艺术化表演，或者转向仪式化，这都是合理性的发展。"[3]

（二）乡村文化基因的保存是乡村文化整合创新的前提

城镇化建设与乡村文化整合创新不能凭空实现，要以丰富的乡村传统文化为基础。乡村文化是与官方文化相对应的民间文化。民间文化保存了相对自由活泼的形式，真实地表达出民间社会生活和人民的情感，有着自己的独立历史和传统。民众生产劳动技能和生活实践体验，通过言传身教的生活，透出人民处世立人的基本法则和内心愿望，形成了独特的人生观、道德观、社会观。乡村文化的基因和它的原始生命力即出于此。

新型城镇化的实现路径、内容和模式与乡村文化创新发展在本质上具有同一性。新时期的乡村新型城镇化体现了乡村建设集政治、经济、文化、社会、生态五位一体的协调发展思想，需要建立起人与自然、人与社会、人与人的和谐关系，形成对乡村现代化建设方向的共识。传统乡村文化所蕴含的朴质的生态思想、人与自然共生和谐思想以及多样的表现形式可以极大地丰富新型城镇

---

[1] 马永强：《重建乡村公共文化空间的意义与实现途径》，载《甘肃社会科学》2011 年第 3 期，第 183 页。
[2] 印子：《乡村公共文化的面孔、式微与再造——基于湖北农村老年人协会建设实践的分析》载《南京农业大学学报（社会科学版）》2015 年第 3 期，第 1～8 页。
[3] 李松：《城镇化进程中乡村文化的保护与变迁》，载《民众研究》2014 年第 1 期，第 8～10 页。

化建设内容，并能维持文化传承的连续性。

（三）乡村文化整合创新是新型城镇化中文化建设的核心

不可否认，乡村文化有着特殊的民间宗教、哲学、文学艺术背景，民族性的精华与封建性的糟粕交杂在一起，需要一种保持了先进的文化方向和标准来评估其优劣，并作出选择。新型城镇化进程中的乡村文化传承与发展是一项新形势下乡村文化自然生长的过程，一方面需要溯源寻根，另一方面则要适应于时代的要求。从乡村、民间文化中汲取养料，是先进文化更新和发展的重要途径，因而不可能彻底清除民间的文化。另外，两个层次的文化在发生冲突的过程中也会在一定程度上产生融合和互渗。民间文化寻找民众趣味、民众心理与国家主流文化都共同认可的重叠部分，这就成为乡村文化整合创新的基础。

尽管从表面上看，城镇化所带来的产业发展、商业运作模式对乡村传统文化冲击是巨大的，迅速地消解了一些乡村文化，如乡村聚落的解体、传统乡村生活方式的变迁、文化方式的转型。但是从文化发展本质上看，乡村文化的现代性变迁是时代背景之下文化发展最自然的表现形式。文化从来都不是一成不变的，变迁就是文化存在的常态。新型城镇化建设与乡村文化整合创新，是人们自觉地有计划地发展或改革乡村文化的一种变迁过程，这种过程会受着变革推动者的意识形态、乡村自身发展环境和条件、乡村文化传承的文化精神以及乡村文化传承者的主动选择等多层因素的影响和制约。

第四章 武陵山区乡村生境变迁及其文化发展

在现代化和城镇化进程中，武陵山区乡村文化生境发生了巨大变化，在生计模式变迁、乡村现代化以及乡村文化自我发展张力的合力推动之下，文化传承的生境发生改变。段超认为每一个民族文化都有其特定的生成机制，地理环境、族源和人文生态是其三个主要因素，"地理环境是民族文化生长的基本条件；族源决定该民族文化的一些基本特征；人文生态影响民族文化发展方向。"[①]

生境（habitat）是指生物出现的环境空间范围，也可以指生物个体、种群或群落的组成成分能在其中完成生命过程的空间。任何一个民族文化也都有其特定的生境。文化的生境决定了该项文化的特点和发展进程。在这样的文化生境中，文化的传承主要方式包括三种，即遗传、竞争和学习。遗传是文化的进化历史，文化传承受遗传物质的控制；竞争则表现为在文化生态系统中与其他文化传承的角力，表现出一种对环境的更适应形式；学习是通过知识的传递，文化传承的生境选择经验是在与下一代的联系中传递下去，同时，在文化生态系统中借鉴、吸收其他异质文化而创新流传开来。

第一节 传统社会中武陵山区乡村文化与其生境的同构

人类所创造的社会以及人类所存在其中的自然系统所构成了文化的生境空间。武陵山区传统乡村文化与其自然与人文社会环境具有密不可分的关联。文化源自于人类，人类则发生于自然，一切文化事实都保持了与其所处的自然生态和人类社会系统的关联性。"这种关联性从不同民族文化对生命现象的分类、评估、利用和改造中得到反应。不同民族文化之间的差异性正是在于其关

[①] 段超：《土家族文化史》，民族出版社2000年版，第1页。

注什么样的自然生态系统,利用什么样的生命现象等方面呈现出千差万别。"①

一、自然环境对传统乡村文化的形塑

任何一项文化都是在特定的时空条件下生成发展起来的。越是早期的文化,越是受地理和空间环境影响,与自然的关系越是紧密。各民族文化的生态环境特色就是源于各自生活的自然环境,使得各种文化可以通过生态类型化加以识别。如聚居于大兴安岭、黑龙江流域的赫哲族、鄂伦春族被称为渔猎民族和森林民族;生活在广阔草原的蒙古族则称为马背上的民族;而苗、瑶等民族由于历史战争的原因,从中南部的江汉平原逐渐迁徙至西南山区居于深山绝岭形成长期封闭,保存了一系列远古文化原形。生活在特殊自然地理空间的人群可以在生活方式、生产方式、民族性格、审美情趣和思维特征等方面烙上地理特征的印记。

(一) 地理环境与乡村聚落格局的形成

武陵山区地处云贵高原向东延伸地带的渝湘鄂黔交界之地,境内有着由山地和河流水系构成了独特的山区自然环境。这一区域地形地貌多样而复杂,山峦重叠,河流纵横。区域内小平原、河谷、小盆地、峡谷、高山台地是人们居住的主要区域,这些小型居住区域为武陵山人们提供构建乡村聚落的地理空间。然而江河和大山的阻隔,使得人们的乡村聚落分散四方,交通的长期不便,造成了武陵山区乡村聚落与外界的相对隔绝,阻碍了民族间文化的传播与交流,也为武陵山区乡村文化的特色长成和长期独立传承,提供了独特的空间条件。

由于交通、资源和生存条件限制,武陵山区乡村聚落布局以适应地理环境而呈现出若有某些特征。一是逐水或水源而居,"巴人沿江河而居,水行山处,以船为车"。武陵山区一些乡村聚落多选在河湾和水源地,如重庆酉阳龚滩、后溪,秀山洪安,湖北来凤百福司等,这些乡村地处江河岸边,随着经济社会发展逐渐发展成为水道航运上的重要码头。二是逐农田而居。一些乡村的选址尽量接近田地,乡村的辐射范围以利于农田劳作为度。三是穴居。穴居多出现在高山或高寒乡村,一般处于高海拔地区,且附近有森林便于狩猎或采集。

武陵山区山地生态环境决定了乡村聚落的布局格局,同时也对人们的民居

---

① 罗康隆:《论民族文化与生态系统的耦合运行》,载《青海民族研究》2010年第2期,第64~71页。

建筑形式产生深刻影响。武陵山区最为普遍的民居就是干栏式建筑。树屋是武陵山区较为原始的居住形式,"依树积木以居其上,名曰干栏,干栏大小随其家口之数"(魏书卷101)。光绪《龙山县志》载:"民居数十家,或架树枝作楼,或两树排此作门户,至崖尽处则万树葱茏,环拥于外,若栏栅然"。阁阑是将房屋修建在悬崖之侧,"屋瓦鳞次,随山势高低,沙净水明,楼阁涵影溪上",用以防水灾、兽伤及敌寇。沅江、乌江、清江、酉水两岸多见这种民居,当地人在江畔高坎之上修建房屋,下木柱支撑,其上建屋,悬于河空之上。吊脚楼最有特色,以木楼建于山间崖旁,或建于河畔,多为九柱落地,楼台悬空,飞檐上翘,独有绕楼的曲廊上有一排木柱悬于空中。清人田圭《濮阳口号》诗描写了武陵山区吊脚楼:"家家临水作崖楼,半是村街半是浮,十八小娥槛内绣,停针坐看上滩舟。"

（二）自然资源与乡村传统生计方式的养成

著名民族学家切博克萨罗夫(苏联)和林耀华共同提出的经济文化类型,说明了具有相近的生产水平和相类似的地理环境具有相近的经济生活和物质文化特征。"每一个类型的文化特征首先取决于该类型所处的地理条件的经济发展方向"①。山地自然生态系统在很大程度上了决定了武陵山区乡村刀耕火种式农业和传统渔猎等生计方式。与武陵山区富饶多样的生物资源相适应,其乡村生计方式也呈现出多样化特征,采集、渔猎、农耕生产、传统手工、冶矿、制盐等生计方式共存。

树神、山神、土地神崇拜是武陵山区乡村早期生计文化的遗存。树木、江河、大山提供了丰富的食物来源,与此相关的古树、怪石、洞穴成为乡民所敬奉神灵的载体。民国时期《永顺县志》记载:"施溶有猴栗三株,化为三妇,长年三十余,次年二十余,幼者十五六,有殊色,云与田和尚有凤缘。要入洞,旬日始还家,未几复不见,久而又还。如是者半载,田和尚羸瘠不堪,其家人牒诉县城隍神,妖乃息。""上椰高梁坪杨树,茶园乡枘树,塔卧市坟坪枫树,乐洞柯沙湖柳树,其精灵均幻作医生,为人治病,恒愈。"对山神的崇拜是武陵山区人们进行渔猎、农耕活动的文化遗存。《酉阳州志》载,清代酉阳的火山坎、灵萃山、金紫山、龙头山等山上均建有"山王庙",当地人定时拜祭。祭山神有三种基本形式:献牲祭、压钱祭和日常祭。顾采在《容美纪游》曾描述过"压钱祭":"每出必携纸钱压于土地(山神土地祭炉台)下,土地神辄来护之,虽鼾眠草中无恙也"。土家族传统摆手舞传承的许多故事与

---

① 列文、切博克萨罗夫:《经济文化类型与历史民族区》,载《民族问题译丛》1959年民族学专辑,第32页。

动作源于山地经济的生产生活方式,如"撒种""栽秧""纺棉花""比脚"和"磨鹰展翅"等动作是对日常劳作和生活的模拟。

(三) 独特气候与乡村文化的时间特征

气候对于一个地方人群的民族性格、审美习惯和文艺风格等都有一定的影响。武陵山区有着极其独特的气候,虽然在总体上是属于亚热带湿润气候,温湿多雨,水热同期,四季分明,但是,由于山地地形地貌,高山和平地间气候的垂直差异明显,不同海拔地带气候不一。海拔 350 米以下的河谷,常年湿润,平均气温为 17℃,农作物以水稻为主,适宜甜橙、柑橘、柚等水果生长。海拔 350~700 米峰之间的低山,年平均气候在 15℃~17℃ 之间,农作物以旱稻、红薯为主,一年两熟,适宜油桐、油茶、茶叶等经济林木生长。海拔在 700~1 300 米的二高山,年平均气温地 11.5℃~15℃ 之间,农作物一年一熟,旱作间套,适宜烟叶、茶叶、生漆、板栗等经济作物生长。海拔在 1 300~2 000 米的高山,年平均气温在 6℃~11℃ 之间,粮食作物以玉米、土豆、芸豆为主,适宜黄连、党参、当归等中药材以及油松、黄杉、巴山松等生长。海拔 2 000 米以的高山脊岭,年平均气温在 6.5℃ 以上,属宜林、宜牧地带,以寒温性针叶林等疏林灌木为主。

气候气温条件对武陵山区乡村文化发生起到不可忽视的影响。传统武陵山区乡村多在海拔 800 米左右的山地,一年生计由于气候制约,开春晚,农历三月才陆续从事生产,农历十一月进入冬季,人们多选择闭门烤火。"居高山者,寒多暑少,盛夏被不脱棉,晨夕必烘于炕,故收获较迟,一切蔬菜皆过时始食。"[1] 气候对于武陵山区文化的影响主要表现在耕作制度的安排上。不同气候地区耕作制度不一样,高山地区农作物一年一季;二高山地区两年三季,三月开春,十一月进入冬季;平坝地区一年两熟或一年三季。乾隆《永顺府志》对当时耕作制度有所记载:"山农种杂粮,于二三月间医薙草伐木,纵火焚之,冒雨锄土撒种,熟时摘穗而归,弃其总藁。种稻则五月插秧,八九月收获。山寒水冷,气候颇迟。"

二、传统社会生态演变与武陵山区乡村文化内涵建构

武陵山区一直土家族、苗族、侗族等少数民族世居之地,各少数民族之间的交往与互动较为频繁,地域文化总体呈现出民族文化的多元性。费孝通曾指

---

[1] 李勋:《来凤县志·风俗志》(同治版)卷二十八,来凤县史志办在线资料: http://www.laifeng.gov.cn/szb/。

出武陵山区"这条多民族接触交流的走廊，一方面由于特殊的地貌还保持了各时期积淀的居民和他们原来的民族特点，另一方面又由于人口流动和融合，成了不同时期入山定居移民的一个民族熔炉"①。如土家族传统摆手舞就是"在漫长的历史变迁和民族融合中不断演变、发展的一种习俗。"②

（一）武陵山区乡村文化的生成与发展

在漫长的历史发展过程中，富有智慧、勤劳勇敢的武陵山区人民不仅创造了属于自己的历史，也创造了灿烂的民族文化。文化生产总是"人们依据一定的社会形式而进行的文化创造活动"③。武陵山区乡村文化与其文化一样渊远流长，丰富多采，它全面记载了人类思想、伦理道德、社会制度、经济生活、风俗习惯以及审美观念，是武陵山区人民在长期生活实践中创造、积累财富的总汇。

1. 人、自然与神灵交织的世界观对天地的臆测。

武陵山区传统乡村文化中不乏有对人、自然与神灵关系的思考。从土家族《摆手歌》《梯玛神歌》等民间叙事史诗中发现武陵山区人民对于宇宙的起源、人的起源作出的臆测般的解说。他们设想人生活在自然环境之中，自然中所有的物都是有灵性，是神灵的载体，对于天地人三界的秩序与相互关系进行最原始的解读。这一个充满神性的世界，既有序又平衡，人类及天地万物各得其所，各有所属。人与自然和神处于一种奇妙和谐的状态。

武陵山区许多文化事象的生成都以这种人与自然和谐的原始宇宙观为基础，神灵观念，如自然崇拜、万物有灵、自然禁忌通过一系列习惯法、村规民约等外在形式表现出来。这些独特的生态观又与各自的生计方式，如刀耕火种、渔猎采集、旱地轮作、梯田耕作和家庭畜牧等相适应。武陵山区（鄂西南）至今还遗留着果树崇拜的习俗，当地人在除夕之夜，要在果树上砍几个缺口，在缺口中放入肉块，希望来年果树能结更多的果实。湘西地区人们过年时要在果树上捆扎钱纸，用刀背敲击树干。一人问："明年结不结果？"一人答："结。"再问："结得多不多？"再答："结得多，结得像饭团。"又问："甜不甜？"又答："甜，像蜂糖一样甜。"……问答完毕后，给果树围上一圈红纸谢树。猎神崇拜是武陵山区人民在渔猎生活中形成的原始信仰。鄂西南地区信奉猎神张五郎，打猎时先敬张五郎，请其"开山"，祈求平安，获得猎物；湘西地区信奉猎神"梅山神"；渝东南地区则视山神为猎神，出猎前要在

---

① 费孝通：《武陵行》，载《瞭望》1992年第2期。
② 熊晓辉：《土家族摆手舞源流新考》，载《怀化学院学报》2006年第3期，第7~9页。
③ 司马云杰：《文化社会学》，中国社会科学出版社2001年版，第241页。

山神庙前祭祀山神,请求山神准许猎手狩猎。

2. 图腾、祖先与族群文化记忆。

在武陵山区原始信仰中,某些姓氏的人家与自然界某种动植物具有亲缘关系,而产生图腾信仰。《山海经》中记载了三峡地区的巴人传说,"有巫山者,西有黄鸟。帝药,八斋。黄鸟于巫山,司此玄蛇"。相传早期巴人以蛇为图腾,有"巴蛇食象"传说。侗族传说其始祖母与一条大花蛇交配后生育子女滋生繁衍。谭姓土家人始祖谭婆感应神鹰而孕育后代。

图腾与氏族的亲缘关系常常通过氏族起源神话和称呼体现出来。武陵山区土家族人崇拜白虎,以白虎为图腾。白虎图腾崇拜源于土家族人精神祖先廪君。《世本》记载:"廪君死,魂魄世为白虎。巴氏以虎饮人血,遂以人祠焉。"清江流域土家族人自认为是白虎的后代,不仅崇拜白虎,还以虎作为族徽。在武陵山区发现的从东周到秦汉时期的巴人青铜器物上,不管是兵器还是乐器,大都有虎的纹饰或图像。巴式柳叶剑的剑身上有虎斑纹饰和手心纹。在湖南石门新关、泸溪、贵州松桃木树乡、重庆涪陵小田溪、湖北长阳都出土过巴式乐器——虎钮錞于。湖北咸丰柳城盖女儿寨出土的土官服装佩饰,其中有虎纹金环和虎纹锡环。鄂西南地区的向王庙和天王庙是祭祀白虎神廪君的场所。《长阳县志》解释:"向王就是廪君。……廪君者,为人主,务相开其国,有功其民,今施南、巴东、长阳等地立庙而祝。"民间民歌和说唱词中,也有经常有白虎崇拜的遗留,如鹤峰民歌《小花灯》唱道:"来到老爷头门庭,玻璃宫灯。白虎神仙挎彩印,子子孙孙受皇恩,家发万事兴。"恩施扬琴唱词:"身后悬挂白虎旗,案头端放土王印。打马来到宫廷上,双膝跪拜白虎神。"

3. 原始禁忌、习惯和风俗对传统价值体系的维系。

"社会关系、群体组织、生产方式、生活方式、行为方式以及与之相适应的风俗、习惯、道德、法律、政治、宗教等文化一旦建立起来,就会形成一个相互依赖、相互制约的活的社会有机体。"[①] 武陵山区人民经历了"万物有灵"、白虎图腾崇拜和多神崇拜的历史,形成了自身的宗教观念和宗教活动。随着与汉地文化的交融,形成了古今结合、土汉相融的局面,但以本土的祖先崇拜、土王崇拜和鬼神崇拜为内核的民间信仰仍占据主导地位,对人们的日常行为起着一定的规约作用。

如武陵山区乡村文化中巫术色彩浓厚,与其民间信仰关系很大。"楚属泽国,其地多山,信巫鬼、重人祠"。乾隆《永顺府志》载:"铜鼓祀神,帅巫击鼓,领以祀鬼,他若疾病,不信医,宰牛以祀神,歌丧哭嫁,崇尚巫鬼";

---

① 司马云杰:《文化社会学》,中国社会科学出版社 2001 年版,第 251 页。

"二月社日，祭伏波将军之弟，曰祭花鬼，用羊豕鸡犬。三月杀白羊，击鼓吹笙曰祭鬼……六月六，炊，亦曰祭鬼。……十二月二十八日夜祀祖，亦曰祀鬼，禁闻猎犬声。此盖信巫尚鬼之俗，故皆以鬼为名。"重庆酉阳"凡卧病服药不效，则招巫祈禳"。秀山"遇有疾病，颇信巫觋，或白昼吹角跳舞，呶呶不休，俗谓之跳神"。彭水"民俗信事鬼神，乡里有争角，辄任神以输服，有疾病则酬神愿，大击钲鼓，请巫神以咒舞"。

在丧葬制度方面，武陵山区大部分地区都有"跳丧"习俗，清江流域称为跳"撒叶尔嗬"。清《长阳县志》载："临葬夜，诸客群挤丧次，擂大鼓歌曲，或一唱众和，或答古今，皆稗官演义语，谓之打'打丧鼓'，唱'孝歌'"。打丧鼓、唱孝歌，是武陵山区乡村文化所蕴含的民间信仰、习俗的外在表现，实则是山区人民关于"灵魂不死"、祖先崇拜以及"死是福"等宇宙观、伦理观和生死观的直接表达。

在婚姻家庭制度方面，武陵山区经历了原始婚姻和家族家庭制度，在漫长的封建领主和地主经济占主导的社会中，虽然接受了官方规定的婚姻形式，但在实际生活中仍遵守着本土文化遗留。婚姻以歌为媒、男女交往自由，女性在婚姻上有较多的自主权。由兄妹可婚演变为姑舅表婚习俗和兄纳弟妻，弟配兄嫂的收继习俗长期保留在婚姻形态之中。

4. 武陵山区乡村熟人社会与群体性劳作习俗。

正如孤立的个人无法游离于社会之外而存在，文化产生也是人类社会整体创造的结果。武陵山区乡村文化从产生之日起就根植于其乡村社会之中，无论是生产劳作，婚丧嫁娶，还是节日聚会都是乡村文化存在的重要场所。民间神话传说、山歌、薅草锣鼓、舞蹈都随着山区人民的日常生活而周而始地出现。"衣，有最有特色的是著名的土家织锦'西兰卡普'，色彩明快、图案奇巧，制作精细，堪称一绝。食，最具特色的是油茶汤。住，最有特色的是'吊脚楼'。行，旱路有'背脚打杵'和水路的'豌豆角'成为两道风景。"[1]

每到冬季，山区人民经常由经验丰富的猎手带领数十人或百人不等的集体，带着猎狗，进入山林进行围猎活动，场面十分壮观。乾隆《永顺府志》载："每冬行猎，谓之'赶场'。先令舍把头目等，视虎所居，率数十百人，用大网环之，旋吹其草，以犬惊，虎奔，则鸟铳标枪立毙之，无一脱者"。

放闹是一种农闲时的群体性捕鱼活动，也称"安槸"，《鹤峰州志》载："渔人捕鱼，滩河难施罾，昼用钓竿，夜以绳系钓于水，或放于滩上累石用筍，承流取鱼，名曰槸"。唐代段成式在其著述《酉阳杂俎》中记载了"摇鼓取扬鱼"的习俗。武陵山区酉水河中有一种鱼闻敲梆击鼓声，会飞出水面。

---

[1] 田发刚、谭笑：《鄂西土家族传统文化概观》，长江文艺出版社1998年版，第5~6页。

当地人捕鱼时要船中击鼓敲梆，将鱼赶出水面，然后用网、船接住。

武陵山区薅草锣鼓由薅草劳动形式和田歌艺术形式两部分组成，是一种伴随劳动生产，兼有指挥、娱乐等功能的民间音乐艺术形式。在武陵山区山大人稀，这种特定的自然条件中，单家独户生产劳力不足，加上常有野兽出没，破坏庄稼，伤害人畜，人们通常结伴成群、协作生产。劳作期间，配以锣鼓敲击节奏指挥生产，又以节奏、演唱娱乐，久而久之，形成了独具特色的薅草锣鼓。薅草锣鼓常在群体薅草、挖土、栽秧时举行，一人击鼓，一人敲锣，锣鼓间歇时，由歌师傅领唱或对唱山歌。

武陵山区土家族摆手舞传承了传统生活知识。大摆手模仿军队战阵和战舞，表演战功；小摆手祝神祈福，娱神育人。摆手舞以锣鼓为引，模拟军事或日常生活，再现民族迁徙、狩猎征战和农桑耕织生活场景。摆手歌则是直接的说教，如：

罗巴/吉塔/里/过/若/嘎　（男人下地把土挖）；
麻麻/务/措/卡普/踏　　（女人在家织土花）；
农拜/叶/日/查西太　　　（今年粮食多又好）；
拉老/子/列/软/此/阿　　（喂头肥猪水牛大）。

（二）地方行政制度的更迭对乡村文化的影响

武陵山区长期以来被视为王朝的边地，是少数民族聚居的蛮夷之地。中央王朝对武陵山区实行的特殊地方行政制度在文化发展方向作出了强力的指引与规制。武陵山区自秦汉以来，一直执行了与中原地区不一样的地方行政制度，使得这一地区一直处于封建割据的状态，虽然经历了羁縻政策和土司制度实行的两个时期，但社会性质变化不大，政治、经济、文化诸方面基本上处于停滞或自发状态，文化的原始形态遗留保存较多。同时，因地方行政制度执行的强力影响，以及强宗大姓割据和土司专制统治，也造成了武陵山区乡村文化发展的不平衡。

1. "巴方"时期原始氏族制度的文化生态系统。

"巴方"见于殷墟甲骨文记载，这一时期上起远古，下至巴子国建立。土家族民间叙事史诗《摆手歌》和西汉刘向《世本》记载的巴人廪君传说，较为生动地展示了巴方时代武陵山区人类活动的图景。

土家族摆手古歌《雍尼补所尼》了土家族人起源的传说故事，包括开天辟地、洪水滔天、兄妹成亲和人类延续等内容；人类起源歌从张果老做天，李果老做地，衣恶阿巴做人唱起，解说了族人贪婪想吃雷公肉，而触怒神灵，引来天动，人类毁灭的原因。描述了躲在葫芦里的雍尼（妹妹）和补所（哥哥）在天地浩劫过后在天地神灵授意下结为夫妇，繁衍人类的过程。迁徙歌描述了土家先民在迁徙、定居过程中不断寻找乐土的故事。"太阳又出来了,太阳又落了。树叶又绿了,树叶又落了。草鞋穿烂了九十九双,拐棍挂断了九十九根",终于来到山清水秀、土地肥沃的地方安居乐业。

《世本卷七下·氏姓篇下·姓无考诸氏》(清 秦嘉谟辑补本)载:"廪君之先,故出巫蜒巴郡南郡蛮,本有五姓。巴氏、樊氏、曋氏、相氏、郑氏,皆出于五落钟离山。其山有赤黑二穴,巴氏之子生于赤穴,四姓之子皆生黑穴。未有君长,俱事鬼神。廪君名曰务相,姓巴氏。与樊氏、曋氏、相氏、郑氏,凡五姓,俱出皆争神,乃共掷剑于石,约能中者,奉以为君。巴氏子务相,乃独中之,众皆叹。又令各乘土船,雕文画之,而浮水中,约能浮者,当以为君。余姓悉沉,惟务相独浮,因共立之,是为廪君。"。

从发现的文献和民间史诗材料中,我们不难推断出武陵山区早期人类为了生存,经过长途迁徙,沿途留下若干支部落分别扎根在清江、沅江流域及乌江流域。从选廪君为君长和与盐水女神的争斗故事之中,可以看到早期先民经历渔猎、穴居等生活方式,过着"未有君长,俱事鬼神"的原始氏族社会阶段。"早期巴文化"遗址多分布在江河边地势较低处,出土多种石制的陶制生活器具,如蚌形刮削器、斧、锛、凿、夹砂灰褐陶罐、甑、豆等。与原始氏族制度相适应,其文化也保留了较多的原始性。早期巴文化诞生于武陵山区的山水之间,一开始就有了山地水系生态印记。原始文化与人文文化以物有灵和原始宗教为纽带,神灵观念如对天、地、水、山、树木等的崇拜构成人与自然生态和谐平衡的系统。

2. 巴子国农奴制的文化遗留。

巴子国建立源于周武王克商后分封其亲族姬姓于巴地。"武王既克殷,以其宗姬于巴,爵之以子。"[①] 巴国是武陵山区第一个奴隶制诸侯国,国内已建立起一套国家机构,有国君、军队,有将军、使者等职官。这一时期,武陵山区在经济制度上属于农奴制经济,除了原始渔猎之外,刀耕火种的原始农业开始萌芽。区域内盛桑、蚕、麻、纻、鱼、盐、铜、铁、丹、漆、茶、蜜等,"川崖惟平,其稼多黍。旨酒嘉谷,可以养父。野惟阜丘,彼稷多有。嘉谷旨酒,可以养母"[②]。

古巴人勇武善战,"巴师勇锐,歌舞以凌殷人"。建国之后,与其他诸侯多有争战,而巴楚之战几乎贯穿了该国的整个的历史。鲁桓公九年(公元前703年)巴国打败了邓国;鲁庄公十八年(公元前676年)巴国攻打楚国取得胜利;鲁文公十六年(公元前609年)巴国与秦国、楚国联合打败了庸人部

---

① 汪启明、赵静:《华阳国志译注》,四川大学出版社2007年版,第4页。
② 汪启明、赵静:《华阳国志译注》,四川大学出版社2007年版,第5页。

落。鲁衰公十八年（公元前477年）巴人攻打楚国，在鄢地战败。"周之季世，巴国有乱。将军蔓子请师于楚，许以三城。楚王救巴。巴国既宁，楚使请城。蔓子曰：'籍楚之灵，克弭祸难。诚许楚王城。吾将头往谢之，城不可得也'。乃自刎，以头授楚使"①。

3. 羁縻政策下的强宗大姓兴起与文化初步交流。

秦统一中国后，在巴地设置郡县，直到宋元交替之际，中央王朝对武陵山区一直施行羁縻政策进行"以夷制夷"统治。秦时武陵山区设置了巴郡、南郡和黔中郡，巴人的强宗大姓被朝廷委以官职，听其自行治理其地，轻徭薄赋。同时，中央王朝为了拉拢这些地方强宗，经常重加厚赐，甚至还有和亲。羁縻政策在武陵山区的施行，实际上助推了强宗大姓在地方的政治割据。到晋代，被中央王朝委爵的武陵山区大家族首领职官出现了世袭现象。唐宋时期，羁縻政策更加完善。

羁縻政策的推行对武陵山区社会文化产生了非常大的影响。一方面，地方行政制度直接造就了地方强宗大姓的兴起，使得这些大家族在地方获得了绝对的统治权。大宗族的封建政治割据，使武陵山区处于一种半封闭状态，"蛮不出境，汉不入峒"成为一种行为准则。武陵山区社会发展逐渐与中原地区拉开距离，同时，武陵山区内部的社会经济发展也呈现出不平衡的发展势态。一些原始的经济文化习俗得以遗留。另一方面，中央王朝名义上对武陵山区进行的统治限于王朝与强宗大姓的交流。这种有限的土汉交流相对地促进了武陵山区的经济和文化发展。地区首领的朝贡和朝廷回赐，也成为一种形式的文化交流，使中原地区先进文化和儒、佛、道等文化意识和宗教信仰文化开始传入武陵山区。现代少数民族土家族也在这一时期的特殊政治环境中逐渐成长，"这一漫长的时期，也是民族大融合时期，土家族逐渐形成了较稳定的民族共同体"。②

4. 土司统治时期的少数民族传统文化的传承。

土司统治制度在唐代萌芽，历经宋元不断发展，至明代时已趋于完备。武陵山区在土司的管理之下，实行了军政合一的世袭统治。少数民族首领自治权利得以加强，武陵山区更加封闭，许多地方原始时期的社会形态、习俗和文化事象得以遗留，社会发展明显落后于中原地区。土司治理下的武陵山区以一种半封建半奴隶社会形态，在客观上促进武陵山区政治、经济和文化的相对稳定。

在地方行政制度规约下的武陵山区与汉地的文化交流较之以前相对频繁。

---

① 汪启明、赵静：《华阳国志译注》，四川大学出版社2007年版，第7页。
② 田发刚、谭笑：《鄂西土家族传统文化概观》，长江文艺出版社1998年版，第17页。

明代以后，大量山外移民迁入武陵山区，充当了先进文化的传播者。各土司也在制度规定之下积极学习汉族儒学文化，通过学习先进文化，同时又以自己民族的风俗习惯和道德观念影响外来移民，使得外来移民难以在与外界交流沟通，其文化发展逐渐呈现本地化倾向。

5. 改土归流后的文化教化与地方文化发展。

清雍正帝对武陵山区土司进行改土归流改革，打破了山区的割据封闭的局面，使武陵山区经济、社会和文化逐渐发展，大批汉人及先进文化（农业知识、科学技术）进入武陵山区，社会形态也在中央王朝全面推行与汉地无异的社会制度，大批汉族官员由王朝委派进山。地方州、县利用国家行政力量发布了诸如《禁乘丧讹诈》《禁轻生》《禁隶外》《禁端公邪术》告示政令文告，对武陵山区少数民族生活习惯、男女交流方式、宗教、礼俗等进行强制性的革除和干预。同时，清王朝还在武陵山区大量设置学校、书院开展儒学教育。如乌江流域在改土归流之后就设置"官学有29所，书院有65所，义学有376所，私塾不计其数"。[①] 政府推广的主流文化开始改造武陵山区少数民族文化，促进了武陵山区本土文化与中原文化和其他少数民族文化的交流与融合，使得武陵山区传统文化得以改造和革新。但是，在官方主推的文化革新之下，一些优秀的少数民族文化受到歧视和人为打压抛弃，使武陵山区乡村自发传承的优秀传统文化发展受到极大的冲击和制约。

在民间大量外地商人、军人、农民迁入武陵山区，带来了丰富的外来文化和先进的生产技术，对于武陵山区地方宗法制度和封建领主经济制度的解体产生极大影响，为民间经济和文化交往开辟了更大的渠道，加速了武陵山区少数民族文化与汉族文化的交流。

（三）武陵山区乡村文化的社会系统

生产、交换及整个互动关系总合起来构成社会，即人们按照一定关系互动并结成不同群体时构成社会。社会系统就是"指各种人际关系的总和以及按照一定方式结成的大大小小的人类社会群体"。[②] 文化则是社会发展的产物，人类生活所组成的社会承载了人类文化全部，是各种文化产生、变迁以及各种文化功能相互整合的单位和代表者。文化是社会系统中各群众的创造，又在社会系统中的互相接触而不断整合发展，从而构成人类的文化体系的不断演化。武陵山区乡村文化社会系统的显著特点之一就是多民族杂居。土家族、苗族、

[①] 李良品、彭福荣、崔莉：《乌江流域民族地区教育发展史》，重庆出版集团重庆出版社2010年版，第147页。

[②] 司马云杰：《文化社会学》，中国社会科学出版社2001年版，第212页。

侗族、瑶族等各个民族共同混合居住在武陵山区，构成了独特的社会系统，其文化在这个社会系统中不断生产、传播、冲突和变迁。

1. 远古文化遗存。

武陵山区较早就是少数民族聚居之地，有巴人、濮人、越人、乌蛮、汉、楚人等多个族群生活交融，其文化的源头是多元的。《华阳国志》记载：巴国"其属有濮、賨、苴、共、奴獽、夷、蜒之蛮"。①早期生活在武陵山区的各民族创造了丰富多彩的文化，为武陵山区文化的交流、发展奠定了基础。而远古文化遗存对此后武陵山区文化发展较大的巴文化、乌蛮文化、濮越文化以及楚文化等。如土家族摆手舞"同手同脚"舞姿特色和"披甲""拉弓射箭"等动作都与巴渝舞"龙行虎步"和"矛渝""弩渝"雷同；摆手舞的"男女相携，蹁跹进退"暗合了越濮"赴节而舞"的文化特征；大摆手仪式场面中也能屡屡见到"凤鸟图腾"和"火崇拜"的楚文化因子。

巴人最早生活在中国西北，后来由陕西、河南进入湖北、四川，最后南迁进入武陵山区，其生活年代约在夏商时期。巴人崇赤色，以虎为徽，勇猛尚武，信奉鬼神，喜歌善舞；精于制盐、炼丹砂、酿酒。巴人的蛇、虎图腾崇拜对后世土家族的蛇虎崇拜产生极大影响。以祭廪君的人祠、血祭在土家族民众中多有传承。清《来凤县志》记载："五六月，雨阳不时，虫或伤稼，农人共延僧道，设坛诵经，编草为龙，人以金鼓，舞遍田间以祀之，迹迎猎祭之，祭虎之遗风也"。也有学者认为，巴人征战时所跳的"巴渝舞"与后世土家族传承的摆手舞有着相承关系。

乌蛮源于黄帝轩辕氏集团的虎氏族。虎氏族的一支于春秋时期南迁四川、云南、贵州一带与羌族结合形成乌蛮。唐末乌蛮的一支进入今黔东北和湘西一带。乌蛮文化对于武陵山区文化影响在赶白虎习俗和土家族语言方面。湘西北地区有驱赶白虎的习俗，每年腊月或正月，巫师梯玛要挨家挨户"赶白虎"，祈福消灾。当地也有民谣流传："白虎当堂坐，无灾必有祸"。关于乌蛮文化与土家族语言的关系，王静如认为彝语和土家语在语属、语法和基本词汇的相同和相似，"土家语中最常用的六百余个基本词汇中有二百个接近彝语，约占三分之一"②，表明土家语中含有彝语因素，两者具有相当的渊源关系。

濮越文化在武陵山区乡村文化中也有较多的遗留。武陵山区民间婚姻自由、以歌为媒的习俗与濮越文化一脉相承。"古濮人恋爱自由，通过男女唱歌而双双私奔，遗风尚存其地，所以在春秋时代，这类情歌被华夏人视作淫荡的

---

① 汪启明、赵静：《华阳国志译注》，四川大学出版社2007年版，第5~6页。
② 胡炳章：《土家族文化精神》，民族出版社1999年版，第23~25页。

'桑间濮上'之音。"① 武陵山区各地的"女儿会""挑葱会""赶边边场""走坡节"等,都是青年男女成群结队在预定的山野唱歌、野炊、相恋、约会,无人干预。乾隆《永顺府志》载:"凡耕作出入,男女同行,无拘亲疏。道途本遇,不分男女,以歌为奸淫之媒,虽亲夫当前,无所畏避。"清人有"竹枝词"为证:"映山红放女儿忙,岭上挑葱菜味香。歌唱相凭竹叶,娇音吹断路人肠。"濮人悬棺葬在武陵山区也有遗留。县棺葬将棺木置于悬崖上的山洞之中,或在悬崖之下凿石插木桩支撑,任其风化。清同治《保靖县志》载:"仙人木,在县东北六里乳香岩河岸,绝壁上洞口横有木箱一个,名曰'仙人木',至今舟中望之,宛然犹存"。重庆秀山的藏书洞、黔江的柜子岩和彭水的万年仓均属悬棺遗址。

武陵山区古属南楚疆域,楚文化在其地的流传很广。楚国灭亡之后,其地大部分被汉文化所涵化,只有少数民族聚居的武陵山区因地理、交通以及文化封闭等因素较好地保留了大量的楚文化遗风。楚人崇火,以祝融为祖先,自认为是太阳与火的传人,崇拜太阳神和火神,进而崇尚红色。武陵山区传统乡村家家户户都设有火塘或火铺,火塘正中安放三脚,它是火神的象征,也是祖先神的象征。武陵山区人民还认为火能驱邪,故在迎亲、傩仪、祭祀等重大民俗活动时都要用到火,如"火把迎亲""火驱傩疫""火堆拦煞"以及用烧红的石头浸入水盆中为婴儿驱邪等都是火崇拜习俗。武陵山区也保留了楚文化的凤鸟信仰,崇拜凤鸟。土家族人在进行大摆手活动时,都要用到龙凤旗,进行"摆架闯堂"。楚文化中五月避邪和赛龙舟习俗也在武陵山区保存较好。清同治《来凤县志》载:"五月五日,悬艾叶、草蒲、雄黄酒,以雄黄点小儿额及手足心,云辟疫。采百草煎汤澡洗,曰辟疮疥。捣蒜和雄黄水遍洒门户及墙阴,曰辟蛇虺⋯⋯俱竞渡龙舟,十五日尤盛"。

2. 各族文化共生交流。

武陵山区现有汉族、土家族、苗族、侗族、仡佬族等 30 多个民族共居一地,每个民族都保留特色浓郁的民族文化。多民族混合居住的社会生态环境对于武陵山区乡村文化的生成、传承和发展产生了深刻的影响。

土家族自称"毕兹卡",是一个具有相对开放思想的少数民族。土家族人多居住在江河之畔和高山之上,其文化充满了山土气息和古朴风格,如吊脚楼、西兰卡普、摆手舞、撒叶尔嗬等。土家族普遍信仰祖先神,湘西信仰彭、田、向氏土王和"八部大王";黔东北、渝东南一带则信仰冉、马、田、杨姓土王。古代的梯玛神歌、毛古斯、傩堂戏、竹枝词,以及传承至今的摆手舞(歌)、跳丧舞、哭嫁、地方戏曲都是土家族传统民族文化的珍品。摆手歌有

---

① 何光岳:《南蛮源流史》,江西教育出版社 1998 年版,第 252 页。

土家族创世史诗之称，民歌"竹枝词"在武陵山区长期留传，唐代诗人刘禹锡在此基础上创作了"竹枝词"开一代诗风，并将其传播到中原地区。

苗族先民于秦汉时聚居在"五溪"地区，即今湘西、黔东等地。在中国古代典籍中，苗族先民从黄河流域直到长江中游以南被称为南蛮的氏族和部落。传说蚩尤是南蛮"九黎"之君，在与黄帝部落冲突中败而退出黄河下游，占据长江中、下游，逐渐形成"三苗"。公元前2世纪后，苗族先民大部分已迁至湘、鄂、川、黔等地。武陵山区的苗族至今把蚩尤当做自己的祖先。苗族居住在高山地带，以农业为主，以狩猎为辅。农作物有旱稻、苞谷、荞子、薯类和豆类。狩猎是一项主要的副业，常用弓弩、火枪围猎猎物，实行"隔山打鸟，见者有份"的分配方式。苗族以能歌善舞著称，苗族民歌尤其丰富，每年农历正月初二或五月初五日花山节（即踩花山），青年男女欢聚一起踩鼓，跳芦笙舞，对歌抒情，寻求配偶，同时举行爬花杆、斗占比赛。苗族擅长渍麻织布、刺绣、蜡染、剪纸、银饰制作等工艺精湛。青年男女喜穿"五色斑衣"，集蜡染、刺绣于一身，绚丽多姿。

侗族源于秦汉时期的"骆越"，自称"干""更""金"等。传统侗族经济生活以稻谷种植为主，在武陵山区主要分布在恩施、宣恩、咸丰等地。侗族有一种独特的民间组织形式——款，是村寨与村寨的联盟和民间自治自卫组织。款约是款组织的核心组成部分，涉及人们日常生产生活多方面，对农事活动、婚姻家庭、道德规范、社会治安、民间纠纷以及对外关系都有着规约。侗族村寨特色建筑鼓楼、花桥（风雨桥）、萨岁庙等都是集款的重要场所。侗族村寨以鼓楼为标志，当村寨有重大事件时，通过鼓楼击鼓聚众议事。侗族服饰使用自织自染的侗布做衣料，用细布绸缎作装饰，尤以侗锦、侗帕、侗带最负盛名。侗族人喜歌舞之乡，以琵琶歌、侗戏、侗歌、哆耶、芦笙舞最受人喜爱，尤其是侗族大歌，以其神奇的多声部合韵名扬世界。武陵山区侗族还传承着"行歌坐夜"之古风，抬官人、萨岁信仰、婚礼习俗、喜庆节会等都保留了古雅淳朴的习俗。

仡佬族是武陵山区最古老的少数民族之一，旧称"仡僚""葛僚"、"（僰）僚"和"仡佬"等，主要分布在贵州务川仡自治县和道真仡佬族苗族自治县。仡佬族先祖与"濮""僚"都有渊源关系。在1949年以前，仡佬族还保留着一种古代僚人的"凿齿"习俗，女子在出嫁前要打掉上犬牙。仡佬族以山地农耕为主要生计方式，织染、采砂和炼铁等传统手工艺较为发达。2000年发现的《九天大濮史录》详细记载仡佬先民农耕、制茶、酿酒、采丹砂、炼铜铁等工艺。民间传了一套冶铁、锻铸技术，仡佬族人依靠传统打铁技艺打制的斧、刀、镰、铧口等，深受周边群众喜爱，一些作仡佬族村寨被称为"打铁寨""铧口寨"等，仡佬人也被称为"打铁仡佬"。仡佬族人善织染、刺绣，因其服饰色彩不同被称为"红仡佬""青仡佬"和"披袍仡佬"等。仡佬族人善歌舞,举凡新年禳灾、祭祖吊丧、男女社交、生产劳动、迎宾送客等,都有专门的歌谣和小调。调子可分三、五、七言等。民间有以口耳相传的神话、传说、诗歌、故事、谚语等民间文学,贴近生活,生动活泼,寓意深刻。

武陵山区汉族文化与各少数民族文化有机相融。秦汉、魏晋、唐宋、明清以至于改土归流,汉族一直持续进入土家族地区。汉人在武陵山区与各少数民族朝夕相处,彼此在文化逐渐认同,作为一种高势能文化对于少数民族文化产生重要影响。汉族文化对于武陵山区乡村文化的影响主要表现在四个方面:一是武陵山区各少数民族逐渐接受了汉族先进的农业生产技术;二是各少数民族逐渐接受了汉族语言,而自身语言在交流中逐渐流失;三是汉族一系列风俗习惯被少数民族人民所接受;四是各少数民族逐渐接受汉族的一些价值观念。[1]

第二节 武陵山区乡村社会文化的近代传统

"社会文化当代变迁的起点是其近代传统,而不是古代传统;而近代传统又是由古代传统一步步演变而来的。"[2] 武陵山区乡村文化的近代传统是中国近代以来应对西方文化东进过程中,学习西方文化,不断改造自身文化而形成的社会文化素质。也就是武陵山区乡村文化传统在其远古传统的遗存在近代的积淀和张大,是对古代文化的取舍和对外来文化的吸纳改造而最终融合而成的新的文化形态。

一、武陵山区乡村社会文化系统的近代整合性

武陵山区乡村社会文化的近代传统形成源于三种构成元素:一是对近代自然环境的反映与适应;二是对古代传统的继承和改造;三是对外来文化的采借与涵化。近代的武陵山区自然环境已然与古代不尽相同,在山地与河流水系共存的地理空间内,人们已形成以犁耕农业为基础,辅以渔猎、手工业、畜牧业以及少量冶矿业。武陵山区在近代依然是一个以村落为主体的乡村社会。村落限于技术、资源和地形,大多依山畔水而建。村落仍然以家庭聚居而成,单姓村落数量远远大于复姓村落。村落与村落之间有山道连接,组成了传统乡村社会空间。乡村治理实行在村级自治政策表相之下实为"保甲"制度控制,乡

---

[1] 段超:《土家族文化史》,民族出版社2000年版,第42页。
[2] 柏贵喜:《转型与发展——当代土家族社会文化变迁研究》,民族出版社2001年版,第1页。

村社会的民主程度并没有加深。家族和宗族势力是武陵山区乡村社会中最常见的民间势力和权威。受土地和技术限制,其资源的获得和生存手段单一,没有大规模的水利和公益事业,而家庭之间的劳动互助仍然是乡村公共生活的主体。

由于缺乏一种高势能文化的主导和指引,武陵山区乡村文化在自发生长中缓慢变迁。源自古代传统的民间信仰及其相关文化事象得以保留与传承,如原始巫术、祖先崇拜、白虎信仰、毛古斯、摆手舞、傩仪,等等。武陵山区作为一个传统的少数民族聚居区域,各少数民族文化共生与交流也是武陵山区乡村文化的特征。近代以来,传统社会的封闭性随着地方行政制度的改变和区域交通的发展被逐步打破,人们有着充分的条件、时间和愿望加强接触与交流。区域各少数民族基于相同的自然生境而生成的文化不断交融发展,被共同认可而传承,如赶仗、吊脚楼、火塘、节日以及洪水神话等。

武陵山区乡村社会文化近代传统是"近代的一种存在,它并不将古代已消失的文化包含其内,也不将被涵化的外来文化排除在外"。① 汉文化是最早进来武陵山区的外来文化,武陵山区山地农耕技术、牛耕技术以及优良农作物种子改良都随着与汉文化的接触而被接受。辛亥革命之后,大量的西方工业产品、技术、文化和思想也逐渐进入到武陵山区,西式教育、西方宗教也大行其事。洋布、肥皂、煤油、火柴等产品进入寻常百姓家。而鸦片在武陵山区的输入和种植,不仅毒害了武陵山区人民,还与传统农作物争地,在一定程度上改变武陵山区农作物结构,也改变了武陵山区的饮食结构。西方天主教、圣公会、路德教、基督教在武陵山区石柱、秀山、龙潭、利川、巴东、恩施、湘西等各地传播。西方传教士还建立都会学校接收教徒子弟学习英语、算术和西方宗教仪式赞歌等。在西学东渐的浪潮中,武陵山区原有书院相继改为西式学堂,开设算术、地理、格致、体操等课程。一些武陵山区的知识分子接受西方思想后,赴北京、武汉乃至日本、欧洲求学,学成之后在近现代中国的政治、军事、科技和教育等领域的变革和发展中发挥了积极作用。

二、武陵山区乡村文化的近代传统

传统是从历史沿传下来世代相传的思想、道德、艺术、风俗、制度以及行为方式等。传统是历史发展继承性的表现,对人们的社会行为有无形的影响和控制作用②。近代传统泛指从鸦片战争以来到新中国成立这一时期某一地区在

---

① 柏贵喜:《转型与发展——当代土家族社会文化变迁研究》,民族出版社2001年版,第34页。
② 辞海编辑委员会:《辞海》第六版,上海辞书出版社2009年版,第321页。

历史传承和生活实践中积累而成的稳定的社会文化元素。武陵山区乡村文化的近代传统就是乡村文化的近代形态。武陵山区近代乡村文化在空间分布具有一定的特点，构成了以流域为特征的文化区，即清江文化区、酉水文化区和乌江文化区。三个文化区在总体上可以联为一体，但三者又存在着明显的差异：清江文化区以向王天子和盐水女神信仰为主，供奉向姓和谭姓始祖神，有鹰图腾崇拜和跳丧（撒叶尔嗬）习俗；酉水文化区由祀奉八部大王，供奉彭姓、田姓和向姓始祖神，其代表性近代文化则有摆手舞、舞手歌和土家族、苗族等少数民族语言；乌江流域由流行龙图腾和竹图腾崇拜，供奉杨姓和张姓始祖神，有代表性的近代乡村文化则以傩戏、傩仪较为出名，如黔东北的傩堂戏、安顺地区的地戏、威宁彝族的"撮泰吉"和渝东南酉阳的面具阳戏等。

（一）少数民族语言

1. 土家语：毕基语（北部土家语）和孟兹语（南部土家语）是土家族特有的民族语言，属汉藏语系藏缅语族土家语支。在历史上，毕基语曾是传统上土家族地区的通用语言和官方语言。在隋代就有荆州多杂蛮左，其僻居山谷者，语言不通；在宋代，施州之地，乡者则蛮夷，巴汉语相混"；清代中叶，还有"里籍老户，乡谈多不可解"的记载。在史籍中，有许多以土家语命名的人名，在现实地名中，还存有许多土家语地名。

近代土家语传承地以龙山、永顺为中心，如龙山的坡脚、靓房、他砂，永顺的勺哈、两岔、西歧、首车、对山、和平、泽家、列夕、和平等乡镇；外延至保有靖、古丈、泸溪、来凤、鹤峰、酉阳、秀山等地。总体上，湘西土家语保存较为完整，但各地语言也有方言差别。近代以来，汉语强势进入武陵山区，使土家语等本地少数民族语言不断衰弱式微。如湖北省来凤县河东乡村在 1940 年间，还有 30% 以上的中老年人用毕基语通话。而孟兹语一直便是藏缅语在苗瑶语、汉语中的语言孤岛，仅分布在湘西州泸溪县潭溪镇的 9 个村寨。

2. 苗语：苗语属于汉藏语系苗瑶语族，有三大方言，即东部（湘西）、中部（黔东）、西部（川黔滇）方言。武陵山区苗语主要有两个分支，即湘西方言（又名东部方言）和黔东方言（又名中部方言）。

湘西方言（dut Xongb）又名"东部方言"，传承人口约 100 万人：一是西部次方言（mmr，湘西方言标准语基于湘西州花垣县吉卫镇腊乙坪村苗语），传承人口 90 万人：第一土语，分布在湖南省湘西土家族苗族自治州的凤凰县（除米良乡）、花垣县大部、吉首市南部，怀化市的新晃侗族自治县、麻阳苗族自治县；贵州省松桃苗族自治县，以及榕江县、紫云苗族布依族自治县的部分地区；四川省秀山土家族苗族自治县的部分地区；广西壮族自治区南丹县、都安瑶族自治县的部分地区；第二土语，分布在湖南省湘西州花垣县东部，吉首市西部、北部，保靖县东部，古丈县西南部，凤凰县米良乡；湖北省宣恩县的部分地区；第三土语，传承人口3万人，分布在湘西州保靖县东南部。二是东部次方言（muq），传承人口5万多人：第四土语，分布在湘西州泸溪县的小章乡；第五土语，分布在湘西州泸溪县西北部、吉首市东部、古丈县东南部；第六土语，分布在湘西州龙山县南部、永顺县的首车乡。

黔东方言（hveb Hmub）又名"中部方言"，传承人口约200多万人：一是北部土语（hea，黔东方言标准语基于黔东南州凯里市三棵树镇养蒿村苗语），分布在贵州黔东南苗族侗族自治州的凯里市和黄平、雷山、台江、施秉县等县和黔南布依族苗族自治州的都匀市；二是东部土语（hmq），分布在贵州黔东南州的锦屏、黎平、剑河和湖南西南的通道侗族自治县，以锦屏县偶里乡的语音为代表音；三是南部土语（hms），分布在贵州黔东南州的从江、榕江、丹寨等县和广西北部的融水苗族自治县、三江侗族自治县，以融水县红水乡振民村的语音为代表音；四是西部土语，主要分布在黔东南州麻江县龙山乡。

3. 侗语：属汉藏语系，壮侗语族，侗水语支。武陵山区侗语传承主要分布在贵州省和湖南省的多个县。分南、北两个方言，以贵州锦屏县南部侗、苗、汉族杂居区为分界线。南部方言：贵州的黎平、榕江、锦屏（启蒙）、从江、镇远，湖南的通道，广西的龙胜、三江、融水等县。北部方言：贵州的天柱、三穗、剑河、锦屏（大同），湖南的新晃、靖州等县。贵州的黎平县侗族人口约36万人，是使用侗语人数最多的地区。

（二）吊脚楼文化

吊脚楼，也叫"吊楼"，为武陵山区土家族、苗族、侗族、仡佬族等少数民族传统民居，鄂西南、湘西、渝东南、黔东南等地区的吊脚楼多依山、临河就势而建，依山就势，讲究朝向对丫口，呈虎坐形。吊脚楼是武陵山区的古老建筑，最原始的雏形是一种干栏式民居，它临水而立、依山而筑，与大自然浑然一体。吊脚楼文化是一种顺应自然的朴质的生态文化。吊脚楼多建于河边和山腰陡坡、峭壁和悬崖，多利用山形争取空间，并能适量减少劳力。建设时就地取材，不求过多地改造地形地貌，古时吊脚楼多以木材为结构，顶盖以茅草、树皮或片石。因而，村寨和民居建筑与山地自然环境融为一体，体现出统一和谐的自然美。

吊脚楼文化还具有丰富的习俗内涵和社会功能。吊脚楼作为武陵山区民族村寨常见的民居建筑，其建造、使用以及维护过程都蕴含了许多习俗仪式和社会功能。

建造吊脚楼第一步要备齐木料，称"伐青山"，一般选椿树或紫树。选好用来作主梁的木材不能是自家的，而是需要从别家的山林中"偷"，被偷人家发现后，骂得越凶越狠，主人越高兴，寓意今后会大吉大利。第二步是"架大码"，是加工大梁及柱料，做好之后在梁上画上八卦、太极图，以及荷花莲籽、蝴蝶、枫树等图案。第三道工序是把加工好的梁柱接上榫头，称"做排扇"。第四步是"上梁"，即"立屋竖柱"，主人选黄道吉日，众多乡邻过来帮忙和贺喜。"上梁"是庆贺新居落成的欢庆仪式，通过主梁把做好排扇竖起来固定，建好房屋的结构。要请上梁师傅两人主持仪式，上梁前要祭梁，鸣放鞭炮后，两位上梁师傅要唱赞词。

如开梁头：
我拿斧凿白如先，先敬鲁班仙。
龙听地理仙，木听匠人言，
打我手中过，听我讲真言。
我鲁班弟子说阴是阴说阳是阳，
主人家要富要贵，
要富者送你一缸金二缸银，
银子多多有用处，
买田买地养儿孙，
买个高山栖百鸟，
买个大塘好养鱼，
买块平地好跑马，
买块大田好耕春。
苞谷像根牛角大，
一株豆子打三升。
上头买到云南转，
下头买到北京城。
皇帝老儿做卖主，
左丞右相做中人。
要贵者送你五男二女七子团圆，
富贵双全。

开梁尾：
你开东来我开西，木楂落地变成金。
太阳出来暖洋洋，主家请我开栋梁。
我手拿金斧忙忙走，主家请我开梁口。
一开梁头出天子，二开梁尾出状元。
开了东来又开西，子孙万代坐朝廷。

子孙万代坐朝廷，先发公子后发孙。

明年添个读书子，后年添个读书人。

然后众人齐心协力将一排排木扇竖起，立屋竖柱之后便是钉椽角、盖瓦、装板壁。新屋上梁后，左邻右舍送礼物祝贺。

武陵山区吊脚楼建造不仅仅是乡村人们的日常生活，也是乡村人们日常情感交流的一种方式。山区山大人稀，村民居住地相距较远，平日交往不便，通常是"看到屋，走到哭"，经常性的聚会很不容易。修建新屋、红白喜会，还有春种秋收时群体劳动才有聚会。另外，吊脚楼的建造仪式都由掌握了大量文化知识的民间精英主持，在仪式中多有谈古论今的唱词和说辞。这些说唱、包含了众多的历史知识，如刘秀、刘邦、韩信、张良、诸葛亮等历史故事；文学知识，如"李白斗酒诗百篇""施耐庵写水浒"等；传奇故事，如二郎神、孙悟空、薛仁贵的故事等；生产知识，如"正月犁田打耙""二月整田下种""四月栽身插禾"等。这些知识由仪式进行传播，受众面广，而且容易让人接受。

（三）摆手舞文化

摆手舞是武陵山区土家族古老的民间传统舞蹈，主要流传在鄂西南、湘西、渝东南交界的酉水河流域，以湖北恩施自治州的来凤县、宣恩县、重庆市秀山县、酉阳县、湖南湘西自治州的龙山县、永顺县为主要传承地。重庆秀山、酉阳、彭水、黔江、石柱，湖南永顺、保靖、龙山、古丈，湖北恩施、来凤，贵州印江、沿河等地县志和民间文献均有摆手舞活动的记载。

摆手舞集祭祀仪式、民间舞蹈、民间音乐以及民族史诗传唱于一体，通过宏大舞蹈呈现出丰富的民族历史、民族社会生活等场景。摆手舞分小摆手和大摆手两种。大摆手（Yevtixhhex）以战功、民族迁徙为主线进行，场面宏大，参与人数众多，活动周期长达 7 天。仪式进程有 7 场 100 多个具体项目。7 场仪式分别是"闯驾进堂""纪念八部""兄妹成亲""迁徙定居""农时活动""将帅拔普""送驾扫堂"。小摆手（Sevbax、Sevbaxbax）一般以村寨为单位举行，人数多为数十人或百人不等。举行时间是一年跳一次，一次只跳一天或一夜。以反映乡村人家日常生产生活为主线，兼有祭祀、健身、娱乐等功能，"赶猴子""拖野鸡尾巴""犀牛望月""磨鹰闪翅""跳蛤蟆"等多个动作都是摹拟禽兽活动姿态和狩猎舞表现狩猎活动。传统动作包括折叠叶冬起也（擦痒）、折叠查查起也（打蚊子）、折叠物打挤（牛打架）、折叠里立克斯（抖跳蚤）、折叠气聋嘎（吃豆渣豆豉）、折叠泽尺克换（挽麻团）、折叠粑粑哈（打粑粑）、折叠里丰嘎（挖生土）、折叠斯里时（踩田）、折叠借物炸（砍火畲）等。

古代摆手舞是一种服务于祭祀、祈祷活动，祭祀对象主要是八部大神、土司王（如彭公爵主、田好汉、向老官人等）、大二三神、向王天子等。摆手舞作为一种现代传统的民间习俗，带有明显的祖先崇拜的意蕴，其仪式活动的民俗意义以祭神、祭祖和祈禳为主。

（四）跳丧文化

跳丧，又称为闹灵，是武陵山区特有的民间丧葬习俗，其中又以清江流域的"撒叶尔嗬"最为出名。有学者认为，老人亡故后，乡邻在灵堂坐夜联灵、跳一夜丧鼓、唱一段丧歌的习俗，与巴人乐舞着渊源关系。《夔府图经》载："巴人尚武，击鼓跳歌以兴哀。……父母初丧，鼙鼓以道哀，其歌必狂，其众必跳。"

武陵山区跳丧是用于悼念亡人的歌舞，融歌、诗、舞于一体。在武陵山区乡村，不论村寨哪家死了老人，乡邻们都要从各家赶来"坐夜""跳丧"，为亡人跳"撒尔嗬"。跳丧的表达形式为"击鼓踏歌"，歌舞者用身体的肢体语言表达情感，提胯上步，摆臀扣胸，模仿日常生活事物，常见动作有"枯树盘根""狗连裆""牛擦痒"等。歌者开篇必唱盘古开天地，唱颂八部大王、梅山神、桃源神和土地神等。其间穿插表现男女爱情的长篇叙事诗，诙谐可爱的儿歌等。歌舞者以酒助兴，不拘一格，尽展武陵山区乡村人家粗犷豪爽个性。

生老病死是每个人都必须经历的人生过程，不同的民族因为有着不同的信仰和文化，各项人生礼仪都饱含着不同的文化底蕴和价值取向。丧葬仪式，是生者与死者之间的灵魂对话，也是有着亲密关系的人群的心灵安慰，体现出共同的信仰、生活习惯以及社会中的人际关系。武陵山区乡村的"跳丧""闹灵"丧葬仪式无不体现出其鲜明的区域文化特征。武陵山区跳丧作为一种习俗文化，其民俗文本的表达体现出三重意蕴，即送亡人、还人情和娱神表演。乡村人更多的是将"跳丧"当作邻里的人情事故，"半夜听到丧鼓响，不管是南方是北方，你是南方我要去，你是北方我要行，打不起豆腐送不起情，打一夜丧鼓送人情"。

（五）织锦文化

武陵山区织锦文化是各少数民族制作衣服服饰流传而来的纺织、编织、刺绣等传统技艺和产品的一系列知识和行为习惯。乡村人家采用葛、麻、棉等原材料，自纺自染自己喜欢的衣料。用"腰裹斜织机"等十分古老的纺织加工设备，织成布料、织锦和花带。

武陵山区侗族人喜欢制作侗布。用棉、麻等材料纺成粗纱和细纱，用粗纱织成斜纹状的布可作为棉衣的里子。用细纱织成"双堂布"和"棉绐"，"双堂布"有成套格方形图案,"棉给"是织成网纹的布。织好的布要用靛蓝(用靛蓝草叶汁加石灰泡制的染料)浸染三、四次后,又用朱砂根块、柿子皮、猴栗皮捣烂挤汁染成青色,再用靛蓝加染多次,使布呈现出青带红的颜色。在青红的布晾干后叠在一起,涂抹蛋清并用木槌反复捶打,直至侗布闪闪发亮,最后用牛皮熬胶浆染使布质硬挺不褪色。侗布是侗族人日常生活必需品,大多数侗寨仍然保留着侗布的传统制作工艺,侗布不仅仅是制作传统服装,也是赠送客人的最佳礼品。

土家族"西兰卡普"是武陵山区较为出名的少数民族织锦,在传统织机上采用"通经断纬"的挖花技术织成色彩绚丽的图案。西兰卡普技艺主要流传在湘西州永顺县、龙山县、保靖县,恩施州来凤县等地,有"数纱花"平纹、"对斜"和"上下斜"斜纹等流派。西兰卡普在织机上织成,全程由手工操作,主要工艺包括:纺捻线、染色、倒线、打桩牵线、装筘、滚线、捡综、翻篙、捡花、捆杆上机、织布边、挑花织锦等。织锦技艺以家庭(家族)为主,在家庭内直线传承,或在亲戚朋友之间相互学习传承,历年以来,在武陵山区形成了家庭、村寨一线传承或多线传承并存的复杂现象。

苗族刺绣源远流长,是苗族服饰主要的装饰手段。苗族刺绣技法繁多,有平绣、挑花、锁绣、贴布绣、破线绣、钉线绣、堆绣、打籽绣、缠绣、马尾绣、绉绣、辫绣、锡绣、蚕丝绣十多类。苗族刺绣另一特色是借助图案的搭配,色彩的运用,达到视觉上的多维空间塑造。如挑花绣,利用布的经纬线挑绣,反挑正取,形成各种几何纹样,借助色彩和不规则几何纹样的搭配,形成多视角的图案,达到立体与平面统一的视觉效果。

(六) 傩文化

傩戏表演是一种佩戴面具演出,集巫术、原始宗教和戏剧为一体的宗教祭祀戏剧。傩戏是武陵山区民间的一种祀神、祈禳活动,受到中原文化及巴、楚文化的影响较深。在长达600多年的历史中,不断得到充实、扩展和完善,形成了以傩仪、傩戏、傩舞、傩技为主要形式的傩文化。

傩戏是一种从原始傩祭活动中蜕变脱胎出来的戏剧形式,积淀了各个历史时期的宗教文化和民间艺术,不同民族和地区流传着不同种类和流派,如土家、壮、侗、仡佬、苗等民族的傩戏属民间傩,地戏、关索戏属军傩。傩戏在武陵山区有多种称呼,如傩堂戏、傩神戏、土地戏、师公子戏、师道戏、狮子戏、脸子戏、傩愿戏、姜女儿戏、还傩愿、老君戏等。傩是古代驱疫降福、祈福禳灾、消难纳吉的祭礼仪式。巫傩歌舞逐步融入了杂技、巫术等内容,扮演因素、表演因素增多,并与其他地方戏剧种有所借鉴与交流,甚至出现了傩、戏杂陈的局面。

傩戏表演的核心是"冲傩还愿""酬神娱人",紧紧围绕神、鬼、人这一轴心开展活动,因而出现"傩祭""傩戏"、"傩技"表演形式和傩面具、法器、傩服饰等道具。神案和开坛、开洞、闭坛活动严肃、神秘、肃穆,而又娱神娱人;傩戏表演动作夸张、豪放、变化性强、旋转幅度大,有"踩八卦""踩九卅"之舞步;唱腔质朴,语言诙谐、风趣;音乐独特、内容丰富;服饰古朴简单,有头扎、法衣、法裙;面具形态怪异、夸张、滑稽幽默,有半堂戏12个面具和全堂戏24个面具之分;法器大小尺寸、图案、质地规定严格、富有象征意义,其来历大多有神奇的传说。

傩戏有固定的表演剧目。如德江傩堂戏还愿仪式中戴面具表演的24个戏,又分为前12戏和后12戏。傩坛每次唱戏都要由"地盘土地"到桃园三洞去请唐氏太婆开洞,放出24戏之神。正戏分为"上洞""中洞""下洞"三部分。"上洞"包括《扫地和尚》《开洞》《开路将军》《点兵仙官》《引兵土地》《押兵仙师》《水路神祇》等。这些戏全是为请神还愿服务的。"中洞"部分的主要剧目是《干生赴考》。这是一个由几个片断连缀而成的"串戏"。包括《干生八郎》《杀牲九郎》《算命郎君》《九洲和尚》《王婆卖酒》《打菜仙姑》《牛高卖药》等十七个片断,总称《买猪》。"下洞"是一些驱邪斩魔、追鬼打鬼的神仙道化戏,包括《开山将军》《二郎镇宅》《钟馗戏判》等。

第三节 武陵山区社会现代转型与乡村文化变迁

社会转型就是社会经济结构、文化形态、价值观念等发生深刻变化。近100年来,我国经历了三次社会转型:第一次是辛亥革命,结束了长达两千年的封建帝制;第二次是1949年中华人民共和国成立,实行社会主义制度;第三次是正在进行的改革开放。中国乡村文化变迁是中国在近代以来,社会向着现代化前进的过程中不可逆的文化发展趋势。社会深刻的变革必然引起文化的变迁。武陵山区乡村社会也在这个社会转型的大潮中实现着乡村社会的改造和转变。其乡村文化更是随着社会发展的时政不断变迁。

一、产业转型与乡村农耕文化传统的现代转换

(一)人地关系变迁:从"家庭承包"到"土地流转"

1978年武陵山区推行了土地"家庭承包联产责任制",创造了以家庭承包经营为基础、统分结合的双层经营体制。家庭承包解使农民获得了生产的决策权、劳动时间的支配权和农产品的处置权,从生产形式上由集体劳作走向家庭

个体劳动。家庭联产承包责任制"给予了农民创新的机会和动力,也给农村带来了生机和活力,拓宽了农村现代化的路子和方式,促进了农村人力资源的开发和利用,从而丰富了农民主体性的内涵。"① 以重庆酉阳县为例。从1979年酉阳县渤海公社试点推行家庭联产承包责任制开始,到1991年酉阳农村基本解决了温饱问题。1992年在农村农业经济基础上建成了烟、桑、倍、药五大农业商品基地,烤烟产量达到28.6万担,密植桑园6万亩,山羊饲养量30万只,五倍子基地4万亩,"三木"药材基地3万亩②。

"中国农业的改革和发展,从长远的观点看,要有两个飞跃。第一个飞跃,是废除人民公社,实行家庭联产承包为主的责任制。第二个飞跃,是适应科学种田和生产社会化的需要,发展适度规模经营,发展集体经济"。③ 党的十七届三中全会《中共中央关于推进农村改革发展若干重大问题的决定》(2008年10月)按照乡村现代化产业优化的要求,对于农村土地使用政策作出新的调整,其原则在于实现农村土地规模经营,使家庭经营由自然经济半自然经济向社会化生产转变。"加强土地承包经营权流转管理和服务,建立健全土地承包经营权流转市场,按照依法自愿有偿原则,允许农民以转包、出租、互换、转让、股份合作等形式流转土地承包经营权,发展多种形式的适度规模经营。有条件的地方可以发展专业大户、家庭农场、农民专业合作社等规模经营主体。"农民按照依法、有偿、自愿原则,以转包、转让、互换、出租、股份合作等形式流转土地承包经营权,把自己承包村集体的部分或全部土地,以一定的条件流转给第三方经营。

山地农业受环境限制不可能实现集约化,传统农业效益低下,武陵山区很多地方存在不同程度的耕地抛荒现象。再因为城市化、工业化程度不断深化,乡村劳动力向非农产业转移。农民把自家的土地流转给种田大户,然后再去给企业打工,增加了收入,既有利于防止土地抛荒,又促进农业产业化、规模化生产。2010年,酉阳县通过转包、互换、出租、转让、联合经营、股份合作等方式,流转土地面积达23.6万亩,土地流转率达32%。采取"公司+农户+基地"或租赁办基地等方式,积极引进龙头企业20户,建立8万亩农业产业基地。鼓励农民以土地折价入股等方式,发展农民专业合作社,已成立农村专业合作社149个,集中规模经营土地10万亩。鼓励农村大户承包,促进农村土地合理流转。发展粮油种植大户200余户,规模经营面积5万亩。抓典型示范促进土地集中规模经营。渝东南现代农业科技示范园集中规模经营农村土地5 000亩,已建立设施蔬菜2 000亩、花卉苗木3 000亩,年经济产出

---

① 周军:《中国现代化与乡村文化建构》,中国社会科学出版社2012年版,第88页。
② 《我们的酉阳》编委会:《我们的酉阳》,重庆大学出版社2013年版,第133页。
③ 邓小平:《邓小平文选》(第3卷),人民出版社1993年版,第355页。

9 000万元。①

乡村农耕文化传统有着深厚的"土"味,从渔猎生计、农田种植,到经济林木,再到传统家畜禽饲养,武陵山区乡村社会与土地维系了自然共生的关系。而从1978年农村改革到2008年的土地流转,武陵山区人与土地关系也从"高效利用"转变为"选择闲置"②。在从人民公社集体劳作解放进行家庭个体生产,又从家庭个体生产转向土地集约经营过程中,人与土地关系发生微妙变化。乡村文化的"乡土"味也在人地关系变化中不断消减。

(二) 产业结构调整:从"自消品"到"流通商品"

从党的十三届三中全会以来的农村改革,一直致力于农村产业结构的高级化和合理化。武陵山区乡村产业结构调整在全国建设社会主义市场经济体制的背景之下全面展开,以市场为导向的产业结构调整,要求山区乡村发展特色经济产业,在较大程度上削弱了传统农牧业产业份额。如重庆酉阳县,从1993年开始,按照"走捷径、抢速度、创奇迹"的发展要求,坚持以山立县、"两场"结合、系列开发、强农兴工、富民升位的工作路子,实现战略大转移、结构大调整、经济大发展。在1994年至1997年间,工农业总产值达20亿元,农民人均纯收入800元。全面实现了以"市场为导向,充分发挥酉阳幅员辽阔、山场广大的优势,紧握畜牧业和经济林两大拳头",夯实"能源、交通、通讯三个建设基础",开发"两烟一条龙、畜产品产加一条龙、蚕丝绸系列开发一条龙、林化制药系列一条龙"等"四条龙产业"③。乡村经济的产业化、企业化以及市场化过程助推了武陵山区乡村的工业化进程,随着这一过程,商品经济意识在乡村广泛传播和得到认可。特别县、乡、镇企业的出现直接促进乡村经济结构的现代化,提高了农业生产的专业化和社会化程度。传统以家庭为单位的食物作物种植迅速地让位于以经济作物生产的现代农业,如烤烟、金银花、辣椒、百合等产业化生产与销售。

在县域经济发展战略和乡村农业现代化进程中,乡村产业结构调整参照现代企业的市场经济运转模式大力推开,外资的引进、土地的流转、农民职业的转变,等等,使得一部分农民在"离土不离乡"的情况下,接受了现代工业文明和生活方式,极大地改变了武陵山区乡村的面貌和人们的生产生活方式,从经济、社会和文化观念等方面重构起乡村的当代生活,推动了武陵山区乡村

---

① 佚名:《酉阳县四项措施促进农村土地流转取得显著成效》,重庆市政府网,2010年6月11日。
② 姜爱,刘伦文:《人地关系与土家族生计变迁六十年——湘西龙山县草果村的再研究》,载《西南民族大学学报》(人文社会科学版) 2013年第3期。
③ 《我们的酉阳》编委会:《我们的酉阳》,重庆大学出版社2013年版,第134~135页。

现代化变迁和建设,"启动了农村社会结构单一、同质形态向多样、巨量形态的转变"。①

(三) 就业方式转变:从农民到工人

从20世纪90年代开始,武陵山区农民开始向城市流动,形成了当前武陵山区乡村最大的一种经济形态——"打工经济"。打工成为农民增收的重要来源。打工经济自然地形成了"民工潮",农民工进城完成了职业从"农民"到"工人"的转换。大部分农民工每年都要穿梭于城市与乡村之间一次或数次。随着务工程度的深入,也有长期滞留在城市的农民工。农民工虽然在户籍和身份上仍然是农民,但他们长期在城市从事着制造业、建筑业、仓储和邮政业、住宿和餐饮业、批发和零售业、交通运输、居民服务、修理等传统工业和服务业工作,在职业选择已经是社会学意义上的"工人"。城市的务工生活为农民工带来工作和生活环境的转变,大量的工业信息、先进文化信息使得农民工快速地学习到新的知识,习惯于城市生活,而对于传统的乡村乡土生活逐渐远离,从而淡化了乡土意识。在打工经济"民工潮"的影响下,大量的城市文化信息被农民工带到了农村,构成了乡村文化转型的重要影响因素。国家统计局公布的数据表明,2014年全国农民工总量达到27 395万人,其中外出农民工16 821万人。高中及以上农民工占23.8%。接受过技能培训的农民工占34.8%,其中,接受非农业职业技能培训的占32%;接受过农业技能培训的占9.5%;农业和非农业职业技能培训都参加过的占6.8%②。农民工的接受新技能、职业教育以及文化教育水平都较大提高。

新生代农民工虽然生长在农村,但他们更多地把进城务工当作是谋求发展的途径,而不仅是谋生需要。而新生代农民工在文化知识水平和对现代新技术和技能的接受心理和运用要高于传统农民工,更能在城市获得工作职位。但受到经济收入、文化程度、社会关系背景等种种因素制约,城市对于他们来说依然没有归属感,使得他们游离于城市和乡村之间。而他们则代表乡村文化变迁的另一种趋势。

市场参与经历拓宽了农民的眼界,城市文化中的竞争元素激发了农民进取精神,乡村人们的市场观念和效益观念正悄然形成。特别是科技、效率和质量观念以及市场实践逐步改变了乡村传统的思维模式,科技观念得到极大提升。"这些观念的转变对农村剩余劳动力的转移、农业产业结构调整和农业技术推广等方面有很大的促进作用"③。

---

① 周军:《中国现代化与乡村文化建构》,中国社会科学出版社2012年版,第90页。
② 《2014年全国农民工监测调查报告》,国家统计局网站:2015年4月29日。
③ 丁厚春、姜丽:《"打工经济"效应解读》,载《安徽农业科学》2009年第12期。

二、婚姻家庭关系变迁

婚姻家庭关系变迁是社会文化变迁的一个缩影。近代以前武陵山区婚姻家庭的遗制较为明显。改土归流前配偶选择较为自由，妇女具有较高的主动权，男女多以歌为媒。武陵山区少数民族在族群内部通婚现象也较为普遍，有同姓为婚、转房婚、姑舅表婚。此外，武陵山区民间还有入赘婚、指腹为婚，等等。改土归流之后，武陵山区民族民间婚制在汉族礼制的规约下发生了变异，一些婚制，如初夜权、坐床等渐渐消失；同姓婚、姑舅表婚、招婿入赘、陪十姊妹、陪十兄弟等习俗得以保留和程式化。而当代武陵山区婚姻家庭制度在新的社会制度和《婚姻法》等法律规范之下，发生了较大变化。主要表现为：通婚圈扩大、婚姻观念更新、婚姻仪式简化等。

（一）通婚圈逐渐扩大

现代以来，武陵山区由于交通、通讯等基础设施改善，经济发展、商业交流圈扩大、社会活动空间加大，由打工经济推进的人口流动等因素影响，武陵山区乡村人口的通婚范围不断扩大。

1. 区域内族际通婚成为普遍现象。

由于我国民族政策强调民族团结、平等与互助，民族间日常交往增多，武陵山区各民族之间的通婚现象越来越普遍。笔者为了清晰了解武陵山区各民族之间的通婚状态，随机从恩施芭蕉乡黄泥塘、枫香坡侗寨和宣恩晓关桐子营村抽取了108对1978~2015年间结婚的夫妻数据进行了细项分析。抽样对象具体情况如表4-1。

表4-1　　　　恩施州侗族乡族际通婚状况抽样统计表

类别	项目	数据（$n=108$）	百分比（%）
结婚时间	1978~1979年	6	5.83
	1980~1989年	29	26.85
	1990~1999年	34	31.48
	2000~2009年	21	19.44
	2010~2015年	18	16.4
夫妻民族身份	侗族~侗族	26	24.07
	侗族~汉族	34	31.48
	侗族~土家族	29	26.85
	土家族~汉族	4	3.71
	土家族~土家族	10	9.25
	汉族~汉族	5	4.64

续表

类别	项目	数据（$n=108$）	百分比（%）
通婚范围	本村	20	18.51
	本乡	48	44.44
	本县	19	17.59
	县外	21	19.46

从抽样对象来看，时间跨度从1978~2015年，切合改革开放近40年以来；夫妻民族身份来看主要涉及了侗族、土家族和汉族；从通婚范围来看，包含了从村、乡、县和县外四个范围。

通过抽样数据分析，我们可以得出以下几点结论：

第一，恩施侗族与各民族存在着相互通婚现象。数据显示，与汉族人通婚比率较大，占抽样总数的31.48%，与土家族通婚稍低于汉族，比率为26.85%，侗族内部通婚比率为24.07%。

第二，民族间通婚比率相对稳定。数据显示，1980年至1989年结婚的29对夫妻中，夫妻民族身份为"侗族~侗族"的10对，占34.48%，"侗族~汉族"的12对，占41.37%，"侗族~土家族"的6对，占20.68%。1990~1999年结婚的34对夫妻中，夫妻民族身份为"侗族~侗族"的10对，占29.41%，"侗族~汉族"的15对，占44.11%，"侗族~土家族"的9对，占26.47%。2000~2009年结婚的21对夫妻中，夫妻民族身份为"侗族~侗族"的4对，占19.04%，"侗族~汉族"的4对，占19.04%，"侗族~土家族"的11对，占52.38%。由此可见，恩施侗族婚姻对象选择以本地汉族、土家族和本族为主，且三族通婚比率变化不大，2000年以后侗族和土家族通婚率稍有上升。

2. 通婚地域范围不断扩大。

随着社会进步、经济发展、人口流动，武陵山区的人们不再局限于武陵山区范围生活。特别是改革开放以来，打工经济的兴起，他们往往在工作地和长期居住地寻找配偶，结婚之后就工作地或长期居住地（一般是夫家）居住。课题组在恩施侗族乡的调查数据表明，侗族在当代以来，通婚地域也在不断扩大，见表4-2。

表4-2　　　　恩施州侗族乡族际通婚地域范围抽样统计表

类别	项目	数据（$n=108$）	百分比（%）
结婚时间	1978~1979年	6	5.83
	1980~1989年	29	26.85
	1990~1999年	34	31.48
	2000~2009年	21	19.44
	2010~2015年	18	16.4

续表

类别	项目	数据（$n=108$）	百分比（%）
通婚范围	本村	20	18.51
	本乡	48	44.44
	本县	19	17.59
	县外	21	19.46

从通婚范围来看，在 108 对样本中，在同乡村与村之间通婚最多，有 20 对夫妻，占总数的 18.51%。数据显示，1980～1989 年结婚的 29 对夫妻中，通婚范围是本村的有 5 对，占 17.24%，本乡的 17 对，占 58.62%，本县的 5 对，占 17.24%。1990～1999 年结婚的 34 对夫妻中，通婚范围是本村的有 11 对，占 32.35%，本乡的 13 对，占 38.23%，本县的 6 对，占 17.64%。2000～2009 年结婚的 21 对夫妻中，通婚范围是本村的有 4 对，占 19.04%，本乡的 14 对，占 66.66%，本县的 2 对，占 9.52%。1990 年以前，通婚范围在本县和县外的合计 5 对，1990 年以后，这个数据扩大到 21 对，县外地域包括四川、河南、江苏等地。

3. 同姓婚和近亲结婚现象基本消失。

在对恩施侗族乡 108 对夫妻的姓氏统计中，没有发现同姓夫妇和近亲结婚现象。

（二）婚姻观念更新

由于武陵山区各民族之间长期以来就有通婚，并且在婚姻仪礼方面多有借鉴。课题组在恩施侗族乡的实地调查中发现，侗族人对结婚对象没有族别间的禁忌。婚姻自主，择偶以感情为基础是侗族人最主要的择偶表现。而随着侗族人外出打工者越来越多，婚姻也越来越不受地域和民族的限制。

访谈材料：侗族通婚情况

访谈对象：孙××，侗族，58 岁，恩施市芭蕉乡枫香坡村民。

问：侗族和其他民族通婚吗？有没有族别上的障碍？

孙：通婚。和其他民族都通婚。其实侗族、土家族、汉族现在都没什么区别。年轻人要是谈得拢来，都由他们自己找。要想他们分出民族（身份）来，他们自己是莫子（什么）族都搞不清白，哪里顾得到这么多。

问：那么，侗族人在结婚时与土家族有什么不同的吗？

孙：我也分不清楚那么多。我们这里两个人结婚，只要按政策拿得到结婚证，不违反计划生育（政策），政策允许就行。在规矩高头，有的父母亲要按老辈子传下来的规矩搞一下。一般都是请媒人、"合八字"、看日子。算八字那个事，现在好多年轻人都不信，就是有人搞，也没以前兴得那么狠。结婚的事都由年轻人自己作主，哪个日子结婚都搭国家日子，像三八节、五四、国庆结婚。不搭国家日子的，就请算命先生看一下黄道吉日。算命先生也还不是按老皇历找日子。现在有些挂历高头都写的有，各人都可以看得准。

问：恩施整个地区以前都有"还骨种"、姨表婚和亲上加亲的搞法，不晓得侗族有没有这些搞法？

孙：现在哪个还兴那个哟。年轻人初中一上完，没考起学的直接就出去打工了。有本事的在外面打几年工就带一个姑娘回来，找媒人、合八字都不兴了。两个人过得来就过，过不来就分开。就是一些老人家心里想个亲上加亲，那也不起作用。再讲了，现在计划生育搞得那么狠，一家也就两个小孩，有的还是独生子女，想搞那些都没得条件。

问：我在你们寨子里住了几天，看到有很多家的媳妇都是外地人。现在寨子里的年轻人都结婚到哪里去了？

孙：现在年轻人结婚在外面找媳妇的越来越多，像我们寨子上的马××、冯××的幺儿媳妇都是外地的。马××是江汉平原来的，好像是钟祥。冯××的爱人巫××是福建浦城的。以前寨子里的人都找本村的和附近几个村的，再后来找的地方就远一些，主要是靠请媒人介绍认识，双方看了觉得可以就谈婚论嫁。后来出去打工的人多了，搞的对象有一起打工的外省人，像江苏的、河南的、江西的都有。有上门来的，也有嫁出去的。

在问卷调查中，对谈对象主要看中对象什么条件进行询问，在要求"长相好""经济能力好""文化程度高""孝顺父母""为人正直""忠厚老实""温柔贤惠""同地工作"等各项选择。结果是"经济能力好"最多，占95.6%，有93.4%的人选择"忠厚老实"，84.2%选择"同地工作"，83.1%选择"孝顺父母"，仅有43.8%的人选择了"长相好"。这样的结果说明，当代武陵山区青年在选择结婚对象时，更带有商业时代的经济功利性，对于经济能力、同地工作以人品的要求更高，对于恋爱和家庭的组建更趋于理性化。

（三）结婚仪式简化

武陵山区传统结构仪式较为繁缛，虽无"六礼"之名，但也遵从"父母之命，媒妁之言"，各少数民族婚姻习俗仪式都有其复杂、程序完整的程式，一般仪式程序可分为五大部分：求肯、定亲、结婚、送亲、回门。农村改革开放以来，武陵山区一些乡村虽然仍保留了传统的婚姻仪式，但总体呈现出下降的趋势。

第一，婚礼的时间缩短。传统乡村的青年结婚一般为三日，即"进出三天"，婚姻当事人家庭必须招待亲戚朋友三天，完成结婚从嫁娶的全过程。当前武陵山区举行结婚礼仪仅仅一天或半日，即招待亲朋好友吃一餐而已。只有直属血缘亲属才庆贺三日。

第二，传统仪式简化。结婚仪式基本上没有花轿接亲、抬嫁妆、拜堂、抢床等传统环节，多采用租借车辆迎亲，嫁妆仅限于女方办酒席时接受的床上用品等。一些青年更趋于西式化结婚礼仪，在大酒店承包筵席，则现代结婚司仪主持下完成接受戒指和新友祝福等仪式。长年在外地打工的青年，更倾向于把新房订在酒店客户，婚礼之后回到打工地生活。

另外，婚礼中亲友的贺礼也趋简单化。由于经济发展，商品意识增强，亲友多是以货币形式送出贺礼。一些地方的"收人情"风气日益严重，成为社会交往中的负担。当地政府不得不从规定"公务员、事业单位人员不得借婚丧嫁娶等民间风俗敛财"。如湖北省恩施州委就下发文件《关于禁止党员干部大操大办婚丧喜庆事宜借机敛财的暂行规定》，要求所有行政干部、镇直单位工作人员、村组干部要带头抵制和制止各种违规及变相形式的整酒和吃酒，规定婚丧嫁娶等事宜必须提前7天向督查机构报告，并将"禁整酒"推行到乡村社会。

（四）乡村家庭规模的变化

家庭是社会的细胞，也是传统乡村社会劳作的基本单位。家庭人口承袭乡村传统多是多代同堂，家庭以人口多寡就能衡量出家庭经济实力和社会地位的高低。新中国成立初期，社会生产逐步恢复，人口迅速增加，武陵山区乡村家庭规模逐步扩大。如恩施州，从1950~1976年间，家庭户总数增长59.72%乡村家庭户均人口为0.24人。1976~1982年间，我国计划生育政策的强力推行，人口增长减缓，家庭分化速度较快，家庭户规模呈缩小趋势，如恩施州在此期间家庭总户数增长9.98%，家庭户均人口为0.1人[1]。渝东南各县在1954年至1982年间，家庭总户数增长19.79%，户均人口分别是3.92人（1954）、3.74人（1958）、6.34人（1964）、4.33人（1979）和4.30人（1982）[2]。

20世纪80年代以后，有家庭联产承包责任制和计划生育政策的推行，武陵山区乡村大型家庭比例快速减少，小型家庭比例增加。1990年全国人口普查数据显示，武陵山区8人以上的家庭仅占1.8%，7人户家庭占3.3%，3~5人户家庭占总数的70.5%，其中4人户家庭数量最多，占总数的28.6%。

---

[1] 柏贵喜：《转型与发展——当代土家族社会文化变迁研究》，民族出版社2001年版，第195页。
[2] 王端玉：《四川各民族人口的家庭规模、结构及其变迁》，转引自：《转型与发展——当代土家族社会文化变迁研究》，民族出版社2001年版，第197页。

90年代以后，武陵山区乡村家庭人口规模为3~5人，其中4人户家庭居多。

家庭人口规模的小型化，使得武陵山区家庭类型以核心家庭为主，以二代户居次，三代户居三，四代以上家庭数量很小。

（五）家庭功能的分离

传统社会中家庭承担生产、子女社会化教育、养老以及社会管理等职能。实行家庭联产承包责任制后，武陵山区乡村家庭的生产功能得到强化，农民对于家庭的经济依赖性增强，户营经济成为最主要的形式。随着乡村现代化进程，商业发展程度加深，家庭人体的经济能力不断加强，生产不限于农业生产，家庭又分解出以个人经营的模式。打工经济更助长这一模式。家庭中个人的经济更加独立。而家庭赡养功能随着家庭个人的经济独立趋势以及社会保障体系的不断完善，有逐渐从家庭功能中分离出来的趋势。养老院养老、社区养老等新的养老方式也在一些乡村出现。

随着家庭人口经济的独立和当代以学校教育为主的教育模式，传统家庭承担的教育功能萎缩十分明显，包括人口文化素质和职业技能教育在内的主要教育内容全由学校完成，而家庭承担的仅仅是亲属、人情、民间信仰和道德教育部分。

三、乡村生活方式变迁

生活方式就是人们的日常生活样式。传统乡村限于交通、社会物资、经济发展水平以及闲暇时间，具有乡村封闭性、乡土性等特征。当代武陵山区乡村现代化、城镇化程度不断加深，经济水平和个人素质的提升，以及现代社会带来的便利服务给武陵山区传统的乡村生活方式变迁提供了强大动力。

（一）村落居住格局与形式的变迁

人类乡村聚落的居住方式在历史上一直经历着复杂的变迁过程。早期乡村聚落的选址、布局以及分布多由自然、生产活动以及人文思想等因素共同决定。随着时间的推移，人类生产力的提高，人类社会中城市不断兴起，以及现代交通、通讯以及现代商业的发展，乡村聚落居住格式和形式也随着变化。

1. 村落的路边布局。

传统乡村的主要生计方式是农业生产，为了生产以及获得生存物资的便利，乡村布局基本遵循了靠近水源和田地的原则选址。而村落则多以同姓家族聚居而建，由于缺乏现代大型建筑技术和能力，只能依山就势进行民居和公共设施的布局，以生产和开展公共服务便利为原则。如侗寨的鼓楼、花桥都建于村寨中心位置，或村寨人群喜欢聚集之地，而萨岁庙则要选择离生活区稍远的风水之地。村寨中的广场和水塘建设也是利于人群聚集的村寨中心位置。但是随着农村现代化的进程，这种村落布局传统被逐渐打破。由于商业经济与外界交流的需要，以及交通工具发展和交通多样化，以水源和生产地相近的选址原则已经让位于交通便利原则。沿公路、铁路，特别是省、县级公道旁边由民间自发迁建的村落逐渐增多。另一方面，基于地区扶贫工作的需要，政府对于一些生态环境恶劣，不利于人们发展的部分乡村进行了开发式移民和生态移民搬迁，新搬迁的村寨也都处于交通条件优良的地方，如集镇周围或城郊。

农民新建房也由山坡、高岭向集镇、乡场、路边、路口和平坝转移。从事商业、个体运输或其他原因致富的农民，只要是条件许可都会将新房建于路边或交通相对便利一些的地方。随着城镇化进程的深入，乡镇商品房市场的建立，一些村民（特别是长年在外打工者）更倾向于购买商品房居住。

2. 民居建筑由木构向钢筋水泥结构的平房转换。

武陵山区的山地地理环境决定了传统乡村的民居建筑以木构建筑为主，只有较少的经济条件富裕的强宗大户才采用徽式砖石混合结构建筑。木构建设以吊脚楼样式为主，多采用"三合水"布局，正房两端依山势建吊脚楼。木构房屋住房空间大，通透性好，冬暖夏凉，利于农产品的贮藏，如烟草、土豆、红薯等农产品采收回家之后，一般放置在堂房，任其晾干。

尽管木质民居有着良好的居住和食物贮藏功能，从心理上人们非常认同传统的木房，但在现实生活中，人们大都选择建钢筋水泥结构的现代平房或楼房。其原因：一是用于建房的木料不足，由于森林中的林木资源减少，可用于建房的木料来源受限。一些家庭在维修房屋时也用砖石材料代替木材。二是从建筑成本考虑，虽然木房建筑在首次投入上没有钢筋水泥结构的平房大，但是木房每年需要维修，需要持续地投入资金，在总体上比建设平房投入要高一些。每年的维修除了资金投入外，还需要投入人力和人情，等等。

当代乡村住房在内部结构和功能上也发生了一些变化。新建的平房和楼房主要是两间或三间，早期平房多采用与木房正屋差不多的布局结构，但在使用功能上已经不同于木房，如厨房不设在正屋之内，而在平房两端另外建设偏房用于做菜或吃饭。室内厕所也按照城市楼房布局安排，打破了厕不入房的传统建筑原则。

湘西凤凰勾良民居建筑全部采用钢筋混凝土工艺，使用框架建筑结构结构，用水泥空心砖砌墙。室内设计也借鉴城市商品房套间建设，将厨房、厕所全部设计于室内。传统雕刻工艺体现较少。接近跳花坪的村民，为了迎合旅游的需要，在民居外观装饰上有的采用吊脚楼木质装饰，有的则采用建封火墙，立鳌彩绘。离跳花坪较远的村民，则采用时尚的琉璃瓦、彩面釉砖贴面，建成别墅式的洋房，见图 4-1、图 4-2。

图 4-1　勾良村传统黄墙黑瓦民房　　图 4-2　勾良村当前新建民房

现在村里修建的民房对旅游开发破坏性很大。今天这里起一栋平房，明天那里修一座洋房，全都是钢筋混凝土结构的，搞瓷砖贴面，盖琉璃瓦，那些都是城里人搞的。村里要发展旅游，靠的是有特点的民居，像凤凰古城，都搞白墙青瓦，起鳌头翘角，才好看。其实，村里人学城里人修房子，住得舒服一点，那也没什么的。但是村里搞旅游开发，又要求村民们遵守旅游规划，我在村里当书记的时候就提出过"穿衣戴帽、土洋结合"的办法，就是无论怎样修（房），外观必须按村里要求的搞。里面怎么装修，主人家喜欢怎样就怎样、地板砖、吊顶、装空调都没问题。后来，我要经营自己的花炮厂，不当支部书记了，这个情况就刹不住了。现在村里有一半以上的房子都是平房、洋房。（WSG，男，64 岁，苗族，原勾良村支部书记。）

20 世纪 90 年代以后，武陵山区乡村推广了沼气池技术，在一定程度上解决了乡村能源燃料问题，使乡村用上清洁能源。水、电、气都得到规范地的安装和使用，柴火、煤等传统燃料在日常生活中的用量逐年下降。

（二）交通和通讯方式变迁

1. 交通运输。

武陵山区山水相间，传统交通主要依赖于水陆两种交通。水路主要以清江、乌江、酉水（沅江）为运输主干道，水路运输工具多以五板船、敞口船、歪屁股船为主。陆路以官盐大道、驿道、人行大道和乡村小道构成。陆路运输工具主要扁担、背夹等用肩挑背负转运物资。别外在官道上还有马骡驮运和轿运。

民国时期，武陵山区交通有所发展，对水陆两路进行了整治和疏通，修建川湘公路，发展汽车运输。为了抗战需要，还在恩施市和来凤县修建了两个小型飞机场，用于军事活动。新中国成立后，武陵山区交通一是大力发展公路运输，到1995年度基本实现了乡乡通公路；二是加强对清江、乌江和沅江河道的治理，增加水上运输里程，同时，改良水上运输工具，以新型的机动船代替传统木船；三是发展铁路和航空运输，1985年武陵山区第一条铁路枝柳铁路开通，经武陵山区东北部的湘西地区。1958年恩施机场转为民用，开辟了土家族地区的航空运输通道。2000年之后，武陵山区开始修建高速公路和高速铁路，新型民用机场数量不断增加，但总体上不能满足经济社会发展的需要。2011年《武陵山片区区域发展和扶贫攻坚规划》在交通方面明确了"两环四横五纵"的交通主通道建设，极大地改善了内外运输。

乡村内部交通也得到较大程度的改善。通村公路的修建改变了过去出村靠步行的方式。乡村公路改造升级、车辆增多、个体运输业飞速发展，极大地增强了武陵山区乡村的可进入性。如湘西德夯苗现在每天都有车直接通往矮寨镇或吉首市中心，村民出行变得非常方便。在从事德夯——吉首运营的11位个体户中就有2位是德夯村民。

2. 通讯。

武陵山区传统的信息传递是通过隔山喊话和捎口信等形式完成的。中华民国时期，有线电话和电报系统开始在乡村建设。1918年恩施州开始架设有线电报线路，开始经营长途电话业务。改革开放以来，武陵山区邮电通讯业发展迅速。长途自动交换、模拟移动电话、数字移动通信、无线寻呼、长途光缆、干线微波通信等技术逐渐发展并实现换代升级。手机、有线电视、互联网已经进入乡村家庭。如湘西德夯苗寨，1994年开通程控电话，有63家安装了电话，占全村住户的49%；2001年无线网络开通，建有中国移动无线通讯发射塔一座，有82人买了手机。

(三) 乡村闲暇生活

闲暇生活是指除劳动、家务、睡眠以外的娱乐、体育、社交等活动。当代武陵山区乡村闲暇生活较已往有较大变化。村民们的娱乐活动现在变得相当丰富多彩，不同年龄段的村民有不同的喜好，空闲时，老年人大多是聚在一起聊天、打牌，中年和青年人则更多的是喜欢一些文体活动，如唱卡拉OK、打篮球等。而电视在乡村家庭普及率已达到100%，并且开通了有线电视，看电视也成为村民一种重要的闲暇娱乐方式，此外，大多数家庭还有VCD机，也可以欣赏VCD。

1. 闲暇时间增多。

由于生产工具改进和农业技术升级，乡村农业的劳动强度在很大幅度下减少。同时，产业转型，如旅游业的发展为部分乡村生活作息时间得到调整，产生了充实的闲暇时间。如重庆酉阳龚滩古镇居民作息时间随游客而变化。以前，龚滩的主要产业是货物购销，以及由此产生的货运产业。作息方面，商号柜台按时开门，根据货物的进出情况，安排劳力运作。搬运工们则每天按时去码头拿号牌，领取运送货物。在作息习惯上表现出早睡早起、按时等特点。从事农业生产时，作息时间更加自由。旅游开发后，龚滩古镇居民的作息时间随着游客的作息而发生改变。由于是旅游淡季，游客较少，周一至周四游客更少，古镇的旅游接待显得有些冷清。老街人每天只吃两餐饭，大部分居民都在早上9点钟左右起床，开始一天的忙碌。清晨的龚滩老街只能看到三三两两的游客在老街中闲荡；一些老人家坐在临街的屋檐下眺望着路口，不时地和游客聊天，回答游客的问题。因为有游客，提供早餐的小吃店开门早一些。上午10点钟之后，从酉阳发来的第一班车和从彭水来的第一趟船到达龚滩，老街才逐渐热闹起来，各家各户打开大门，开始接待游客。游客少的时候，一些人围坐在八仙桌边开始打麻将、斗地主、打长牌和纸牌。

笔者在龚滩调查时住在一家取名"临江阁客栈"的家庭旅馆中，这家旅馆由夫妻两人经营，有一个女儿在外打工。旅馆不大，可容20人住宿。夫妻俩除了经营客栈外，还在晚上经营夜宵烧烤。笔者特意记录了夫妻俩一天的作息时间安排，见表4-3。

表4-3　　　　　　龚滩古镇临江阁客栈经营人员作息时间

从业人员	时间段	从事项目
男主人	10：00	起床
	10：00－11：00	开门，打扫客厅卫生；节余时间看电视，看报
	11：00－12：30	做饭和午餐
	12：30－14：00	打扫客房卫生
	14：00－16：00	与供货商联系，添置所需货物
	16：00－17：30	做饭及晚餐
	17：30－02：00	布置烧烤架，夜宵经营；女主人外出时，接待游客
	02：00	休息
女主人	10：00	起床
	10：00－12：00	游客接待；整理柜台，结算上一天账目。节余时间上网，聊天或斗地主
	12：00－12：30	午餐
	12：30－17：00	游客接待；节余时间上网，聊天或斗地主
	17：00－17：30	晚餐
	17：30－21：00	到休闲广场跳舞
	21：00－02：00	游客接待；节余时间上网，聊天或斗地主
	02：00	休息

2. 闲暇生活方式多样化。

现代生活方式大量进入武陵山区乡村，占据了村民们大部分闲暇时间，在传统的聊天、打牌、看电视之外，又增加许多新的休闲方式。

广场健身舞成为乡村日常文化娱乐的新宠。每天傍晚，各个文化广场、大院都能看到列好队形的人们翩翩起舞。如湖北省来凤县各个乡镇，自发组织的群众广场舞蹈团队有100多个，他们多则上百人，少则三五人，不受数量限制，想跳就跳。大家主动凑钱买来音响设备，只要是开阔些的场地，就有翩翩起舞的场面。来凤县因势利导，在城镇建起了群众文化广场，在村寨建起了文化活动场所。

随着旅游产业、文化产业在乡村的兴起，一些具有浓厚民族特色的村寨开展旅游开发。由于旅游产业的带动，一起传统休闲文化项目也被开发出来，成为乡村村民与游客共同分享的文化体验项目。这些乡村凭借独特的民俗风情和特色资源优势，积极发展村级旅游，在生态保护、文化传承、环境治理等方面突出民族乡村文化特色。如重庆酉阳龚滩古镇以土家族吊脚楼群为载体，在吊脚楼中建立了织女楼、锦楼等展示土家族织锦的场所，大力宣传土家族文化，实现土家族文化的再现。为了配合旅游产业的发展，酉阳县专门举办了"万人摆手节"等大型活动。土家族摆手舞等民间舞蹈、扎龙求雨等民间习俗、盂兰节放河灯、打醮游神等传统休闲娱乐活动也在古镇时常开展，见表4-4。

表4-4　　　　　　　　　　　龚滩古镇民俗节目

节目名称	节目时间	节目地点
更夫巡街	8：30-9：00	石板街
哭嫁	9：00-9：10	西河老广场
马马灯	9：10-9：20	西河老广场
阳戏灯	9：20-9：30	西河老广场
摆手舞	9：30-9：45	西河老广场
攀岩赛	9：45-10：30	龚滩
影视拍摄体验	8：00-20：00	冉家院子
乌江拉纤	20：00-21：00	滨江文化长廊

龚滩老街不少家庭旅馆的经营者，自发地穿起了土家族传统服装；老街居民每天傍晚都会到休闲广场跳摆手舞、唱山歌；每到传统节日到来，也会自发地参加一些节俗活动，如盂兰节放河灯等。

(旅游开发)以前，我们龚滩民族文化氛围很淡。虽然说龚滩土家族很多，其实那时候都看不到有什么土家族的东西。听老辈子讲，古时候跳摆手舞、讲土话。衣服穿的是长衫子、便裤。20世纪80年代的时候，刚开放，也没得东西。家里条件好的人，都穿军装，正规的是绿色的。自己找裁缝做的是蓝色的军便装。乡里一些老百姓才穿老式衣服，打布扣子那种。说起民族文化，那个时候哪个晓得什么民族文化撒，肚子都吃不饱，跳呀唱呀的也没得哪个去耍。不过那个时候，唱山歌、喊号子还有很多都会。死人了坐夜，跳穿花，（月半节）放河灯、抬神游菩萨都不准搞。搞旅游开发的时候，一开始也没有搞这些。都是些大学的老师学生来我们这里画画，都讲老街有看头，有价值，二回有很多人都要来看。真的开始搞民族文化，还是2002年，酉阳搞了个"摆手节"，李鹏（总理）题了"土家摆手舞之乡"之后，我们才知道。（LYH，男，44岁，土家族，龚滩镇人）

第五章　武陵山区乡村文化传承发展的现代路径

文化的传承发展、变迁创新都有符合其自身特点的路径。一般认为，文化变迁的来源在技术进步、意识形态认同、文化竞争与冲突、政治因素规约、经济推动、全球化趋势以及结构性压力，等等。武陵山区作为一个连片的贫困地区，又是少数民族文化富集区，历年来，在政府主导扶贫工作的政治环境之中，其乡村文化的发展、传承与创新都是在政府及其政府部门有计划地指导下进行的，因此，其文化变迁的来源主要表现为政府主导下的乡村现代化。

第一节　来凤县土家族摆手舞传承与创新

湖北省来凤县位于武陵山区腹地，地处湖北省西南边缘，南接湘西、西邻渝东，有"一脚踏三省""川湘肘腑、滇黔咽喉"之称，是典型的"老、少、山、穷"地区，以土家族、苗族为主的17个少数民族占总人口的61.2%。来凤县以凤凰飞来的传说得名。清乾隆元年（1736年）废土司建县。1979年经国务院批准成为全国第一个土家族自治县。1983年成立恩施土家族苗族自治州后恢复县建制。

来凤县是土家族文化发源地之一，土家族摆手舞、地龙灯、南剧等文化项目成功列入国家级非物质文化遗产项目代表性名录。近年来，来凤县大力实施以土家族摆手舞文化为龙头的文化精品战略，探索出了一条措施得力、成效显著的摆手舞文化保护开发之路，使之成为展示来凤对外开放形象的新名片。

一、来凤县土家族摆手舞的当代传承创新实践

(一) 原生态摆手舞的继承与发展

新中国成立后，土家族原生态摆手舞的继承始于1956年湖北省来凤县卯

洞民族文化馆干部陆训忠在舍米湖村的民族文化调查。1957年土家族被认定为单一民族后，摆手舞等土家族标志性文化得到党和政府及社会的重视。1959年来凤县舍米湖文艺宣传队彭昌松等7人在湖北省首届音乐舞蹈汇演中表演摆手舞，受到时任湖北省委书记王任重和时任省长张体学的亲切接见。其后，大量的土家族原生态摆手舞资料汇编、研究丛书陆续整理发表。

"中国民间文化艺术之乡"百福司镇成为原生态摆手舞重要的文化生态保护基地。最早发现土家族摆手舞传承地百福司镇舍米湖村的原生态摆手舞，由村民自发传承发展，由发掘初期的4个动作发展为9个动作，而后又整理出18个动作，即单摆、双摆、回旋摆、磨鹰闪翅、拉弓射箭、挖土、撒种、纺棉花、织布、插秧、挑水、比脚、抖灰尘、擦背、犀牛望月、砍火渣、薅草、割谷等。原生态摆手舞传承地也由舍米湖村1个，发展到新安村、南河、观音坪村等多个村寨。

（二）摆手舞的艺术转型

当代土家族摆手舞已经淡化了其祭祀功能，在民族文化传承与创新过程中更强调其作为民族民间艺术的重要意义。主要表现在：

1. 舞蹈的舞台表演化。

土家族摆手舞作为土家族标志性民族传统在当代的传承发展，呈现出舞台表演专业化趋势。其一，服饰从传统的青蓝色调为主的长衫演化为以西兰卡普传统图案装饰的舞台服饰。色彩斑斓的短衫、裙装替代传统色彩单一的青衫黑裤，同时，还引入银饰、绑腿等兄弟民族服饰元素。其二，表演队形由传统的围绕篝火或桂树旋转的圆圈队形，发展为方型、菱型以及各种可随意转换的异态队形，以适应室内、广场等表演场地空间。其三，配器方面，由单人单鼓单锣发展为多人多鼓多锣配器，使场面更加大气磅礴。配合不同场合创作出专业配乐，如《摆摆摆，摆起你的手来》《摆手舞之歌》，等等。

2. 舞蹈表演的常态化。

摆手舞的演出已经不限于传统村寨地域限制，而频繁地出现在各大中小型节会和庆典之中，其固定于农历正月、三月举行传统被打破，而是配合各种文化活动需要进行常态化表演。其一，定期参加摆手舞文化旅游节、女儿会、恩施州州庆，以及全国或省部级重要文化展演活动。如1957年百福司舍米湖彭昌松等7人起恩施专区参加农村业余文艺汇演，1959年百福司舍米湖文艺宣传队参加湖北省首届音乐舞蹈汇演，1983年参加恩施州州庆"十里洋街舞摆手"活动。其二，不定期地应邀参加各地旅游和文化推介活动。如舍米湖摆手舞队经常应邀参与张家界旅游文化活动，2011年参加首届北京市大学生龙舟锦标赛开幕式和端午节表演活动，2011 年参加在重庆酉阳举行的武陵山区土家族摆手舞比赛，并获金奖。

3. 摆手舞题材文艺创作。

以土家族摆手舞为题材的文艺创作是摆手舞当代创新的重要内容。1972 年，湖北省歌舞团作曲家张静安和欧阳谦叔以摆手舞和梯玛神歌为素材创作的歌舞《土家喜送爱国粮》选送北京参加汇演，并制作成唱片在中央人民广播电台和湖北人民广播电视频繁播放。2011 年，大型土家歌舞《凤舞摆手》获湖北省少数民族文艺汇演优秀奖。2012 年，由湖北省民族歌舞团与华硒生态联合打造的大型原创民族风情歌舞剧《西兰卡普》成为土家女儿城驻演剧目。2012 年，儿童舞蹈《来凤细娃跳摆手》在首都第五届"校园时代"全国青少年才艺电视展演中荣获金奖。

（三）摆手舞的文化交流

摆手舞是土家族地区"迎进来、走出去"，进行文化交流活动的传统节目。其一，多次应邀参与国际性文化交流活动，获得良好国际声誉。1998 年来凤县摆手舞队应邀参加波兰国际民间艺术节，2009 年参加上海旅游节，2010 年参加上海世博会系列活动，2011 年赴澳大利亚悉尼市参加"荆楚文化走澳洲庆新春活动"。其二，参与中央、省、州（地）各级电视台专题节目录制，弘扬和推介土家族文化。1984 年来凤县摆手舞队参与电视剧《蜀道难》拍摄，1990 年参与电视剧《虎啸清江》拍摄，2012 年参与中央电视台《民族大家庭》《民歌·中国》和湖北电视台《中国 NO.1》《我爱我的祖国》节目录制，等等。其三，民间交流学习。作为原生态摆手舞的主要传承地，来凤县百福镇舍米湖村经常有文艺工作者前来采风和学习摆手舞。1958 年，武汉人艺编导傅镜平和演员肖玉珍到舍米湖学习摆手舞，1980 年来凤县成立土家族自治县后，相邻地区如鹤峰、五峰、长阳、秀山、酉阳等人相继派人到舍米湖学习摆手舞，1994 年，湖北省舞协主席覃发池到来凤学习摆手舞，并多次组织湖北省艺术学校到来凤县学习摆手舞。

（四）摆手舞的广场舞化

来凤县对土家族传统摆手舞的现代开发利用，与广场舞、健身操相结合，创新摆手舞传承方式，作了有益尝试。2009～2010 年，与中南民族大学合作，相继推出土家族广场摆手舞、健身摆手舞和新编摆手舞操，在全县各乡镇、机关部门、学校、社会全面推广。同时，在县文化馆设立新编摆手舞培训机构，发行新编摆手舞教学视频，先后开展集中培训 100 余期，培训人数达千余人次。利用新技术、新形式推广普及新摆手舞，不断赋予摆手舞的新内涵，取得丰硕成果，如广场舞《来凤土家摆手舞》在全国第九届艺术节上获得中国政府群众文化最高奖项——群星奖，并在颁奖晚会上与著名歌唱家韦唯同台表演。

二、土家族摆手舞当代传承创新的政府举措

来凤县依托土家文化，积极探索公共文化服务和民族文化繁荣互促发展的文化创新路子，在政府主导民族文化创新方面做出了有益尝试，连续六次被国务院授予"民族团结进步先进集体"称号和文化部的"全国先进文化县"称号。

（一）用政策规范和行政行动引领民族文化传承创新

根据中央宣传部、中央统战部、国家民委《关于进一步开展民族团结进步创建活动的意见》，文化部《"十二五"时期公共文化服务体系建设实施纲要》以及湖北省关于民族团结进步和创新公共文化服务体系的相关要求，围绕着民族工作"两个共同"和文化体制改革主题，用政策引导、行政干预、强化宣传推广等措施，指导土家族民族文化的传承与创新。

1. 根据上级文件精神，制定各种规划、方案。

制定《来凤县民族团结进步创建活动实施方案》《来凤县创建省级公共文化服务体系示范区规划》《来凤县民族文化保护条例》《来凤县文化遗产资源保护工程实施方案》等文化工作的指导意见，对于土家族传统文化传承与创新作出明确规划，落实组织保障、工作职责、经费来源以及宣传交流等工作责任。

2. 成立民族传统文化传承与创新工作领导小组和工作专班。

成立了以县委常委、宣传部长为组长，分管文化副县长为副组长，相关单位领导为成员的民族文化工作小组，并在县文化馆组建民族文化工作专班。如组建"艺术土家"建设指挥部，统筹管理喳西泰水城项目、民族文化中心项目、全民健身体育中心项目、仙佛寺景区项目、酉水三峡项目、白岩山天池项目、百福司旅游名镇项目、漫水旅游码头项目、星级酒店建设项目、"一节一会"筹备工作、"五个一"文化精品工程建设。

（二）以摆手舞文化旅游节推动民族文化传承创新平台建设

1980年5月来凤县土家族自治县成立，举行了第一次在广场上进行的大规模摆手舞表演。1983年12月，参加庆祝恩施土家族苗族自治州成立的"十里洋街舞摆手"活动。2001年5月，来凤县承办湖北首届摆手节。2009年5

月来凤县举办首届"来凤·中国土家摆手舞文化旅游节"。2014 年 10 月来凤县承办湖北省第八届少数民族传统体育运动会暨第二届来凤·中国土家摆手舞文化旅游节。"摆手节""牛王节""一会一节"不仅是拉动来凤县域经济发展的动力,更是传承创新土家族文化的重要平台。县长向军评价摆手舞文化旅游节"为来凤和世界搭建了一座合作、交流和友谊的桥梁,在增进民族团结,发展民族体育,提升来凤县的知名度和影响力等方面发挥了重要作用,是展示艺术土家的名片、促进产业发展的盛会、推进招商引资的平台。"

(三) 专项主题文化工作直面民族文化传承创新

1. 以非物质文化遗产代表性项目申报为抓手,完成少数民族文化摸底调查。

从 2006 年开始,在全县范围内进行"城乡、村落、项目"全覆盖的民族文化普查,收集整理 102 项非物质文化项目,保留了最真实、最有价值的第一手文字、影像和图片资料。

2. 以恩施州"寻访民间艺术大师"活动为契机,建立民族文化传承保护制度。

对全县摆手舞代表性传承人 47 人进行了寻访、命名、表彰,建立传承人档案,将传承人生活补助纳入财政预算,确保补贴资金按时到位。

3. 维修和新建民族文化传承载体。

在全县境内设立一批摆手舞传承和教学基地,培育摆手舞文化旅游景点景区。筹资 100 多万元对舍米湖摆手堂和茶堰坪摆手堂进行了维修,并在县城开工建设集摆手舞广场、文化馆、图书馆、博物馆、演艺中心为一体的民族文化中心。同时,积极申报建设"中国民间艺术之乡""少数民族特色村寨"等文化生态保护区。

4. 大力开展摆手舞"活态"传承。

以民间性传承、社会性传承、发展性、数字性传承相结合,创新传承机制,通过鼓励传承人授徒、摆手舞集中培训、摆手舞"三进"全覆盖(进机关、进学校、进社区)、建立摆手舞人才库和影音资料库存等方式,培养后继传人。

(四) 公共文化服务体系建设助力民族文化传承创新

来凤县着力打造"艺术土家",将民族文化创新融入公共文化建设之中。"五个一"文化精品工程、教育城、民族文化中心、杨梅古寨、仙佛寺、喳西泰水城公共文化设施和县乡村三级公共文化服务体系的建设,有效完善和扩充了民族文化传承创新和各族人民文化消费的场所。1983 年、1988 年、1989

年、2000年、2010年，来凤县投入资金上百万元对舍米湖摆手堂进行了5次大的维修。2011年之后，又投资200万元，对舍米湖村进行了民居发行、土地治理，使其成为湖北省旅游文化名村和民族团结进步村。在这些公共文化设施之中，"曾被遗忘的神堂、宗祠、古建遗存被赋予了全新的生命力，成为乡村的历史文脉和民族文化基因传承的广阔平台，而活跃在乡村文化服务网络中的文化传承人、文艺骨干，无疑成为最好的流动'文化基因'"。[1]

三、政府主导土家族摆手舞文化创新的经验启示

(一) 政府主导民族文化创新发展仍然是当前文化创新的主流

来凤县的战略目标是把来凤建设成湖北形象窗口县、武陵山区增长极、土家文化集成区、武陵山区经济强县。这一项浩大工程需要政府承担主要职责，从战略设定、工作机制完善、组织实施等方面进行全局性的掌控。以突出地方特色的土家族文化传承与创新是其中尤为重要的一环，这就决定了政府主导民族文化的传承创新主导地位。其一，民族文化创新需要政府强化顶层设计，搞好战略规划。来凤县土家族文化集成区建设刚刚起步，具有比较优势的民族文化没有系统地、整体地展现，政府主导可以有效地增强民族文化创新和文化集成区建设工作的整体性和长远性。其二，民族文化创新需要政府理顺文化创新中的权责利关系，搞好底层对接，根据文化工作特性进一步完善和创新工作机制，实现科学化、规范化和长期化。其三，民族文化创新需要政府发挥统筹协调作用，整合资源，形成合力，整体化和常态化推进公共文化服务与民族文化创新，从而建立起从典型示范向全面普及，从单位到社区、从城镇到乡村，做到全覆盖和全社会参与。

(二) 政府主导民族文化创新需要"适度"

政府主导是一种社会公共事务管理的合理化模式，不同于政府包办模式和政府不干预模式。政府以一个管理者的身份介入公共事业，需要在全面干预和不干预之间把握住"度"的问题。[2] 一是不与民争权。在政府主导模式之下，民族文化活态传承与创新更应该发挥社会力量，激活少数民族群体智慧，促使其文化自觉。二是不盲目扩大。在"政绩"和"增长主义"心态作用下，"全民创新""大干快上"，重视短期利益而忽视文化根源与长期发展，势必会造

---

[1] 段超、刘安全：《来凤文化彰显当地"民族范儿"》，载《中国民族报》2015年6月23日第10版。

[2] 牟延林、吴安新：《非物质文化遗产保护中的政府主导与政府责任》，载《现代法学》2008年第1期。

成对民族传统文化的破坏。三是算好经济账。政府在民族文化传承创新上投入大量的公共财力，需要更加尊重市场规律，更好发挥政府作用，才能保证政府主导文化创新的道路上越走越远。

（三）政府主导民族文化创新需要文化企业和社会力量支撑

政府主导民族文化创新是涉及公共文化服务的公共性事务，其工作交叉点多、涉及面广，再加上行政部门职责条块分割，工作难免受到各种限制，出现遗漏。为顺应政府职能从管理向服务转变要求，政府主导民族文化创新需要考虑改革高度集中的行政管理体制，围绕着"养事"这一核心引入"市场机制"和"社会办事业"作为区域文化创新发展的助力。一是采用"政府采购""项目补贴"等方式处理文化供给、文化创新、文化服务等方面的事情。二是让社会团体、社会组织、企业和文化精英人才直接参与工作规划、政策制定、具体实施和监督检查等各环节，让社会拥有与政府机构相等的权利。政府应该持有科技、教育、文化、娱乐、健身、卫生为一体的多层次、多样性的"大文化观"和各民族经济、文化、社会有机发展的协同进步思想。

（四）政府主导民族文化创新要坚持走群众路线

民族文化源于群众，政府主导的民族文化创新需要从群众出发，服务群众。一是健全群众文化需求表达机制，使群众在民族文化创新中有更多的话语权和选择权。二是培养一批公共文化服务体系建设和民族文化创新的群众带头人，充分利用工作经验丰富、管理能力较强、文化水平相对较高、年龄较长有威望的老干部、老党员、老教师、民族文化传承人，把他们培养成文化创新带头人和示范户，以点带面。三是要特别关注散杂居少数民族和"少小民族"，关照他们对特殊文化设施、特殊文化产品以及特殊产业等方面的需求。四是关注农民工及其家庭、残疾人、孤寡老人、留守人员等特殊人群的文化利益需求。

第二节　龚滩古镇的旅游产业开发

龚滩是重庆酉阳土家族自治县的一个古镇，该镇位于酉阳土家族自治县西南部，距酉阳县城38公里，位于乌江、阿蓬江交汇处。这个重庆市第一历史文化名镇，因中国画家吴冠中的《老街》而名声大噪。20世80年代中后期，龚滩开始发展旅游业，随着时间的推移，旅游产业发展不断向前推进。伴随旅游业的不断发展，龚滩古镇的社会文化发生了变迁。

一、龚滩古镇的旅游资源与文化传统

龚滩地处重庆市彭水县、西阳县和贵州省沿河县的结合部,阿蓬江、乌江两水的交汇处。在古代龚滩是中原通向五溪和夜郎的咽喉,集军事要地、万商云集的要埠、川盐运输重要水上转运站于一体。如今该镇仍是渝、黔两省水路运输的动脉和纽带,车船如织,百业俱旺。

龚滩古镇依山而建,土家吊脚楼群盘踞在悬壁之上。镇上保存有多处明清古建筑,其中三教寺、川主庙、西秦会馆等较为有名。古镇存有众多古碑,其中有"上不沾天下不着地"碑、倒刻无量佛碑等原貌犹存,还有明代万历年间的"第一关"双钩题刻碑至今仍完好无损。

(一) 彰显历史的石板老街

龚滩有1700多年的历史,三国时,蜀国在这里设汉复县,西晋设置涪陵郡,唐朝设洪杜县,是乌江流域最早设置郡县的古镇之一。最能彰显龚滩悠久历史的是长约1.7公里的石板老街。

老街街面全由青石板铺成,最宽处约3米,最窄处仅1米左右。街道随山势而高低不同,每隔一段便有石阶上下。从西到东,有文昌阁、三抚庙、"第一关"、夏家院子、织女楼、鸳鸯楼、董家祠堂、川主庙、冉家院子、桥重桥、半边仓等景点。老街沟渠众多,利用自然地势的错落,由一条贯穿主街的主渠勾连各家各户的支渠构成了一套排水泄洪系统。沟渠开敞与封闭交替,重要节点建有蓄水池,作消防之用。

冉家院子建于清乾隆年间,建筑面积为420平方米,是古镇保存最完好、规模最完整的民居。院子有四合天井、走廊、楼阁、彩绘窗花,是徽派建筑和本土风格相结合的典范,见图5-1。

> 冉家院子建于清代乾隆年间,历时三百多年。为冉氏土司后裔、古镇昔日名流(袍哥)冉慎之(冉三爷)的寓所。院内四合天井、楼阁走廊、绣花楼、窗花保存最完整,极具观赏价值。冉家院子曾拍摄过很多电视剧、电影,如《奇人安世敏》《武陵山剿匪记》等。冉家院子既是影视拍摄基地,更是土家民俗博物馆,院内土家大石磨、风簸、老礁、民族服装、土家生活用品、古董、文物、工艺品、土特产等尽显土家族的民风民俗。冉家院子是集参观、休闲、娱乐、留影、品茶的理想场所。(冉德光提供,冉家院子简介)

西秦街上有西秦会馆,本地人称其为红庙子,建筑面积为1600平方米,是多开间抬梁穿斗混合式四合院。西秦会馆外观高大，是古镇最气派的建筑。西秦会馆是陕西同乡会馆，清光绪年间由陕西盐商张朋久所建，会馆内设正殿、偏殿、耳房、戏楼等。进入会馆须走上高高台阶，高台上大殿空置，没有设置神龛，也没有供奉神像。

桥是龚滩古镇的一道独特的风景线。在一条顺岩壁而下的溪流上架设了18座桥，当地人称为"一沟十八桥"。桥的形式多样，有卷拱桥、桥重桥、平板桥、大桥包小桥、屋架桥等。沿石板老街向南，走过未央街，旁边是桥重桥，是在上下两条路上并行修建石桥，在高低差2米的地势上两桥相叠，状如两层桥，成为视觉奇观，见图5-2。

图5-1 冉家院子

图5-2 龚滩古镇老街一角

（二）气势恢宏的吊脚楼群

沿乌江而建的吊脚楼群是龚滩最具特色的风景。龚滩古镇现存长达1.7公里的木质结构吊脚楼民居，在乌江东岸凤凰山麓陡壁上，依山傍水的吊脚楼群形成一条巨大的长龙。各式各样的吊脚楼耸立在乌江峡谷险滩上的悬崖上，用木材支撑，建造成叠层的梁架结构阁楼或走廊。悬出崖外的吊脚楼分半吊和全吊两种，半吊为部分虚悬，全吊是全部虚悬。吊脚楼民居修建年代从南宋年间至1963年，保存至今的约百余栋，这些古建筑屹立乌江岸边的巨型群雕，是一件件不可多得的建筑艺术珍品，见图5-3。

图 5-3　面临乌江的龚滩古镇吊脚楼群

屹立于绝壁的吊脚楼，不仅运用了柱、棋、排、榫、铆等木质建筑工艺，而且在细微处的精雕细刻，展现了吊脚楼建筑精致的一面。临街两旁的柜台、步步高木梯、万字格门窗，庭台翘角式的绣花楼、望郎楼、逍遥楼、揽月楼、织女楼等，都是民族民间工艺中的瑰宝。在老街木质建筑数千扇门窗上，我们能欣赏到不同造型的梅、兰、竹、菊、龙、凤、蝙蝠、鹿、鹤、羊、渔、樵、耕、读等传统图案和彩绘雕花图案，见图 5-4 所示。

图 5-4　彩绘雕花门窗

（三）具有地域特色的力夫文化

明代万历元年（公元 1573 年）乌江流域暴发洪水，乌江酉阳段凤凰山岩石垮塌堵塞乌江河道，在龚滩形成陡滩。龚滩险滩的出现，阻断了乌江水运，上行与下行的船货不得不从龚滩转运，龚滩逐渐成为渝黔边区重要的货物中转站。货物中转造就了大批从事拉纤、搬运的力夫，逐渐形成了龚滩特有的力夫文化。

沿江绝壁上因纤夫拉纤而形成的栈道是老龚滩著名的人文自然景观，更是当年纤夫们艰辛生活的见证。位于龚滩老街的"永定成规碑"也是龚滩力夫文化的重要物证。"永定成规碑"碑高，宽83厘米，155厘米，由于长期立于乌江岸边，裸露在空气中剥蚀较为严重。至今仅仍能辨认、推测的碑文约500余字。碑文详细记载了客盐（由自贡等地转运入黔的食盐）票引情况和龚滩搬运食盐工人的管理规则，如所有力夫工人须由盐号验保，并登记造册；搬运价格每包盐上载船舱的运费为5文钱，从船上卸运并抬至盐仓则每包加6文；指定何恒、郑昌信等人负责监督执行市场规则，等等。

（四）多教混合的信仰文化

龚滩是少数民族聚居地区，又是渝黔边区集贸重镇、水陆交通枢纽、军事要塞。不同地方、不同民族、不同信仰的人聚集在龚滩，通过长期的交流，龚滩民间信仰表现出多信仰合一的趋势。能反映民间信仰最重要的证据就是神庙的建设。在龚滩，寺、庙、祠建筑众多，有土家族祖先神庙三抚庙，有道教的真武庙、文昌阁，有川渝地方特色的川主庙，有三教合一、非寺非庙的三教庙，也有大姓家族的宗祠等。这些众多的祭祀场所展现了龚滩民间信仰的混合性与复杂性。

三抚庙建筑面积约300平方米，始建于清代，是多开间抬梁穿斗混合结构的四合院，正房悬山木结构，整个屋脊随檩条的抬高而起翘。庙内供奉土家族最早封任巡抚的冉、杨、田三姓土司。三土司在任期间有德于民，后人将三人立祠合祀。

川主庙始建于清道光五年，穿斗混合式砖木结构四合院，戏台为歇山式屋面，正脊垂背，面饰当地传统图案，翘角系明风铃，建筑面积660平方米。川主庙中供奉的是李冰，秦时李冰在都江堰治水有功，后被奉为川主。龚滩流急滩险，船工时有伤亡，故修川主庙为民祈福，永镇水患。

三教寺明末清初石柱女土司秦良玉故居，因其夫马千乘得罪权贵，被害死于狱中，秦良玉四处迁徙避难，最终在乌江边上的龚滩居住下来。风水先生推荐说，龚滩"前有高山大川，后有马鞍铁城，左右有青羊关和凤凰山为屏障，是一个将来要出'公侯'的宝地"。秦良玉定居下来不久，朝廷宣旨让她继承夫职，当了石柱的宣抚使。崇祯三年（公元1636年），秦良玉奉旨率兵北上收复了华北永平四城，获崇祯皇帝亲自接见，并赐彩帛、美酒和咏诗，以示慰劳。当皇帝要赏赐立下汗马功劳的五百四川僧兵时，僧兵谢绝了赐官封赏，求皇上恩准他们可以吃酒肉，娶妻生子。僧兵们回到石柱、酉阳之后照常当和尚，从此不受"不可娶妻，不可吃肉"戒律限制。僧兵们既信佛，也信道，对儒家的学说也很尊崇，久而久之，他们居住的寺庙就称为三教寺。

龚滩人还有许多民间信仰和禁忌。如忌随意移动三脚架；忌大年三十去水井挑水，吃年夜饭泡汤；忌在家里和夜里"嘘风打哨"；忌姑娘及产妇坐在堂屋大门坎上；忌在孕妇家中随意动土、钉钉子、拆门窗等；忌人死在外地，尸体抬进屋，等等。这些都龚滩民间信仰混合杂处的表现。

（五）特异奇趣的节俗文化

节俗文化是一个地域反映民族风情、生产生活、社会关系的重要载体。在龚滩，现在仍然保留一些传统的民间节日习俗。

腊月三十是除夕，亲友晚辈要到上辈家"辞年"，到上辈家里坐一会儿，然后说：今晚来把老人家"辞年"，明年来拜年（即第二天正月初一）。

春节期间，礼俗最多。正月初一天刚亮烧天香，用一对大蜡烛，九柱2尺长的大檀香点，大烛要燃一整天。街上叫花子来送财，用二块大拇指大的木柴，用红纸腰（在中段捆扎）好，说送财来啊！送到门里，主人就丢喜钱（1~10元）；背水卖的，背两瓢水到门口说背银水来了，倒在水缸里要拿喜钱（1~2元）。烧天香要放很多火炮，一般要放到正月初五，拜年的约好3~5天拜年，每户大门关起，拜年时说某大人拜年啊！如不开门，在家里说"谢驾"，或用名片丢入大门内以表示拜年。在街上遇到人互相着个"恭喜拜年"。每年正月十五日前，有的人家要请"春酒"互相庆贺，一家每年要请四席男客，三席女客（亲朋好友）。旧社会男女不能混座，要隔一天，今天请男客，明天请女客。初一至初五摆赌上街，初五过了就抓赌。初五起扎龙灯、狮子、花灯，初九出灯。龚滩有龙灯，小银的狮子，银滩的阳戏，方家的马马灯，到每家每户拜年拿喜钱。上九、正月初九是玉皇大帝生日，要过上皇会，一般是三天，请文坛，集贤坛来庆祝。各商号要接龙灯、耍狮子，十五日吃龙肉，十六日玩灯的办酒席。十五日晚要在火烧坝子发鬼像，晚上在大河渡口放河灯，每户在十五天过河拜蛮王洞，下午上山砍摇钱树拿回家每户大门前插一根，挂纸钱香烛到了晚上送年时点燃，说："摇钱树，玉宝盆，早落金，夜落银，初一早晨捡四两，初二早晨捡半斤"。晚上要去偷青。要用一个橙子用竹竿悬起橙子上点燃，叫"聚宝盆"，十五过后各做各的生意。

三月清明节，每户要给祖坟扫墓，古语说清明前十天，后十天，懒人还有十天，新坟要在清明前一日去扫墓，在每座祖坟上挂青，这天要约亲朋好友，家庭老少上坡朝坟，上坟天，要蒸蒸笼，把酒肉、水果、干粮带上坡，在坟前饮酒（又叫过老鹰会），下午五点把上坡朝坟的人请到家中吃晚饭。

五月端午，又叫端阳，分小端午（初五日）、大端午（十五日），过小端午最讲究，那天家家包粽子、煮鸡蛋、包包子、煮饺子、包包面，喝雄黄酒、放黄烟、挂苍莆、端阳艾，中午洗草药藻、划龙船，亲朋好友聚会畅饮。庙里和尚穿起法袍到各家商号扫当，到一户后就叫"端阳舞一舞，天狗吃豆腐，把瘟神火神扫出去，把金银财宝扫进来"。主人要拿喜钱酬谢。

七月十五前要给祖宗烧袱子，家人老少要团聚，亲朋好友来吃饭，十五晚上要过盂兰会，在冉家火烧坝给孤魂野鬼吃大餐、发鬼像。发鬼像时要缅怀亡者，许愿奉承，如"我名丁××，家住在南京，民国卅七年，中日起战争，遇到杨保长，拉我当壮丁，我在第一排当过二等兵，团长下命令，叫我守天津，忽然警报响，跑到王家村，敌机忽然来，炸了我的身，要界帖投人生"。夜间在大河渡口放河灯，每家每户点路烛路香。

天干不下雨，群众要扎水龙求雨，用柏香叶做一条水龙，在龙后面用柏香叶扎轿子，再弄个狗穿着衣服，让狗坐在轿上，每户背几桶水放在屋门口，用水淋狗和草龙求雨。

七月份还要打醮，每年一小醮，三年一大醮，头年就决定明年打醮头人办醮，打大醮要办15天，请道士诵经办法事，每天要约众人逛街，最后那天逛亭子，用四尺长的木架，架子上的人装着古装站在亭子上，众人抬起逛街。游神时，用木做成丈多高的瘟神、火神、城隍菩萨，四人抬起逛街。打醮时每户发一道符、一个大三角旗，用香扎起，丢到瘟神船上，表示把瘟神、火神送走。逛完街后，把瘟神船放在河中冲走，保地方吉祥平安。办醮时，禁屠15天，不许杀牲畜。

八月十五日过中秋节，家庭老少要团圆。十五日要吃团圆饭，晚上在坝子月光下守月华，畅谈中秋来历，请亲朋好友欢乐，每年要备10多种水果（如橙、梨、柑、核、板栗、葡萄、柿子等），用月饼饮酒赏月，玩到半夜才散。青年人要去偷别人的南瓜，给没有儿子的人家送去。

九月重阳，打粑粑，登高尝花。

冬、腊月办年货，腊月八煮豆豉，家家做苏食、麻饼、果子、米花、金果、麻元、汤圆面，烤腊肉等。一家老少要缝新衣过年。除夕前打阳尘、写对联、买鞭炮。三十夜看谁家的对联好、红纸红、火炮放得多。

二、龚滩旅游业开发现状

（一）龚滩旅游发展历程

1. 古镇探幽游（1985~2000年）。

20世纪80年代初，一些美术学院的老师带领学生到龚滩写生，古镇奇绝的吊脚楼群、古老的石板街和奇特的民族风情深深打动了美院师生的心。1985年，著名国画家吴冠中发表了彩墨画《老街》，见图5-5所示，从此龚滩古镇声名远播海内外。一些慕名而来的探幽者相继到龚滩采风、体验异域风情，龚滩旅游拉开大幕。

图5-5 吴冠中的彩墨画《老街》（1985年）

这一时期，旅游对于龚滩老百姓来说，是一个非常陌生的词，旅游基础设施也无从谈起。游客进入到龚滩，多住在政府招待所或老街居民家中，没有产生多大的经济价值。老街、老房子没有进行旅游开发式的包装。人们也没有较强的经济经营意识，把游客当作串门作客的朋友，一般不收取服务费用。餐馆也没有因为游客的到来，而改变定时供应膳食的习惯。

直到20世纪90年代中后期个体私营经济逐步发展，龚滩老街有少数几家会经营的居民开始开设饭馆、旅社，进行旅游接待。接待游客的意识也逐渐从待客向经营转变。

2. 古镇促销游（2000~2004年）。

2000年以后，旅游产业在很多欠发展民族地区取得成功，渝东南地区也将旅游产业作为经济发展的重点工作，龚滩古镇的旅游逐渐显示出强劲的竞争力。龚滩风景区逐步建成了龚滩古镇人文景观、乌江自然风光以及民族文化相结合的国家3A级风景名胜区。主要景点包括石板街、吊脚楼群、乌江、阿蓬江、黄葛树、险滩、蛮王洞、乌江百里画廊等；民族文化方面开发整理了乌江号子、哭嫁、木叶情歌、摆手舞等。

旅游基础设施建设取得了长足发展，龚滩古镇的旅游接待能力大幅增强。"木王客栈""田氏阁楼""子南茶座""老船工"等集住宿、饮食、休闲为一体的家庭旅馆相继开业；游艇、游船、宾馆等加速改造升级，旅游纪念品加工采购、文化娱乐、金融服务等系列服务设施加快配套。2002年，退伍回家的罗晓波组建成立了酉阳县龚滩古镇旅游开发公司，成为龚滩首家专业旅游企业。公司推出了"品古镇遗韵、枕吊脚悬楼、漂阿蓬险滩、赏百里画廊以及乡村游、民族风情游、千年古镇游"等系列旅游产品；策划了"摆手摆进老山城、民歌唱进新重庆"等一系列大型宣传促销活动；和重庆市黔江区、彭水县、贵州沿河县联合推出"乌江百里画廊"旅游项目和阿蓬江探险旅游精品线路。

2001年龚滩被评为重庆市历史文化名镇；2002年龚滩古镇成功举办了"龚滩国际攀岩赛"，再次点燃了龚滩古镇的旅游热。仅2002年，龚滩旅游接待游客达8万人之多，以后每年到龚滩旅游的游客以万数增加，旅游收入也相应增加。旅游产业已经成为龚滩古镇主要的经济产业。

3. 古镇告别游（2004~2006年）。

2004年，位于乌江下游的彭水电站项目得到国务院审议通过。彭水电站建成蓄水之后，保存了1700多年的龚滩将长眠于水下。在这种悲情氛围之下，龚滩的旅游基础设施建设停滞不前。但是，龚滩即将被淹的消息触发了又一次龚滩旅游高潮。游客以自驾游、团体游等多种方式争先恐后地来到龚滩，目睹千年古镇最后的辉煌，开始了古镇告别游。这一时期，每年到龚滩旅游的游客都超过了10万人次。

由于游客数量急增，龚滩旅游在旅游项目开发上逐渐扩大，旅游业发展日趋成熟，基本建成了集古镇观光、乌江漂流、文化民俗体验、影视拍视制作、户外美术写生及土家吊脚楼建筑艺术科考研究于一体的旅游目的地。

4. 古镇迁址复建（2006~2009年）。

龚滩古镇的迁址复建是对于千年古镇采取的最好的保护措施，同时也是酉阳"旅游兴县"的发展战略之一。重庆市主管旅游的领导在龚滩调研时说，

"龚滩古镇的复建工作是富有创意的复建"，将龚滩旅游作为乡村致富的支柱产业培育，龚滩整体融入乌江画廊旅游，用民俗生态两大主题作为旅游整体形象定位，打造精品。要围绕线路、景点和接待产品进行规划、改造、升级，提升龚滩旅游业发展水平。

龚滩古镇从2006年开始进行整体迁址复建，历时3年，至2009年5月完成。按照"原风貌、原规模、原功能"，"保持历史的真实性、保持风貌的原真性、维持生活的延续性"的原则进行整体搬迁。经地质专家实地勘查测定，认为位于古镇旧址下游1公里的小银滩在地质地貌与老龚滩相似，且地层之下无空洞，是最适于龚滩古镇迁复建的理想地区，占地面积约15公顷，见表5-1。

表5-1　　　　　　　　　　　龚滩古镇迁址复建进程

时间	进程
2004年7月21日	乌江彭水电站项目建议书获国务院总理办公会审议通过。重庆市有关方面制定详细的古镇迁建保护规划
2005年11月10日	彭水水电站移民搬迁动员大会召开
2006年3月9日	古镇搬迁工程总图设计方案评审会召开
2006年10月25日	龚滩古镇搬迁复建工程在新址小银滩正式动工
2007年4月至5月	搬迁工作基本结束，西秦会馆等12处龚滩古镇文物拆迁全部完成
2008年10月	龚滩古镇在原古镇下游1公里处复建成功，并开门接待游客
2008年10月9日	重庆市相关领导要求龚滩古镇的复建工作是富有创意的复建，酉阳一定要把龚滩旅游作为库区移民安稳致富的支柱产业来培育；一定要把龚滩整体融入乌江画廊，集"休闲、观光、体验"于一体的精品来打造；一定要把民俗生态两大主题作为旅游整体形象来定位；把龚滩作为乌江画廊旅游目的地，真正使新古镇成为"乌江画廊的一张名片、古镇风貌的一朵奇葩、体验旅游的一大品牌、土家文化的一处摇篮"。要围绕线路、景点和接待产品进行设计，通过对景区"吃、住、行、游、娱、购"等旅游产品的开发，立即启动龚滩旅游景区规划，让酉阳的"旅游兴县"战略从龚滩兴起
2009年4月23日	古镇迁复建工程主要工作基本完工
2009年4月24日	古镇迁复建工程顺利通过专家验收
2009年5月1日	迁复建后的龚滩古镇正式开街，文艺演出在桃花源广场举行

龚滩古镇的搬迁涉及搬迁居民共357户共1600余人，民居建筑37551平方米；恢复石板老街1.7公里，12处市级文物得到妥善保持搬迁。2008年12月，成立酉阳县龚滩风景区管理委员会，负责景区内日常事务。

龚滩的迁复建工程包括了古镇老街的整体搬迁和龚滩移民新区建设。老街迁复建以景区建设为主，而新区建设则按照新型集镇建设模式进行，承担了集镇的大部分功能。新区的建成使行政机关和企事业单位所承担的行政、管理、文化功能从龚滩古镇风景区分离出来。

龚滩从2009年5月1日开始向游客开放，这标志着龚滩迁复建和景区建设工作的完成。龚滩的搬迁是因为下游的彭水电站蓄水到290米高度时要淹没龚滩。这个没得办法。迁复建工作从2006年底开始，按照"原风格、原规模、原规模"整体搬迁。按一比一的比例搬迁，你原来有好大一块地方，现在就给你一这么大块地方。搬迁后的邻里关系不变，以前左邻右舍是哪家，现在就是哪家。重庆主管领导来龚滩调研时提出了移民工作要做到"三个一定要"要求，主要意思就是把龚滩的旅游搞上去，与乌江画廊相融合，以旅游振兴酉阳。（DLB，男，土家族，40岁，龚滩风景区管理委员会干部）

5. 古镇再生游（2009年至今）。

经过整体迁复建的龚滩古镇于2009年5月1日再次向游客开放。新龚滩不仅积极打造了龚滩古镇、乌江百里画廊、阿蓬江大峡谷和南方高山旅游区等四大品牌景区，完善龚滩旅游景区体系，满足游客多方面、多层次、多形式的需求。而且，还进一步完善进出景区的交通体系、旅游服务体系、旅游保障体系和景区可持续发展管理体系等四大配套体系。加大铁路、公路、水路基础设施建设力度；建设星级宾馆、星级休闲山庄，提高古镇"千家居"设施设备水平；收集开发土家特色官府菜（土司系列）、土家私房菜（富裕人家系列）、土家山珍菜（一般民居系列），开发出龚滩特色的旅游方便食品，展现龚滩特色饮食文化；开发竹木类、奇石类、花木盆景类、手工编织及服装服饰类旅游艺术品，延长旅游产业链；挖掘整理土家戏、汉戏等地方戏剧、土家山歌等地方特色文化，开发土家婚俗、节庆文化等项目。同时，也在旅游项目包装策划、旅游线路策划、市场营销策划等方面做足了功夫。

再生的龚滩古镇以新的面貌向游人展示它的魅力。龚滩古镇旅游基础设施建设基本完善，旅游区景点、游客接待中心、公厕、游览便道、滨江文化走廊等硬件建设相继完工。老街居民自发经营的家庭旅馆、餐饮业、娱乐场所都相继开业。龚滩古镇正以其国际知名旅游景点的姿态迎接更多的游客。2009年，全镇共接待游客2万人次，实现旅游收入100余万元。

（二）龚滩古镇文化展示

1. 民居文化。

龚滩古镇以青石板街和叠层木质吊脚楼为主要特征新规划有三条与乌江平行的横向主街，为游客展示了由木质民居、吊脚楼、石板街等组成的地方特色民居。围绕着老街新增游览步道，便于游客从高处俯瞰古镇全貌；沿乌江规划修建了一条滨江文化长廊，以低视角仰望吊脚楼群，见图5-6。

龚滩的吊脚楼都很高，三层四层五层的。多采用钢筋混凝土柱浇筑屋基，形成平台，然后在平台之上修建木质棋排式民居，临江或临街两层以上建有吊脚楼风格的走廊。出于对新搬迁的古镇在地势、材料以及安全性上的考量，重新建造的吊脚楼采用钢筋混凝土结构浇筑吊脚楼框架，尽量在外观上做到吊脚楼的建造特征和形制。虽然以往老龚滩摇摇晃晃的吊脚楼上观看乌江湍急江水的情形已无法体验，但是混凝土平台上的木质楼房能让游客充分体验乌江岸边人家的民宿体验。

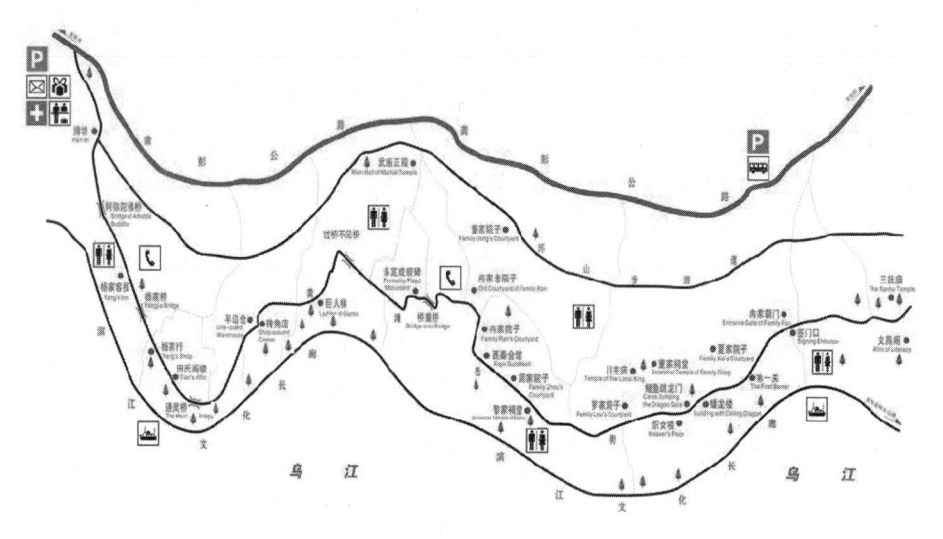

图5-6 龚滩古镇旅游风景区浏览示意图

寺庙宗祠等大型建筑则多用青砖砌墙，墙高约10余米，青砖裸露于外，用白石灰勾缝，两侧砖墙高过屋顶1米有余，作风火墙，有消防功能。青砖建筑由于多建在石板街旁，因地势比街高出很多，显得高大宏伟。

2. 土家族文化。

龚滩是传统的土家族苗族聚居地区，在民族文化传承方面保存了土家族摆手舞、哭嫁、盂兰节放河灯、玩马马灯等民族风俗习惯。龚滩古镇旅游对民族文化展示主要通过三个途径体现。一是通过民居建筑，如土家族吊脚楼，并用土家族元素来命名一些景点。如锦楼、织女楼等。二是通过一些民俗表演，在节目中体现民族文化。三是通过龚滩古镇居民日常生活展示民族文化。在龚滩老街，妇女们在闲暇时拿起针线做刺绣；老街也规划了多处广场，每到傍晚在广场上人们会跳起广场休闲舞和经过编排的土家族摆手舞。

摆手舞是土家族的一种古老的民间舞蹈，为了适应旅游开发少数民族文化的需要，酉阳县大力收集、整理并创新摆手舞，通过对原生态摆手舞、新编摆手舞和广场摆手舞的创新进行包装打造，培训景区摆手舞队在各个景区进行表演。新编的摆手舞既保存了传统摆手舞动作特征，模仿、战斗姿态、农事劳动、动物形态，又饱含现代广场的舞节奏感和浓郁现代生活气息，展现出古镇人粗犷、豪放、好客的性格。到龚滩的游客茶余饭后能在老街的多处广场学跳摆手舞，体验摆手"同边手、同边脚"的特异舞姿，感受地域文化的历史与传统。

马马灯是酉阳地区春节花鼓戏的一种。马马灯兴起于明清时代，是人们自娱自乐的灯戏，因它热闹、吉利，受到家家户户的欢迎。玩灯的人都是壮汉子，走村串寨，一户不漏地"拜年"。耍马马灯时，艺人用竹篾材料扎成马身，不要马腿，马身中部留一空洞，以能从中穿过一人为限，马身表面绘成彩色，以示吉祥如意。马马灯由两人表演。表演时，由一人从洞中穿过，随着音乐节奏和唱，和着歌声节拍踩着碎步左右前后摇摆。主要表演套路有"破阵""驴子过板桥""叫驴子推磨""雪山取水"，等等。唱和人一般手中挑一大红灯笼，边走边唱，内容主要是祝福主人发财发家，子孙后代中状元之类的奉承话。

3. 商贸文化。

龚滩自古以来就是乌江上游重要的水码头，是渝东南货物进出的集散地。龚滩商业的发展集聚了众多的搬运工，根据搬运工所从事的工种不同又可以分为纤夫（船工）、力夫（背工、挑工）两类，纤夫、力夫都有自己的伙头。龚滩古镇对传统的商业文化的展示，则多从凝固了的建筑中体现出来。如《永定成规碑》规定了搬运工从领工、搬运、报酬等行规，游客可以从字里行间体会当时力夫市场的繁华；各种寺庙中供奉的各路神仙保佑着"在血盆子里捞饭吃"的力夫们；等等。同时，从老街为数众多的盐行商号旧址中，如西秦会馆、半边仓、罗家转角店、董家院子、夏家院子、邱家院子等，我们可以估量到物资交换的规模。

4. 导游演绎的古镇文化。

龚滩古镇向游客展示了古镇的物质文化，龚滩古镇的历史和非物质文化在导游口中娓娓道出，又充满了新奇、神秘和柔情。

龚滩古镇导游解说词

各位游客朋友，大家好！欢迎您来到具有千年历史的古镇——龚滩。

说到龚滩呢，我们先得谈一谈它名称的由来：龚滩原名龚湍，因为乌江水流湍急，又多为龚姓人居住，二者合一而得名。明万历元年，凤凰山岩崩塞江形成险滩，人称龚滩。滩上下落差3米，乌江流域在此分为上下两段，来往船只以这儿为终点，龚滩就逐渐形成了一个货物的中转站和集散地。

依山傍水的民居，纯木结构的吊脚楼，悬空而吊，匠心独具，高低错落，各式各样的古建筑屹立在乌江三峡之滨，好似艺术群雕，令人观奇叫绝，峨眉山电影制片厂的艺术家用"龚滩古镇人未识，乌江美景第一娇"来赞美它，我国国画家吴冠中老先生的《老街》便诞生于此，这里也是《武陵山剿匪记》《赵世炎》《奇人安世敏》《桐子花开》等影视剧的主要拍摄场地。

现在到了我们的第一个景点：阿弥陀佛桥。

每一个民族都有信奉，比如说台湾那边信奉妈祖，而我们土家族人信奉的是土姑跟白虎。为什么在这儿我要提到信奉呢？这跟我们现在这座桥有关：在当地有一句俗语，说的是"七月半鬼上岸"，意思就是说每到阴历七月十五的时候，河中的一些邪灵会上岸来找替身，弄得人心惶惶。于是人们纷纷祈求上苍，佛祖派出了掌管土家族的天女——土姑，土姑踏着七彩祥云，从巨人梯而下，与邪灵展开了恶战，七天七夜后邪灵被打败了，但是土姑也元气大伤，土姑担心邪灵再出来残害百姓，于是化作了一只石凤凰，日夜守护着她的子民。人们感恩，将那座石凤凰取名为凤凰山，在山脚定居，并在小镇的入口处修了一座桥，上面立着阿弥陀佛佛像，就是现在的阿弥陀佛桥。

杨家桥及杨家行。这是古镇的第二座桥，始建于雍正十三年，雍正帝推行改土归流的政策后，从江西、江苏一带迁过来多为杨姓居民在此居住，所以此桥命名为杨家桥，前面的巷子命名为杨家行。

太平缸。大家都知道木质结构的房屋的火是最大的隐患，所以当地的居民每隔90米就修建了一个太平缸，也就是我们现在所说的消防池，随着的历史的变迁、时间的推移，古镇上仅存这么一个太平缸了。

永安桥（通瀛桥）。桥身通长，大有通往瀛州之意（瀛州在土家族人眼里是极乐之地）

半边仓。只有半边屋檐，即"人"字的一半，以前为装盐的仓库，盐的来源为四川自贡的井盐，其房屋特点：横向装的木板可方便取盐。

转角店。又称罗家店，当时在古镇流传这么一句话：上街莫惹冉，惹冉下不了坎，而下街莫惹罗，惹罗过不了河。这句话道明了冉姓和罗姓在这儿的地方势力，这一带即为罗姓的集居地，此地转弯抹角，呈"之"字形方拐，而得名。

檐灯。顾名思义就是屋檐下的灯笼，那么我们土家族的檐灯除了起到照明的作用之外，它还是一个传统的民族习俗：檐灯，代表着一家人的人口组成，如果说这家有尚待闺中的女孩，那么它的灯面上就有一个独特的图案：莲藕，为什么画莲藕呢？我们土家把谈恋爱叫做连交，藕呢，意为佳偶天成。

巨人梯。它是由六万余块岩石垒砌而成的。相传，是土姑降伏邪灵时所遗留下的通天石梯。许多虔诚的土族百姓在这儿烧香许愿，上天念其德，会在他百年之后引导他归往极乐之地。当然，也有心怀鬼胎的恶人，他们爱慕虚荣、贪图享乐，在三更时分，也就是在天地气层最薄弱的时候，顺着石梯溜上天去，搅乱天庭，天王大怒，下令断了通天路让今后的族人永不能踏上石梯。从而，让通天石梯成了望而生叹的遗憾。

永定成规碑。是一块始刻于光绪年间的石碑，为规范当时脚夫、力夫、夫头力钱分配所立。

桥重桥。"不去逛逛桥重桥，枉到龚滩走一遭"。相传在乾隆年间的时候，这一带起了一场大火，而这时又正值山洪暴发的时节，沟中的洪水将仅容人通行的独木桥给冲跑了，当地百姓面临着前是水沟，后是火窟的威胁，真的是进退两难，这时候，有一对夫妇用身体当作跳板，让百姓们踩着她们的身体过去，他们自己也因体力透支而长眠了，后来为了纪念这对夫妻，纪念她们这种舍生取义、舍己救人的这种精神，就在这儿修建了一上一下两座桥并将其命名为"夫妻桥"。

冉家院子。冉家院子为徽派民居建筑风格和本土建筑风格融合典范，吊脚楼廊升向街面，空间布置得当，正房和厢房均为穿斗式结构，建筑面积为420平方米。

西秦会馆。龚滩是食盐的集散地，昔里盐号较多。清光绪年间，陕西商人张朋久最先来龚滩开设盐号，经手修建了"西秦会馆"，即"红庙子"，作为同乡商人汇聚之所。其馆为四合高墙大院，外壁朱红粉饰，堪为"别有洞天"。大门临街西开，内设正殿、偏殿、耳房、戏楼，雕梁画栋。《赵世炎》《武陵山剿匪记》《捉拿归案》《远山峡谷》《桐子花开》《奇人安世敏》均在此拍摄，它是影视外景及摄影爱好者的理想境地。

绣花楼。绣花楼是土司家的绣女做绣工的地方。

周家院子。周姓盐商的住所。

川主庙（处于陈家湾）。李冰在都江堰治水，造福于民，所以在长江流域和乌江流域里均有贡奉李冰的庙宇。川主庙是古镇中保存较好的一个景点，有四块石碑字迹清晰，十二块梁上木雕饰品也历历在目。

董家祠堂（处于陈家湾）。为董氏宗族合资修建的一所祠堂。从老街上几层石梯，迈进很高的石门槛，里面为四合天井，正对面为正殿，均为古老木质框架。董家祠堂以前是董氏家族最高权威的凝聚地。比如说：犯族规人的受罚地；商议大事的议事堂；历代族长的灵位供奉地。

鸳鸯楼。房屋后有两个相并的四合天井，居住一户冉姓，一户杨姓，冉家有位绕巴涅（男孩），而杨家有位惹巴涅（女孩），两个人青梅竹马，暗生爱慕之心，但是这样不行啊，因为当时种族观念和门当户对的观念在毕兹卡心中是根深蒂固啊，就造成了一个终生未娶一个终生未嫁，后来为了纪念这俩人的悲惨的恋情，就将此楼命名为鸳鸯楼。

织女楼。流传着一个美丽动人的故事。一巴人沿唐岩河进入龚滩，虽遭土人排挤，仍坚持与土人共同劳动。土人逐渐消除了敌意，视他为家人。一个17岁的惹巴涅姑娘暗中看上了他，有事无事找他搭讪，男青年也暗自欢喜。不料一日回乡之后，从此杳无音讯。惹巴涅日盼夜盼，苦思积虑终于香消玉殒。那惹巴涅就居住此楼，所以人们称起其为织女楼。据说那男青年为解决族人的缺粮问题去向临界求助，不幸遇难于归途。

鲤鱼跳龙门。乃天然的一块巨石，镶嵌于古墙之中，半边露出墙外，鱼的嘴、腮、鳍、尾都系天成，真有一跃而过的雄姿。靠水而居的民族认为这是老天的恩赐，认为这条石鲤具有灵性。那么各位游客可以摸摸石鲤，我们整个土家族的族人均为你祝福。摸摸鲤鱼头，福气跟着走；拍拍鲤鱼背，长命又百岁；碰碰鲤鱼尾，好运长相随。

夏家院子。在当地流传着这样四句话："陈家湾烟雾沉沉，郑家门前鲤鱼跳龙门，黄楠树上出妖怪，夏家院子出美人"。这四句话其实是古镇的四大景点。那么我们前面已经游览了"陈家湾烟雾沉沉，郑家门前鲤鱼跳龙门"，接下来的"黄楠树上出妖怪"，指的就是古镇的一棵黄楠古树，人们常听到树上指哨嘘嘘而不敢近前，不过在一次雷击中，树木燃烧了。"夏家院子出美人"指的就是左上方的一个院子，因为以前夏家也是一个经营盐业的盐商，所以女眷都衣着鲜丽、落落大方，进而得到了美人的称号。

第一关。明万历癸丑年，在门内靠山石崖上留下"第一关"字样的摩崖石刻，迄今仍很清晰。

锦楼。意为织锦的房屋。在很久以前这里面住着一个土家族的惹巴涅（女孩）叫昔比，她心灵手巧，善织"西兰卡普"（土家语，即：织锦、土花被面），她织的花香飘千里能招蜂引蝶，她听说世上最美的花是白果花，但决心将白果花给织出来。可是白果花是寅里开花卯时谢。她去白果树下等了两晚可都因白天太累了等了太久，正当白果花开时睡着了，这样的情形延续了两天。这时，嫂嫂便在爹爹面前搬弄是非，说："小姑私会情郎"。到了第三天晚上，当昔比手捧白果花回来，被躲在门后的爹爹一棒打死，死时，红光一闪，化作鸟儿，飞去门前的树上不住地叫：我看白果开花，嫂嫂是非小话，爹爹错把我杀，尼过夺岔了，尼过夺岔了（你被她骗了）。从那以后再也没有人看见过白果花开了，至今也没有人织出白果花的织锦了。

冉家朝门。原土司住宅，现在保存旧时的床、书架等物品可作观赏景点。

三抚庙。供奉的是土家族的三位最早的土司。一位为冉姓、一位为杨姓、一位为田姓，三人均被封过巡抚一职，在任期间，有德于民，所以将三姓立祠合祀。

文昌阁。"清溪的牌坊，龚滩的阁"，闻名遐迩。

李氏牌坊。清朝时，龚滩人李应龙早殁，其妻从十岁开始守寡，恪守妇道，有口皆碑。地方序报皇上，上念其行，下旨修造贞节牌坊于路口，以成教化，助人伦。石塔三层，高约二丈许，竭尽雕凿之能事。有青狮、白象各一对置于前后，精美绝伦。

三、龚滩古镇文化变迁的主要表征

（一）古镇旅游接待功能强化

2000 年以前，龚滩古镇仍然是一个地处偏远，以码头为依托的传统边贸小镇。传统边贸集镇的主要功能包括了居民居住、行政管理、货物贸易、货物集散，等等。2000 年以后，龚滩旅游业的逐渐兴起，旅游接待成为龚滩古镇最为重要的经济活动之一。随着旅游的深入发展，与旅游相关的一些产业相应得到发展，并渗透于古镇各项产业之中。古镇旅游接待功能越来越显示出它的重要性。

迁复建后的龚滩由临江的老街和山腰的移民新村组成。整体搬迁后的龚滩古镇强化了老街的旅游接待功能，新建的移民新区分担了大部分行政功能。从整体上看，迁复建后的龚滩古镇以一个高品质的国家级旅游风景的姿态展现出来，其功能较以前相对减少，从而实现了古镇风景区功能的分化。

龚滩古镇由原来的龚滩老街整体搬迁而来，构成了龚滩古镇旅游风景区主体。景区完善了旅游基础设施建设，按照老街原貌整体迁复建原则，完成 37 551 平方米风貌民居建筑的迁复，恢复古镇景点 26 个，妥善处置保护市级文物 12 处。共修建了休闲广场 3 处、客货码头 2 处、公共卫生间 6 处、公共电话亭 2 处，停车场 2 处，医疗救助站 1 处。酉阳县龚滩旅游开发公司、重庆市吉安瑞旅游开发公司投资修建的游客接待中心 2 处。龚滩古镇迁复建以打造成具有极强竞争力的国家级旅游名胜区为目标，其旅游接待功能得到最大的伸展。

龚滩的迁复建工作从2006年末开始，到2009年基本完工。迁复建工作因为与彭水电站工程没有协调好，工程没有跟上。在搬迁前期，景区因素没有得到足够的重视。后来，重庆市主管旅游的领导来龚滩调研后强调了"三个一定要"，龚滩要积极发展旅游产业，要和乌江画廊结合起来，实现旅游兴县的战略目标。现在龚滩的旅游接待能力不够，只能满足500人左右的住宿和500人左右的吃饭问题，到了像五一、十一等节假日就不行了。现在的景点建设已经差不多了，主要是在接待设施上存在问题。县里为了解决这个问题，投资4 000万元建生态停车场、室内停车场。重庆市交旅集团投资800万元修建了游客接待中心，在三抚庙过来那里，主体工程已经完工，7月底可以投入使用。交旅还准备投资1.2个亿元建设一个4星级宾馆，大概有200多个床位。（DLB，40岁，土家族，龚滩风景区管理委员会干部）

（二）现代旅游商业兴起

龚滩地处高峡，自古以来人多地少，从事农业生产的人口较少，传统农业生产占龚滩经济总量的比重也很少。龚滩在历史上是乌江流域的重要货物购销集散重镇，与之相连的码头货运、食盐经营成就了其"钱龚滩"的美名。大部分镇内居民依靠码头的货物与客流，从事船运、搬运、客栈、餐饮以及商品零售来解决生计问题。

从清代改土归流到新中国建立前期，龚滩凭借其乌江要津，成为渝黔边区货物集散地。从重庆、涪陵而来的食盐、布匹等外来货物沿乌江而上至龚滩储存，然后经陆路分散到各地。本地盛产的经济作物如桐、茶、漆、棋、椿，由各地集中于龚滩，再经水路转运至涪陵、重庆等地。特殊的货物中转站为龚滩提供了众多的就业机会，附近地区的富余劳动力聚集在龚滩，也为龚滩创造了商机。客栈、餐馆业等商业经营也得到极大的发展。

20世纪80年代中期，随着时代的进步，经济的发展和区域交通环境的改善，龚滩的区域交通枢纽地位下降，加之本地传统经济作物的境外市场枯萎，日常生活用品实行供销社统购统销，货物运输也实行国家统筹，龚滩昔日繁盛的贸易交流景象已成为历史。从产业上看，这一时期龚滩，回归到了以农业为主，运输产业为辅的状况。80年代末期，沿海开放地区经济快速发展，外出广东、江浙、福建一带打工成为当时龚滩人最主要的选择。

20世纪90年代末期，龚滩因其历史、吊脚楼群和老街而倍受旅游者青睐，随着旅游业的兴起与持续发展，龚滩古镇的商业经营也重新恢复。而再生的龚滩商业融入了大量的现代商业元素，表现出以古镇旅游为中心，围绕着旅游而建立起现代餐饮、宾馆、旅游家庭旅馆、购物超市等一些现代商业行业。

龚滩现代商业经营与传统商业经营相比，传统的商业经营以货运码头为依靠，而衍生出船运市场、人力市场、货物经销市场、仓储市场、住宿餐饮市场等。现代商业经营，则以旅游为基础，通过开发、挖掘龚滩古镇自然资源、人文资源，形成旅游商品，以吸引外来游客从龚滩过境，依靠旅游者的消费来获取经济利润，并衍生出旅游开发公司、旅行社、星级宾馆、家庭旅馆、餐饮娱乐等服务市场，按旅游"吃、住、行、游、娱、购"六要素，针对游客喜好与习惯，在景区、交通、宾馆、商场、娱乐等设施建设上建立起与外地大致相同的模式。

酉阳县龚滩旅游开发公司成立于2002年，主要从事龚滩古镇旅游接待、地接、服务业务。公司现有游船4艘，员工20余人。2002年以来，公司先后接待游客近100万人次，成为酉阳旅游的龙头企业。一些外地知名企业也相继到龚滩投资，如重庆市交旅集团投资近2亿元，用于修建游客服务中心和4星级旅游宾馆。

除了政府主导的旅游产业服务项目，龚滩老街居民自发发展的旅游服务也具有十分鲜明的特征。到龚滩旅游，游客们青睐于吊脚楼，住宿休息一定要选择临江的古吊脚楼，因此，百年吊脚楼改造成的客栈，成为龚滩旅游住宿的一大特色。"千家居"是龚滩古镇对该镇所有具有特色的旅游接待点的一个总称，即龚滩古镇千家居民都开门迎客（负责游客的饮食接待和住宿接待），游客在每一个居民家庭都可以享受到古镇居民的接待。龚滩"千家居"由多个家庭私客栈组成，有名的包括"田氏阁楼""杨家行""老盐局客栈""骏业客栈""恒怡客栈"等。龚滩现有集镇住户共有2 970人，其中镇内居民2 669人，镇内农民47人。旅游开发以后，大多数龚滩老街居民开始从事旅游接待与服务。笔者于2010年5月在龚滩老街实地统计，在1.7公里长的老街里共有32家家庭旅馆、8家餐饮店、3家土特产经销店、1家传统工艺作坊、1家私人博物馆。

> 我是老街居民，以前就住在老街。经营旅馆我有基础条件，这个屋基是我们各人的。我是从2009年开始经营这个旅馆的，现在主要从事住宿接待。我这个屋一共有4层，下面两层还没有利用，就用了上面两层，一共有20个床位。一般的旅行团我这里都能接待，收费也不贵。现在生意不太好，开业快一年了，打了个光手板。今年好一些，春节、五一的时候客多一些。在做这个旅馆之前，我一直在外面打工。现在做这个，比起来差不多，虽然收入比打工少了一点，但我现在每天只要接待5个游客就可

以了，每个月就可以挣 3 000 块左右。我现在对龚滩发展旅游很有信心，以后的收入肯定比打工强。现在是旅游淡季，客人不多，我还想把我这个屋中间这一壁拆了，做一个大厅，以后还要做餐饮。（CXJ，女，土家族人，41 岁，龚滩古镇临江阁客栈老板）

（三）传统饮食文化复兴与发展

龚滩人喜欢吃辣、酸、辛食物，油炸食品在龚滩很流行。龚滩丰富的传统饮食文化在旅游开发前有些已消解。一些特色食品，如"团馓"在传统上过年，为小孩"过满月""抓周"才准备的食物，由于制作方法复杂，时节禁忌习惯等原因，一些人家已不制作。一些传统民间小吃，散落于各个不同村落，影响不大，容易被人们忽略。游客对地方特色饮食的青睐，推动了龚滩传统饮食的发展。如龚滩收集开发土家特色官府菜（土司系列）、土家私房菜（富裕人家系列）、土家山珍菜（一般民居系列），开发出龚滩特色的旅游方便食品，展现龚滩特色饮食文化。土家夹砂肉、龚滩烧白、天然香菌丸子汤、干豇豆烧排骨、猪蹄炖萝卜等龚滩特色菜，深受游客喜爱。

一些日常生活家常小菜、咸菜、泡菜、节令食品，都在龚滩旅游开发之后被发掘整理出来。如油茶汤、团馓、腌腊肉、腌豆腐、豆豉、连渣浪、豆腐干、盐茶蛋、醪糟、阴米、溜线、麻饼、软雀粑、绿豆粉、米豆腐、擂茶稀饭、豆丝糖、苞谷粑、苞谷豆腐、高粱粑、胡荞面、苦荞粑、茴麦汤圆等。

旅游开发以前，龚滩传统饮食制作多以家庭作坊为主，大部分制作流程都在自己家里独自完成，有些家庭为了保存秘方，选择秘密制作。旅游开发以后，由于一些游客不满足吃到地方特色饮食，还对传统饮食制作工艺、用料产生浓厚兴趣。为了迎合游客观赏的需要，龚滩人将一些传统特色饮作坊搬到了前台让游人参观，如龚滩的绿豆粉制作就是一例。

绿豆粉是龚滩传统的日常小吃之一，将绿豆和粘米用传统工艺加工而成，其食用可以有多种方式，煮、炒均可，可作主食，也可作菜。在龚滩老街的"流觞曲水"小吃坊里，游客可以看到绿豆纷制作全过程。

（四）民族节日现代性演变

龚滩传统的民族民间节日很多，如春节、清明节、端午节、月半节、中秋节、重阳节等。在春节的时候要跳摆手舞、舞龙灯、狮子灯，唱花鼓；端午节划龙船、包粽子；七月间天旱舞龙求雨、打醮；中秋节"摸瓜送子"，等等。

龚滩旅游开发以后，为突出龚滩民族文化特色和自然景观，龚滩在 2002 年以后，每年都会在同一时间段举行"摆手文化节"和"国际攀岩赛"。摆手节和攀岩赛的成功举办，标志着龚滩旅游过程中对民族传统节日整理和推陈出新作出了有益的尝试，也是民族民间节日的现代性变迁特点之一。

2001年5月，中共酉阳县委、县人民政府举办了"首届武陵山区文艺汇演暨全县摆手舞大赛"以及大型篝火、烟火、摆手舞表演晚会。随后，每年都会举行大型的摆手舞表演与比赛，称为"摆手文化节"。文化节对摆手舞推广，使得酉阳人民族意识日渐浓厚、民族文化保护意识逐步树立、广场文化活动蓬勃发展。2009年11月11日，酉阳举办了摆手文化节，申报了万人摆手舞吉尼斯纪录，并获得成功。2010年10月，"酉阳·中国土家摆手舞欢乐文化节"的主要内容包括开幕式、土家美食节、旅游商品展销、大型经贸洽谈会、摆手舞文艺汇演、东方歌舞团专场文艺演出、闭幕式大型音画诗《梦幻桃源》，等等。

（五）民族文化回归

龚滩是土家族、苗族等少数民族聚居区，自古民风淳朴，民族风味浓厚。但是经过"文革"的冲击，到20世纪80年代初，民族传统文化保存较少，许多民族歌舞失传、民族节日消解。如土家族摆手舞等民间舞蹈、扎龙求雨等民间习俗、盂兰节放河灯、打醮游神等宗教信仰活动，在旅游开发前消失殆尽。

旅游产业的兴起，为龚滩民族文化的复兴提供了契机。龚滩旅游开发初期，最吸引客的是龚滩老街和吊脚楼以及乌江自然景观，土家族民族文化展现很少，如土家族服饰、西兰卡普织锦和优秀民间故事等。在旅游开发过程中，这些土家族文化元素，被逐渐挖掘整理出来，在游客游览过程一一表现出来。如龚滩古镇以土家族吊脚楼群为载体，在吊脚楼中建立了织女楼、锦楼等展示土家族织锦的场所，大力宣传土家族文化，实现土家族文化的再现。导游在其解说词中，加入了优美的土家族民间传说故事，更深化了游客对土家族文化的印象。如在阿弥佗佛桥景点介绍了土家族守护神土姑大战邪灵，而身化石凤凰的故事；在鸳鸯楼、织女楼景点介绍绕巴涅（男孩）、惹巴涅（女孩）的情爱故事；在锦楼介绍了土家族"西兰卡普"织锦以及织锦能手昔比的动人故事。在这些美丽动人的故事当中，游客可以了解到土家族人敬奉神灵的传统民间信仰、崇尚自由的爱情观念，体验到奇特的土家语，欣赏到美丽的"西兰卡普"等土家族奇趣的文化事象。

为了配合旅游产业的发展，酉阳县专门举办了"万人摆手节"等大型活动。然而土家族摆手舞在龚滩的传承曾经出现过断代。早在1982年，酉阳县为庆祝自治县成立庆典而举办的首届民族文艺调演，组建专门小组对土家族摆手舞传承情况进行摸底调查，发现土家族摆手舞仅在西酬、大溪等地的部分村寨有所传承，在其他地方已经消亡。经过渝东南文化艺工作者的努力，于1993年推出一套统一的土家广场摆手舞。1999年初，酉阳在土家广场摆手舞的基础上进行加工提炼，推出了简化摆手舞。随后又从酉阳原始摆手舞中就加工提炼出了很有艺术价值和巨大影响的舞蹈精品大型土家族乐舞《摆手祭》和《岩鹰颂》等。

酉阳土家族自治县龚滩旅游开发公司的民俗表演项目中也充分征用了土家族的摆手舞、哭嫁、马马灯、阳戏等民族传统艺术。

（六）宗教信仰意识淡化

当前，龚滩古镇社会正转化到以旅游业为主体的现代社会，随着旅游业的发展，现代商业经营得以建立和完善，以旅游服务为赚钱谋生的方式不再有生命危险，人们"在血盆子捞饭吃"的时代一去不返，人们以前对水患的恐惧、鬼神的崇拜早已消去。另外，人们知识不断积累，认知水平不断提高，原先认为不可思议的事情，都能用科学的方法加以解释和说明。大部分居民逐渐消去了对超自然力量的迷信，进庙烧香拜神的行为有所减少。

> 以前龚滩道教比较盛行，像武庙、文昌阁都是道观。民族信仰也多，龚滩有土家族、苗族，以前有土司，汉族很少。文昌阁旁边的三抚庙就是纪念土家族祖先的庙。你要说龚滩人具体信哪种教，哪个也讲不好。这上面有座三教寺，不是寺庙，也不是道观，供的什么神，我们也不知道。（龚滩人）信得杂。以前龚滩水急，送船是很危险的，搞不好就要死人的。老话讲的，龚滩船工是在血盆子里捞饭吃。那个时候信神的多。川主庙是纪念修都江堰的那个李冰的，李冰能治水，龚滩人下河都信他，出门都拜他。我想那时候，船工信川主，商人信关公，求财神。所以才有那么多个庙。现在我们都不信，龚滩那么多庙，没得那个去烧香拜过。要不是龚滩搬迁，政府把它们作为文物保护起来，我估计要不了几年都看不到了。（RRG，男，64岁，土家族人，龚滩镇政府退休干部）

从旅游开发角度来说，宗教场所是一种非常好的旅游资源，它可以给游客带了神秘和猎奇的体验。在龚滩这种作为宗教信仰见证的建筑，更多是一种风景，而不是信仰。宗教场所内在意义的转换从侧面反映了龚滩人宗教信仰意识的淡化。

> 宗教场所是一种很好的旅游资源。龚滩有很多庙、寺、祠堂，这些都是传统上宗教场所，古时候人们在庙里举行各种祈福仪式，打醮、游神都从庙里开始。寺庙建筑一般占地面积很大，建筑样式高大、庄严、肃穆，内部装饰精美，能很好反映当时建筑技艺和审美。现在来看，这些宗教建筑有很好的旅游观光和科研价值。（ZC，男，42岁，苗族，酉阳师范学校教师）

（七）经营意识增强

在古代龚滩，大规模的商贸活动由少数几个外地客商把持，大部分龚滩人只能充担出卖劳力的搬运工或纤夫，商业经营意识表现并不明显。但随着龚滩古镇旅游开发逐渐深入，特别是从2002年以后，龚滩古镇"千家居"旅馆产业的蓬勃发展，龚滩人的商业经营意识越来越突出。在旅游业带动下，当地人在商品意识、质量意识、服务意识、市场意识、开放意识等方面发生很大转变。

随着龚滩的逐步发展，越来越多的重庆、涪陵等外地人，纷纷到龚滩买地置业，他们有的经营星级宾馆，有的经营娱乐场所。外地人的成功，给了龚滩人强烈的危机感，增强了他们的经营竞争意识。他们认为，旅游开发后，生活水平提高了，生意应该再做大一点。

> 老街家家都在开旅社、饭店。有些人到城住去了，老房子没得人住。没得人管，就卖了。在老街买屋的有酉阳的，也有重庆的。大部分人卖屋是准备开店做生意。我们隔壁这家就是重庆人买的，那边搞休闲的，也是外地人。他们都会做生意，有大本钱，把房子装得很漂亮。做的东西也和我们不同，很会赚钱。一些人买房子，也不都是为做生意，有个重庆的在老街买房子，就是为老人家买的。他们觉得龚滩风景好，老人到这里住得安逸。大公司修的屋大、气派。人家有钱，我们比不过。我们一大家人开了一家旅馆和一家饭店。前几年生意好。去年又才重新搞，现在还没得什么生意。放假的时候人多一点，就好一些。等有钱了，我们准备搞一下装修，提高一下档次。（XZS，男，51岁，土家族，龚滩老街居民）

旅游走的是市场经济的路子，龚滩人已经意识到龚滩旅游的发展前景，以及在旅游经济发展大潮中获得更大的利益，如思考"龚滩该如何更好地生存下去？更好地发展起来？"他们还认为，现在各家各户都在开旅馆，如何规范旅馆的经营，实现良性发展是值得思考的。龚滩的旅游开发，除了"千家居"旅馆经营和民宿体验，其他还应该加强娱乐业、特色饮食、土特产品、民族生活体验等旅游项目。

> （老街）搬过来之后差多了。现在新修的老街没有原来的味道。变了。去年（2009年）5月，龚滩重新开放，好多客人来了都说龚滩变了，没有原来好玩了。现在进来的游客很少，各家各户的生意都不太好。好些年轻人又都出去打工了，等到游客多了，再回来。一两天下来，游客少还不是什么问题，要是一直这些，没人来，老街那么多的旅馆就难搞了。客人多了，各家各户之间又有竞争，如果没得人管，就要乱套。有关系的，

凭关系拉点客，没有关系的，干看到。

以我看，龚滩发展旅游还应该搞一些花样，像加点水上娱乐呀，搞点本地特色菜呀，卖点土特产品呀。游客来了，自己动手做自己觉得好玩的东西，穿一下老衣服，推推磨子，都很好。要有耍的。（RWC，男，35岁，土家族，龚滩老街居民）

有些居民也认为，龚滩虽然有自己独特风格，但因地处偏僻，交通不便，对外界了解少，应该多到全国其他旅游风景区去看看，学习外地发展旅游的经验。

（龚滩）现在还没有搞宣传，10月份酉阳要搞摆手文化节和国际攀岩赛，那个时候宣传就不得了。宣传搞好了，游客就多了。我们现在经营的这些东西太少，也做得不怎么好。游客来了要不住，主要是没得耍的。石板街半个钟头就看完，要吃没得什么吃的，吃碗绿豆粉，天天吃，哪个不腻呀。有时间我一定要到九寨沟去看一下，要去丽江古城，凤凰。学学他们那些地方在旅游区是怎么搞的。（XZW，男，43岁，土家族人，龚滩老街居民）

（八）文化自觉意识提升

龚滩古镇除有1700多年老石板街，土家族吊脚楼建筑群之外，更引人注目的就是它的古镇文化。龚滩古镇文化包括临江的水文化、盐文化、码头文化和民族文化。从其文化底蕴来看，民族文化更为深厚。

大部分龚滩老街居民认为，龚滩旅游不能满足现状，要锐意进取，向外学习；要加大民族文化的宣传与推介，整理民族节日习俗，推广民族歌舞，在旅游过程中加入更多的民族民俗表演；并希望政府更加关注和支持保护和发展民俗文化，尤其要求政府增加对民俗文化保护和开发的政策和资金的投入。在旅游影响下，龚滩人越来越重视古镇文化，并以自己是龚滩人而自豪感，对保护发展民族文化提出了强烈要求，加快古镇文化发展的紧迫感愈发凝重。

作为景区管理部门，龚滩古镇景区管理委员会对龚滩古镇的文化开发有着更深的认识，为了深层开发龚滩古镇各项文化，他们特意从重庆等地请来专家到龚滩旅游，请他们为龚滩古镇旅游出谋划策。他们认为"口碑比广告好"，在做好龚滩旅游质量的同时，一定要加强龚古镇旅游的内在精华建设，即以何种内涵来打动游客，留住游客，使龚滩由旅游过境地转变为旅游目的地。

我们景区管理委员会成于2008年12月，是酉阳县直属部门。我们今年的刚性任务是申报"4A"，把龚滩建设为"4A级旅游风景区"。但是我们龚滩旅游大发展的时机还不成熟，主要是现在的接待能力不强，如果每天有 1 500 人进来的话，我们就接待不了。再就是景区内涵建设还有一些问题，客人来了看什么，客人留下了享受什么？这个问题还没得到完全解决。前几天我们请了一些重庆市的一些专家为龚滩会诊，请他们为古镇旅游献言献策。(DLB，男，土家族，40 岁，龚滩风景区管理委员会干部)

除了民族文化以外，龚滩人也在刻意创造自己的名人文化，如"罗子南精研音韵，抱绝学于乡间；文祖云穷治刀笔，活古镇于腕下。""蔡九姑能编谜语，崔老师爱讲三国。罗二娃昨日江心钓鱼，可惜线断；李大哥去年夜路逢鬼，侥幸逃脱。"[①] 罗子南、蔡九姑、崔老师等人便是龚滩古镇的名人。游客一到龚滩，与当地人聊天，在言语中便能得知这些名人的事迹，于是心生好奇，慕名而往。

冉家院子的主人冉德光经营的冉家院子是一家私人博物馆，由于该馆是保存较好的四合院转角楼，收藏了众多见证龚滩历史的实物，一些电影制片场在此拍摄了多部电影和电视剧。冉德光因而与各级行政领导、电影明星结交，获得很多经营经验，成为龚滩的名人。由此，游客每到龚滩旅游一定要到冉家院子游览并与冉德光拍照、聊天。

第三节 学校里的民族文化课堂

学校教育是传统文化传承的重要阵地。湘西州近年来一直致力于苗族传统文化的学校教育传承，开展文化普查、请民间艺人进校园、修订民族文化教材等活动，探索学校教育传承乡村传统文化的实现途径。

一、湘西州学校传承民族传统文化的方式及内容

传统文化进校园在一些有识之士的大力推动之下，各地都进行了有益的实践并获得了良好的社会反响。湘西州是武陵山区较有特色的苗族聚居地区，其苗族传统文化氛围深厚。从 2008 年起，湘西州尝试将苗族传统文化纳入小学课堂进行学校教育传承。

（一）开发传统文化乡土教材

学校课堂教育根本在于教材，乡土教材的编写是传统文化进课堂的必备条件之一。为了突出湘西地区和少数民族特色，湘西州教科院编写的湘西民族地

---

① 龚滩古镇老街转角店龚飞：《龚滩赋》，载《酉阳报》2010 年 5 月 23 日第 3 版。

区乡土教材，覆盖了湘西的"地域历史""社会变化""文化艺术""生产生活"等方面。其中运用广泛的教材有《美丽的湘西我的家》和《土家·汉双语双文实验教材》。

1. 《美丽的湘西我的家》。

《美丽的湘西我的家》是湘西州教科院借助民间资金编写的第一本教材。该教材由12篇课文和4个活动课组成，内容包括湘西州的地域环境和特征、民族及历史、风俗、语言、地方名人等，重在培养学生认识家乡、观察家乡、关注家乡的意识和传承家乡文化的愿望。《美丽的湘西我的家》是由天下溪教育咨询中心与湘西州教育科学研究院合作编写，香港乐施会提供资金支持。2006年9月，天下溪教育咨询中心成立湘西乡土教材项目组，并开始在吉首、凤凰等地的山寨和小学调研。2007年4月，天下溪开始与湘西州教科院合作，通过教科院组织全州9所小学的26名教师编写这部命名为《美丽的湘西我的家》的乡土教材。2008年1月，首印6000本教材出版。3月，全州9所学校的2000多名四年级学生开始试用《美丽的湘西我的家》。教材包含了许多苗族优秀传统文化，如教材第十课《唱支家乡最美的歌》就是通过学习苗歌《跳花》，让同学们了解湘西各地苗族原生态苗歌的几种唱腔。

2. 双语双文实验教材。

土家语、苗语在湘西各乡村传承较多，但近年来乡村现代化进程的加快，人口流动频繁，土家族苗族等少数民族语言传承出现危机。2008年6月，湘西州民委、湘西州文化局、湘西州教委联合制定了《土家·汉双语双文教学测评方案》《苗语苗文教学试点评价方案》等6个双语双文教学方案，举办湘西州苗语苗文教学师资培训班，在全州小学试行双语教学。《土家·汉双语双文实验教材》由吉首大学文学院叶德书教授开发编写。土家·汉双语双文教学以《土家语拼音方案》为标准文字音，以《土家语课本》和《土家·汉双语读本》为教学课本。其中《土家语拼音方案》以湘西州龙山苗市为标准音点，以北部方言为基础方言。在字母形式上完全采用国际最通行的26个拉丁字母。在充分表达土家语语音特点的基础上，采用了与汉语拼音方案字母表相同的名称。《苗·汉双语双文教材》则是由湘西州教科院开发编写。湘西州参加"双语双文"教学实验的学校有13所。"土家·汉双语双文"实验教学在永顺县对山乡和龙山县坡脚乡、他砂乡和靛房乡5所中小学进行，"苗·汉双语双文"实验教学在花垣县吉卫镇、凤凰县落潮井乡和三拱桥乡、吉首市矮寨镇8所小学进行。

3. 《湘西民族文化》。

《湘西民族文化》和《湘西民族文化常识》是2005年湘西州审订的九年

制义务教育教材开发项目成果。根据《湘西土家族苗族自治州民族民间文化遗产保护条例》规定，编写民族民间文化常识读本，作为地方校本课程，作为继承民族传统文化教育和中小学生素质教育选用教材。湘西州教科院组织科研人员经过努力调研，积极汇编了地方教材《湘西民族文化》和《湘西民族文化常识》，由民族文化专家审查通过，并在全州小学至初中一年级学生中使用。

（二）开设民族文化教育校本课程

校本课程由学校自己确定，以学校为本位的课程，它与国家课程相对应。按照2001年教育部颁布的《基础教育课程改革纲要》要求，各级学校实行国家、地方和学校三级课程管理，其中对校本课程的作用和意义作出说明和规定，使之保障和满足不同地区、学校、学生课程需要。湘西州各小学校本课程是从2006年开始试行，充分利用湘西地方少数民族的本土知识，结合学校课程资源积累与教学创新，自行编制的课程。主要围绕湘西地区的少数民族文化、社会历史与传承知识设计，开设具有深厚苗族文化特色校本文化课程，如保靖县民族中学的《可爱的家乡》、碗米坡小学的《乡情教育》、吉首市第八小学的《剪纸活动》、花垣县边城小学的《边城风韵》，等等。

为了使校本课程教学实现常态化，各学校都制定了相应的教学目标和教学计划。如2009年凤凰山江完小纳入双语双文教学实验学校后，专门对针对双语教学制定一系列教学计划，把教学目标、任务以及实施细节做了详细的规定，以保证双语双文教学的正常进行。一是教务处统一安排每周开设两节苗文课；二是保证师资，定期组织苗文教师培训学习；三是在校园内鼓励学生讲苗语，并在校园文化墙开设苗文宣传专栏，使苗语苗文融入学生日常学习生活之中。

（三）组织丰富多彩的教学课堂实践

每个试点学校都将民族文化传承校本课程列进课表，保证每周1~2节课时，并落实到专职教师。鼓励任课教师或参加培训，或自己到民间去收集、学习，然后把最真实、原生态的民族民间文化呈现给学生。在课堂上，结合民族文化特点，灵活地设计多样化的形式进行教学。在课堂教学方面，多采用课堂学习和课外实践相结合的方法，如课内课外结合、大课堂小课堂结合等。

凤凰县腊尔山希望小学龙俊甲老师将湘西民间泥塑引入美术教学课堂，通过课件让学生欣赏彩绘泥人，讲解湘西彩绘泥人的艺术特色和彩塑表达的求生存、求福寿、求美满的美好人生愿望与理想，以及亲人、邻里、朋友、民族等情感的交流和表达。凤凰县箭道坪小学姚腾伟老师《美丽的头饰》教学课堂让学生用乡村常见的巴茅杆、鸡毛、树叶、藤条野花来制作头饰，让学生体验民间工艺制作的撕、折、剪、贴、插、揉等技能方法，激发学生学习民族民间美术的兴趣，培养学生对本土民族文化的认知与认同的情感与兴趣。凤凰县三拱桥完小麻淑珍老师的《唱支家乡最美的歌》教学以"跳花"和"嘀格调"等苗族、土家族民歌作为蓝本，进行民族歌曲的演唱教学并通过课后家庭作业要求学生收集和学唱家乡民歌，引导学生了解和欣赏苗族原生态的民歌。少数民族文化的课堂教学创新了传统文化传承的途径，通过课堂学习，学生们能了解本地风土人情和民族文化知识，丰富其知识体系，增强民族自尊心和自豪感。少数民族传统文化校本课程在试点学校试用后，获得了政府部门和广大师生的欢迎和好评，在社会中也产生较好的影响。

（四）民间艺人进课堂

各学校不定期地请一些身怀绝技的民间能人、民间艺人请到学校来为师生传授绝活。腊尔山希望小学每年都要请民间艺人进入课堂学生们指导、讲解民族传统文化。如60岁的吴秀英老人是腊尔山镇禾库土生土长的苗族妇女，她以精湛的剪纸技术成为代表性非物质文化遗产传承人，1989年曾到日本进行过文化交流表演，在小学课堂上，吴秀英老人给师生们讲她的学习剪纸技艺的经历，并手把手地传授剪纸技术。凤凰著名的苗族银饰制作技艺传承人马师傅也经常被学校邀请到学校课堂给学生上课，讲苗族银饰制作的历史、银饰图案的文化意义以及教学生进行简单银饰的制作。

湘西民族文化学校教育不仅请民间艺人走进学校课堂，还要求学生们去到民族文化传习馆所向民间艺人请教学习。如凤凰民族二中每年都要组织各年级学生去三江苗族博物馆，学习跳花、打苗鼓、跳竹竿舞，在丰富学生学习经历过程中，接受民族民间文化的熏陶。

民间艺人进学校，弥补了没有经过民族文化系统学习的师资的不足，一些民间民族文化经验丰富、学识丰富的民间艺人能以自身的亲身经历，以及神乎其技的技术引领学生进入民间艺术的殿堂，使得学校教育阵地在传承民族民间文化做出突出的贡献，而学校为民族文化教育规范化、系统化提供了科学的管理方法，找到了一条效果较为显明的教育传承之路。

二、学校教育传承乡村传统文化的成效

（一）文化校园民族特色浓郁

从2006年开始，湘西州就出台一系列政策助推民族文化进校园。如《湘西土家族苗族自治州民族民间文化遗产保护条例》（2006）、《关于转发湘西自

治州土家族苗族文化生态保护基地实施方案的通知》（2007）、《湘西民族文化学校传承项目规划》（2011）和《关于加快建设文化强州的实施意见》（2012）等文件和实施意见，明确提出要将非遗文化传承引入学校教育，并在全州作了全面部署，确定了时间表和规划了路线图。努力在学校里推行少数民族语言与汉语接龙型和传承型双语双文教学工作，并要求在学校、社会开展唱民族歌舞、跳民族舞蹈、讲民族故事、说民族语言、穿民族服装等活动，倡导以学民族文化为主要内容的文化推广活动。

湘西州各县中小学校积极用多种形式、多种渠道开展各种校园民族文化活动，如组织少数民族文艺调演和社区踩街宣传活动，组建学生文艺队参加艺术节民族歌舞蹈表演等演出活动；组织学校师生观摩苗族传统节日活动；举办苗族文化讲座；在图书馆建立少数民族图书专柜，收集、整理、借阅少数民族书刊。各中小学利用"六一"文艺会演、冬季运动会、新年晚会，为民族传统文化演出提供了经常性舞台。凤凰县第二民族中学每年都将打苗鼓、唱苗歌、跳花等具有苗族传统文化特色的节目作为学校大型文艺晚会的保留节目。有些学校也把传统的民族体育项目或民间游戏节目融入校级运动会之中，创编一些适合少年儿童的体育项目作为传统比赛项目。民族传统文化贯穿于学校大型活动和经常性活动之中，由于其形式新颖、生动活泼且富有生活气息和乡土味，深受老师学生的喜爱。凤凰县腊尔山完小致力于民族传统绘画，老师带领学生用传统材料和绘画技法创作反映湘西风情的书画作品，展示在学校文化墙上，直观地展示了苗族服装、田间劳作以用娱乐生活场景。凤凰县阿拉镇阿拉完小侧重民族民间艺术教育，将苗鼓作为学校重点科教项目，开创民族音乐、民族舞蹈和民间美术三位一体的创新发展的新局面，被授予"中华优秀文化艺术传承学校"称号。

龙山县靛房九年制学校，将土家族民间传统乐器咚咚喹、土号、牛角、溜子、野喇叭和土家山歌与音乐教学相结合，将摆手舞、土家游戏与体育教学相结合，将土家织锦与美术教学相结合，创造性地将土家族民族文化引入学校课堂和课间，并形成了极具特色的课间活动。作为"中国土家族打溜子传承学校"，靛房学校经常邀请国家级非物质文化遗产项目代表性传承人田隆信、严三秀等到学校给学生上课，传授民族民间技艺。土家族语言教学已成为一门独立课程，在全校21个班级开设。

湘西自治州将非遗进校园作为构建校园特色文化体系的契机，因地制宜地指导各个有条件的中小学校，就地挖掘本土文化，整理文化资源，寻找文化特色，逐渐走出了文化兴校、特色办学之路。到目前为止，湘西全州已命名湘西民族民间文化教育研究基地学校28所，民间美术"蒲公英行动"实验学校22所，民族文化传承实验学校15所，非物质文化遗产传习所3所。其中有10所学校被湖南省文化厅评为"民族团结示范学校"，2所学校获湖南省"特色学校"称号，12所学校被授予非遗进校园"示范学校"称号。

（二）传统文化课堂教育的规范化系统化教学成果显著

学校教育传承民族传统文化是各地区探索非物质文化、民族文化以及特色乡村文化，借用学校培育阵地传承发展的有益尝试。实践证明传统文化进校园在一定程度上缓解了乡村文化传统的危机，找到新时期乡村传统文化传承发展的可行路径。在此过程中，经过长期的实践，学校课堂进行传统文化教育在教材编写、组织教学以及营造特色校园文化方面起到了较好的作用。湘西州文化教育工作者针对湘西州少数民族文化特点，运用现代教育理念，结合湘西州情，专注本土少数民族文化教学与研究，开发出"国家课程＋地方课程＋校本课程"的一系列基础教育课程，使学校在培养学生创造精神和实践能力上的自主权得以加强，对于民族文化进校园活动的常态化、标准化以及规范化创造了良好的条件。

2008年湘西自治州规划了"在全州范围内编写100部反映民族特色和地域特色的校本教材"的目标。在全州中小学校及幼儿园开展了70多项涉及民族美术、音乐、体育等民族文化教育的课题研究。通过各学校的实践以及激发了广大基层教育科研工作者的积极收集资料，编写教材，到如今，全州已经编写完成164种（套）校本教材。《美丽的湘西我的家》《湘西民族文化》《湘西民族文化常识》《苗语课本》《苗·汉双语读本》《土家语课本》《土家·汉双语读本》等地方校本教材在推广运用中获得好评，深受师生欢迎。

（三）乡村传统文化的学校教育成为技术职业教育新学科

乡村传统文化的生产性保护要求传统文化在当代的传承、发展与创新，在市场经济环境之下，传统文化技艺将是创利的又一新的技术。传统文化的学校教育与职业教育的结合，需要推进传统文化与专业学科、文化产业及文化技术职业岗位对接，推进民族文化教学过程与经济产业生产过程对接，探索出一条运行良好的民间优秀文化传承创新发展的路径。

民族旅游产业的迅猛发展，为民族地区职业教育带来了发展机遇。"传统的非物质文化遗产进入职业教育，不仅可以为非物质文化遗产保护、少数民族文化保护以及民族旅游特色产业、文化产业提供人才保障，也利于人才培养模式的创新，提高职业教育专业人才培养的质量。"湘西民族职业技术学院立足于服务湘西旅游，有针对性地培养旅游专业人才，从2006年开始，就积极研究少数民族民间工艺技术人的培养，开发土家族苗族传统舞蹈、苗绣、蜡染等民族非物质文化，探索民族文化技艺与旅游职业适应性发展的有效模式。同时，在学院的民族艺术、服装设计、旅游管理等专业学科中融入湘西地区特有的民族文化，开设相关课程。扎染、木雕、竹编、土家族织锦、苗绣等非遗工艺品，苗族鼓舞、土家族摆手舞等民族文化专业课程培养了大量的旅游工艺品专业制作人才、民族旅游学艺人才以及茶艺师、导游（讲解员）、民族菜品烹调师等民族旅游服务人才。

泸溪县第一职业中学聘请国家级非遗传承人邓淑芳执教，设立踏虎凿花工作室，开设了踏虎凿花专业教学。花垣县职业中学开设苗医、苗画、苗绣、剪纸技艺、苗族花带制作5个民族文化专业培训班，聘请非遗传承人进学校系统讲授传统技艺，同时，引进现代工艺制作设备，并邀请工艺厂设计师现场传授现代机制操作技术，为民族文化在技艺传承创新上作出贡献。

第四节　板夹溪十三寨生态博物馆的文化陈列与展演

一、板夹溪十三寨概况

（一）地理环境

黔江县位于重庆市的东南边缘，东临湖北省咸丰县，西邻彭水县，南连酉阳县，北接湖北利川市，处于渝、鄂、湘、黔四省市的结合部，素有"渝鄂咽喉"之称，也是重庆市主要的土家族聚居区。板夹溪十三寨位于重庆市黔江县小南海镇，该村东邻小南海地震遗址公园，距黔江城区33公里，距小南海集镇15公里，面积27.49平方公里，其中耕地面积1170亩，林地32000亩，辖6个村民小组，总人口1750人。村寨自然景色优美，四周层峦叠嶂，怪石林立，山上林海浩瀚，色彩斑斓，山谷溪水潺潺，清澈如镜。其中，"猴子堡""狮子岩""印章""砚台""石人子""上马磴""官山""轿子顶"等奇山异石，都是村寨有名的自然景观。

（二）主要资源

1. 自然资源。

板夹溪十三寨风景秀丽，空气清新，物华天宝。据该村的吕贞习、吕贞德、谭运河、谭运福等老人介绍，村寨自然资源十分丰富。珍贵的野生动物有：麂子、獐子、黄鼠狼、松鼠、果子狸、猴子、野猪、野猫、拱猪、刺猪、锦鸡、毛鸡等；野生乔木有：杉树、松树、红豆杉、马连光、泡桐、酸枣树、天枞、构檀树、硬壳榔等；野生水果有：李子、梨子、猕猴桃、刺梨、樱桃、八月瓜等；野生中药材有：何首乌、黄连、天麻、天冬、茯苓、防风、老虎姜、麦冬、巴岩姜等；矿产资源有：粘土、黄玉、红柱石等；农产品主要有苹果、山药、菠萝蜜、紫色包心菜、杨桃、榴梿、香蕉等；土特产有腊肉、干豇豆、水咸菜、土蜂蜜、野蘑菇等。

2. 人文资源。

(1) 民风民俗。板夹溪十三寨的建筑、服饰、生活习俗独具特色，民族风情淳朴浓郁。土家歌舞风韵独特，如摆手舞、铜铃舞、木鼓舞；山歌、芦笙等；节庆活动也丰富多彩，如"赶年""赶秋""三月三""四月八""六月六"等。特别是一年一度的黔江土家摆手节，各村都会组织村民积极参加，借此来充分展示村寨独特的土家族文化。

(2) 村落布局。板夹溪13寨共有197户756人，100多栋吊脚楼、四合院等木质结构建筑，是典型的土家族村寨。13寨名称分别为：熊家院子、瓦房坝、台子上、走马坝、何家院子、老熊坝、石嘴坝、龙家沟、周家院子、向家坝、谭家院子、学堂湾和后坝老街。在这13个村寨中，每一个村寨都各具特色。

后坝老街：后坝老街共有8户41人，老街长约500米，宽约5米，过去街道两旁商铺林立，热闹非凡。整齐的翘檐屋脊，高高的封火统子，见证了村寨昔日的辉煌。在上场口，可见到面积约100平方米的天井坝子。正面为3间正房，转角两边有厢房和吊脚楼。朝门方向建有两层的房子，形成四合院。围墙顶部盖有青瓦，四角出头处，飞檐翘角，古朴精美。

学堂湾：学堂湾因曾经是私塾学堂所在而得名。现有住户11户44人，以王姓多为。学堂湾吊脚原来是11柱11间两层楼建筑，后因火灾烧毁，现保存6栋吊脚楼木房，吊脚楼坐东向西，有5间正房。四合院中还残留用于固定旗杆的石磴。石磴上有刻字"光绪二十七年恩进士主立"，传为学堂湾进士王文章所留置。

瓦房坝：因过去寨院房屋为大青瓦铺盖而得名。村寨里现有住户8户38人，主要姓氏为任、陈与罗姓。据寨中老人说，瓦房坝原来有一大户人家，名为罗时熙，建有当时村里最为豪华的大青瓦房。院子为长5间的四合院，有单独的马房和宽敞的坝子，对外朝门上悬挂有牌匾。后来，罗家院落发生过一次火灾，并由此走向衰落，见图5-7。

走马坝：院子现有住户48户138人，有吕、张、王、庞、李和陈姓等姓氏。寨子以一个四合院为中心，建筑为全木结构，有11间正房，5间厢房。四合院被规划为土家族文化展示区，作为当地群众的休闲娱乐场所。每当游客多的时候，寨子会组织村民中兴摆手舞、唱民歌。走马坝公路两旁，规划修建了 12 栋木质吊脚楼，采用统一外观包装风格，显出武陵山区木构建筑特征，每一栋都是 1 底 2 楼，二楼有雕花镂空栏杆，有村民在这里进行旅游服务，经营副食店、土特产商品店和客栈等。

图 5-7　13 寨之一——瓦房坝

谭家院子：占地面积约 3 320 平方米，分为枷担坝谭家院落和搭沟坡李家院落两个院落，有住户 24 户 107 人。院子共相聚有 20 栋民居房屋，共中全木结构民居 17 栋，以吊脚楼、撮箕口全木质建筑为主。院子住户有李、谭、张、黄、彭等姓氏。谭家院子现保存谭家的祖屋屋基，是转角吊脚楼形制，有 3 间正房，2 间厢房。建筑装饰颇为华丽，中堂雕花窗户，分别为"百鸟朝凤""喜鹊闹梅""野鹿衔花""年年有余"等民间吉祥图案。

(3) 牌匾与书盒：牌匾与书盒是新建村独特的文化符号。至今，许多院子里还都保存有书盒、牌匾等古物。可见，此地虽然封闭，但是村里的文化氛围较为浓厚，村民世代以耕读持家，不少人还以读书博取功名或在当地任教为生。

在走马坝四合院摆手堂朝门上有一块上书"彩焕龙门"牌匾。据村寨老人介绍，这个牌匾大概是在清咸丰年间，罗家先祖罗东海新居落成时，从亲友祝贺制作的。根据牌匾"咸丰四年乙卯岁季冬月上浣旦"计算，新居落成在公元 1855 年，距今已 160 年的历史。现存的牌匾为仿制的，尺寸规格比原来的牌匾要小约两倍，并有烫金装饰，见图 5-8。

在向家坝李方兵、李方文兄弟共用的中堂内，保存有一块牌匾和一副木刻对联。横匾止书"望若景星"，对联句为"俨如秋事正星柱下名家，望若景星真乃陇西世族"。从对联字意写见，李氏家族原籍应在甘肃。李家是从甘肃省东南部的陇西迁来，早期居住在李家营，后又迁居向家坝。

图 5-8 彩焕龙门匾

(三) 经济发展状况

板夹溪十三寨地处偏远山区，由于交通不便，信息闭塞，缺乏资金与技术，造成村寨经济发展较为滞后，村民的生活水平较低。目前，该村的主要经济来源是粮食、烤烟和家庭饲养业。2008 年以前，农民人均年收入为 1 350 元左右。2008 年，村寨开始发展旅游业，经济状况有了较大改善，村民的生活水平也得到了提高。2008 年，村寨 GDP 收入为 581.1 万元，人均纯收入 3 332 元。2009 年，板夹溪十三寨被列入重庆市森林工程绿色村庄建设计划。在当地政府的扶持下，板夹溪十三寨修建了武陵山民俗生态博物馆，并以打造小南海 5A 级景区为总目标，以民俗生态博物馆绿化配套和绿色村庄建设的"四化一片"为重点，共植树 15.1 万株。其中通道绿化 5 公里，种植香樟、栾树 2 500 株；水系绿化 5 公里，种植竹子 1 500 株；农田林网绿化 1 970 亩，种植灌木、刺槐 13.2 万株；景区绿化 400 亩，种植茶花、栀子、月季 1.5 万株。村落的绿化工作取得了较大成效，为村寨进一步发展生态旅游打下较好的基础。

二、板夹溪十三寨保护与发展的主要做法

黔江区民委、小南海镇政府和鸿业集团对板夹溪十三寨开发和保护有三个工作重点：一是对当地居民进行产业旅游培训，提高他们的技能水平，让外地客人原汁原味地感受当地的民风民俗；二是发展观光旅游，进一步美化院落。引导当地居民大规模地种植油菜和黄花，既有旅游观光价值又有经济食用价值；三是进一步加强板夹溪十三寨民族文化的开发和打造，挖掘更多原汁原味的文化产品，使板夹溪十三寨的民族文化更浓厚。

（一）板夹溪十三寨的保护措施

1. 打造"武陵山土家族生态博物馆"。

武陵山土家族生态博物馆是2008年经重庆市发改委批准立项建设的。它是土家族聚居区建立的第一个生态博物馆，坐落在国家4A级景区国家地质公园小南海东北边的后坝，距黔江城区38公里，距重庆市区300多公里。土家族生态博物馆由上述13个自然村寨组成。

博物馆项目建设总投资2 800万元，建筑面积1 000多平方米，展出面积800多平方米，其建筑样式是土家族传统建筑样式——吊脚楼。博物馆的主要建设内容有民居院落、博物馆基础设施、展示中心、景观小品及观景台和其他配套设施。民俗文化展示馆是整个生态博物馆的组成部分，它位于武陵山土家族生态博物馆的入口处，室内顶面用西兰卡普图案彩绘装点，使其外形和里边的装饰极具土家特色。整个展示分为：前言、吊脚楼建筑技艺、织锦工艺、木雕工艺、堂屋、婚嫁习俗、民间艺术、结语几个部分，通过实物和图片展示土家族的民间艺术和风俗习惯。武陵山土家族生态博物馆是渝东南民族民俗保存较好的原生态民族村寨，要按照生态博物馆建设规划，以建设为"中国第一座土家族生态博物馆"为目标，建设成为"中国规模最大、最美的土家原生态旅游带"。武陵山土家族生态博物馆资源与主要内容见表5-2。

表5-2　　　　武陵山土家族生态博物馆资源与主要内容

博物馆展示内容	
现有资源	博物馆内容
入口的地理环境优势、何家院子	入口形象展示、整体介绍
张家合院及土家建筑、周边环境	宗祠、祭祀文化
老熊坝农舍及周边农耕环境	土家农耕文化
何家院落、土家建筑群	传统手工业制作与工艺
走马坝农舍、吕家合院、朝门	婚丧嫁娶、服饰与装饰文化
后坝新镇、后坝老街	集中休闲、特色旅游产品

板夹溪十三寨自成立重庆市民族生态博物馆以来，为了打造"中国土家族博物馆"品牌，迅速完成了博物馆"可行性论证报告"和"布展文本"；对博物馆的历史厅、民居厅、礼仪厅、艺术厅、服饰厅进行了重新布展，增添文物190件，服饰40套；增设了博物馆数字信息系统，完成了全市100个少数民族传统文化项目的对外展示；利用"博物馆日"和"文化遗产日"组织游客参观博物馆10 000余人次，开展了重庆市第三届摄影艺术展黔江巡展，展出作品200余幅，达到了"贴近生活、贴近群众、贴近实际、记录时代、见证历史、鼓励创新"的巡展目的。

2. 开展民俗活动，打造"民族文化教育基地"。

近年来，以重庆市民族生态博物馆为载体，通过开展各种活动，实现提档升级，全力打造民族文化教育基地。板夹溪十三寨开展民族节庆活动和大型文艺演出，打造民俗文化节目，进行民俗宣传；开展土家织锦、山歌、土家语、原生态摆手舞等培训，营建浓郁的民族文化氛围；建立农民民俗表演队，传承马喇号子、后河戏等传统文化项目；开通无线广播，建立农家书屋，推进村寨的公共文化活动；广泛开展文明乡镇、和谐村庄、平安大院、五好家庭、十星文明户等精神文明创建活动，实现"自我教育、自我激励、自我管理"，提高村民思想道德素质，养成健康文明的生活方式。

3. 保护村寨生态环境。

自2008年以来，板夹溪十三寨每年都要进行植树造林活动。由林业局出苗种，然后分配到每家，采取自主承包的形式，由农户自己承包山地，自己种植，自己收益。这样，既带动了大家承包的积极性，又达到了植树造林的目的。近三年植树造林1 400亩，其中主要是经济林，如枇杷、梨树、柚子、桃子等。目前，新建村森林覆盖率已达50%，该村还以创建生态旅游村和市级卫生村为契机，动员景区村民开展美化村寨环境的活动，如进行以"一建三改"为主要内容的康居农房改造；以"一寨一品"建设为龙头，发动群众在院前屋后实施菜园、果园、竹园、花园、药园等"五园开发"；建设了月季花寨、栀子花寨、杜鹃花寨、桂花寨、山茶花寨5类重点院落；以"美德在农家"活动为载体，发动群众实施整治景区环境脏、乱、差、臭的"四治措施"，创建"美德在农家"星级户评比等，彻底改观景区面貌。

（二）板夹溪十三寨的发展措施

1. 加强基础建设，改善农户居住环境。

石（会）后（坝）路起于石会镇集镇，止于小南海镇后坝老街，全长19.5公里，路基宽6.5米，经过石会镇黎明居委、高峰村和小南海镇新建村。

该公路现已动工修建。建成后，不仅可以改善3个村（居委）的交通条件，方便沿线老百姓出行，而且还有利于改善黔江北部地区的交通，形成旅游环线，连接小南海和武陵仙山两大景区，更好地带动两个乡镇的发展。

2009年，小南海镇根据"创卫工作"的需要，投资140万元在海口至板夹溪公路沿线修建垃圾池13口、垃圾中转站1座，可以日处理2吨以上；配备了1台垃圾收集车，一台3吨的垃圾中转车，配置专职保洁员3名打扫集镇卫生和清运垃圾。同时，在政府的大力支持下，先后投入15万使13寨80%的居民用上了自来水，保证了基本的人畜饮水。除此之外，启动新建村院落整治，改善了当地农户的居住环境。投入18万~20万元完成卫生厕所改建300余个；投入30余万建设沼气池187口，极大地改善了当地农户生活条件。

同时，新建村通向小南海的水泥路已于2010年底全部修完。现在正在进行由国土局负责的"13寨土地整治工程"，总共投入400多万，修建村里的小道30 000多米、沿渠沟8 000米、水池15个。

2. 对村民进行旅游培训，提高服务水平。

新建村发展旅游非常重视对从业人员的培训，多渠道提升群众经营素质。2010年上半年，政府以服务礼仪、营销策划、烹饪、食品安全等为重点，对板夹溪十三寨15名农家乐经营者进行培训，进一步提高了群众的文明道德素质、组织协调能力和旅游经营管理综合素质。新建村还举办了"黔江区2010年阳光工程辣椒加工培训班"，60余名村民参加培训。

对农村能人、强人实施"阳光工程"培训，是政府财政支持的农村劳动力转移培训项目，旨在推进黔江城乡一体化进程，为今后创业打下良好的基础。农民工创业培训的目的是培养农民的创业意识和创业精神，启发农民从传统的耕种模式向产业发展、创办企业的转变，提高农民创业能力，把农民培养成能创办自己企业的个体经营者和小企业创办者。在"阳光工程"实施过程中，新建村对农家乐经营户进行了重点培训，大大提升了农家乐的服务素质。

3. 发展观光旅游，进一步美化院落。

板夹溪十三寨冬暖夏凉，气候宜人，发展观光旅游具有得天独厚的优势。作为全国特色村寨保护和发展的试点村寨，新建村可以依托武陵山民俗生态博物馆以及50%以上的森林覆盖率来发展旅游产业。关于板夹溪十三寨观光旅游的发展，王书记这样认为："要想给游客提供一个舒适的旅游环境，才能做强做大旅游产业。我们13寨观光旅游的主题为'土家人的一天'。参观内容为：土家院落、农耕、沟谷景观、农具展示、土家民居、传统工艺制作、服饰陈列；体现内容为：土家祭祖、土家建筑文化、生态农居生活、风味饮食、果木采摘、水边活动、蚕桑种植、土家婚丧嫁娶习俗文化、土家歌舞表演、赶场、集卖。"

该村积极引导农民转变观念，破除传统种、养殖业模式，动员景区沿线60余户农民按照规划布局种植黄花1万株、每年冬季种植油菜花300亩，大面积栽培桂花、杜鹃花、栀子花等观赏性植物。在博物馆内种植600亩猕猴桃，现已初具规模，既可供游人观光又能让他们品尝鲜美的果实，猕猴桃树林下还可以种植玉米，拓宽了农民收入渠道。同时，大力鼓励村民们喂养本地黑猪，每年腊月举行"刨汤"节，让游客体验土家过年杀猪的浓厚氛围。在博物馆周围山上，喂养土鸡，让游客自己抓鸡、自己捡鸡蛋，真正让游客体验农耕文化，并在走马坝寨建成土鸡餐厅一条街。

自2010年开始，每年的端午节、油菜花节和刨汤节都将在博物馆举行。由当地农民组建的土家民俗歌舞表演队，现在已经能够组织接待游客，随时可以组织演出5–8个节目，在传承土家传统文化的同时，也增加了农民的收入。

4. 发展特色产业，促进农民万元增收。

得益于重庆市启动"两翼"农户万元增收工程，板夹溪十三寨依托本土特色资源，积极发展特色种植与养殖业，从丰富旅游产品角度出发，大力发展旅游观光产业，以期实现农民户均增收1万元的目标。首先，通过土地流转等方式把村寨的土地使用进行合理规划配置，除了用于建设生态博物馆的建设用地之外，还引进投资商，把适用种植经济作物的土地集中起来，承包给投资商，发展猕猴桃和枇杷产业。出让土地的农民除了得到土地租金之外，还可以到投资商的农场、果园里打工，挣取劳务收入。新建村5组村民张太昌说："和以前一样的劳动，我却有三份收入。我把土地租出后，还在土地上种庄稼。在自己的土地上打工，还有劳务收益，仅我家流转的两亩土地，就能比往年增收近千元。"

小南海镇党委、政府为了大力推广这一产业开发模式，通过建立示范片区的方式，来引导农民参与特色产业经济中来，用责任制的方式，建立枇杷园和猕猴桃园。小南海镇党委书记段拥军作为枇杷园示范区的责任人，发动63户农民建成了占地500亩的果园，通过引用套种、间种等方式在示范园进行生态种植，发展林下、林上以及果园观光产业。小南海镇镇长郭君则带领115户农民建成了规模为600亩猕猴桃园示范园，并在园内尝试种植高秆作物。在示范区的带动之下，村民感受到发展特色经济作物的美好前景，开始普遍种植糯玉米、甜玉米、甜高粱等农产品，特色经济作物越来越成新建村支撑旅游产业发展的重要助力。新建村1组农户李艳，大力发展经果林50亩，在经果林下开设农家乐，饲养七彩山鸡1 000只、土鸡550只，供游客休闲娱乐、观光采摘和尝土家特色食品。她的收入比去年同期相比增收在2万多元。在她的带动下，景区新增七彩山鸡养殖示范户8户，养殖规模500只以上。景区农家乐在原有105户的基础上新增41户,新增小吃店12户、旅游商品店29户。另外,自咸丰土司皇城刺绣公司入驻后坝后,村里的妇女也可以利用农闲时间扎布鞋、鞋垫,织土家织锦出售,为村寨妇女提供了一条增收的渠道。

5. 加强板夹溪十三寨民族文化商品的开发和打造。

板夹溪十三寨紧紧围绕土家民族风情开发,组建小南海旅游商品专业合作社,引导群众开发土家族手工艺品和农产品,带动全民发展旅游经济。一是组织群众进行工艺品制作。如精致制作土家刺绣、土家织锦、手工鞋垫、布鞋等;组织当地能工巧匠和技术能手开发竹编、藤编、草编等编织品系列,开发根雕产品;利用竹、木等材料制作多种儿童玩具,利用木板、稻谷秆、玉米秆等材料制作版画、挂件等精致工艺品。妇女们的手工鞋垫、布鞋制作手艺,由合作社统一发放原材料,最后再由合作社以35元一双进行收购。二是合作社收购农副产品,进行包装出售。农户加工具有地方特色的农副产品有:干南瓜片、干笋子、干豇豆、干瓜片、干鱼、肾豆、腌菜、腌菜头、酸酢肉、酸酢肠、酢海椒、腊肉、香肠、烟熏牛肉、干红苕藤、老腊肉、土蜂糖以及竹编草编手工艺品等。

目前,该村旅游文化商品开发行业发展迅速。现已成立专业手工艺加工基地1家、旅游商品合作社1家、旅游商品销售点8家,从事旅游手工艺品生产的农民有100余人;武陵山生态博物馆内现有农副产品加工从业者600余人;加工开发野生蕨菜、天麻、金银花、野菊花、竹笋有20余人。村民加工制作的特色旅游商品和农产品非常畅销。例如,村民李秀娟制作的土家织锦和绣花鞋深受游客喜欢,产品已销售到多个国家和地区。

三、板夹溪十三寨保护与发展的经济社会效益

(一)促进了村寨经济迅速发展

1. 武陵山生态博物馆的建立带动了相关产业,扩大了村民就业渠道。

2009年9月29日"武陵山民俗生态博物馆"正式开馆迎客。基于生态博物馆建设理念,黔江板夹溪十三寨对于濒临消亡的民族村寨、民间文化进行保护性开发,在保存其日常生活状态的情况下,进行适应性规划,没有大修大建,没有大规划拆迁,在村寨中引导民间手工艺自发传承,在民族文物征集展示、民间艺术抢救传承等活动有机穿插中进行活态保护。大批村寨村民能够以自己日常的生产和生活方式参与到村寨旅游开发和服务中来,不仅在旅游产业发展和服务中获得益处,也传承了优秀的少数民族民间文化。

活态的文化传承、旅游产业开发和少数民族特色村寨建设多位一体,形成

自然生态、文化生态兼备的旅游目的地，服装饰品、挑花刺绣、竹木石器、土特食品、民间艺术品等在村寨中按传统方法生产出来，一些村民参与跳摆手舞、唱山歌、打薅草锣鼓等文艺表演及其他旅游服务，板夹溪十三寨每年至少1 000人以上农民实现了产业转型，在创建"5A"级国家旅游区的经程中不断实现"旅游脱贫""文化脱贫""生态致富"等目标。仅2015年，景区共接待游客18万人次，实现旅游收入1 000多万元。同时，生态博物馆的建立，大大地促进了新建村包括交通设施、民居房舍、公共文化空间等基础设施的改善，通过旅游产业的孵化和带动扩大了村民们就业门路，使当地农民收入得到了增加，脱贫致富效果显著。

2. 特色产业经济的发展，带动了农户增收。

2010年，小南海镇结合本地实际，提出打造"两山一线"工程。板夹溪十三寨生态博物馆作为小南海的观光示范"一线"地区之一，十分注重发展与创新工作，积极"增项目、找路子、想法子"，以旅游产业为龙头，壮大林下休闲旅游和发展特色产业经济，既发展了观光旅游业，又让农户达到了增产增收的目的。

在种植业方面，从小南海境内曹家坝公路沿线至新建村六组，形成一个以书记、镇长示范片为主的以点带面的农户万元增收"产业带"，沿公路全程15公里，主要以乡村旅游为依托，大力发展林下油菜、森林旅游。目前，村里新引进业主建花圃苗木基地500亩，农户在自家土地上收租、打工、分红，达到了增收目的。公路沿线发展油菜4 000亩，按亩产200公斤计算，全镇的油菜净收入在320万元左右。同时，通过引进2家公司建基地，建设了示范片2个，带动全村100余农户增收。在政策引导下，新建村种植烤烟100多亩的生产基地，比上年增加烤烟面积50亩，带动了75户农户增收。2011年，山上大规模种植反季节蔬菜2 000亩，同时带动全镇发展种植蔬菜5 400亩，农民增收约80万元；种植黄豆1 500亩，新建村六组农户甘石清种植林下黄豆8亩，净收入在6 000元左右。

在养殖业方面，新建村在山上修建土鸡养殖场，带动全村40余农户养殖土鸡1万多只，山上90%以上的农户受益。2010年，村民们又开始发展牛羊养殖，新增肉牛500头，农户增收约100万元；新增山羊1 200只，增收约24万元。村里的蜂养业也有所发展，产量从以前养蜂120桶到现在发展为848桶规模，成为遍及全镇七村一居委的养蜂产地，使全镇增收约51万元。

此外，新建村还利用当地地理优势，发展特色产业，如当地政府引导和发动农户利用农闲时间采摘纯天然的野生菌、蕨苔，猫儿菜，经过加工、包装后出售，这些产品倍受游客青睐，为农民增收约10万元。

（二）村寨的社会影响与知名度日益扩大

1. 发展民俗生态旅游，促进了村容村貌的改善和村民生活水平的提高。

近年来，村寨的基础设施得到了较大改善。已基本完成自然生态区的院落改造、环境整治和连户道路建设；景区的规划设计日益成熟，现已完成旅游整体规划、地质公园规划、湿地公园规划等；建成了民俗文化展示中心，原生态的民族文化得到了保护和传承；修建了大门、广场、电瓶车道、旅游专用码头、步游道、观景亭（台）、风雨桥、接待中心、吊桥等项目，具有了较为成熟的旅游接待条件。

生态博物馆在基础设施建设、景区居民住房风貌改造、景区人员素质培训、成立旅游专业合作办公室等方面将加大力度，为发展旅游产业营建一个更加优质的村寨环境。武陵山民俗生态博物馆开馆进行旅游经营，吸引了大量游客进入到新建村。旅游接待与服务为先进思想、观念、文化和信息得以交流与传播，加速了村寨社会经济与文化的现代化进程，有利于推动生态旅游和文化保护相互促进，共同发展。武陵山民俗生态博物馆的社会影响如表5-3所示：

表5-3　　　　　　　　博物馆项目社会影响分析

序号	社会因素	影响的范围、程度	出现的后果
1	对居民收入的影响	直接影响较小	收入增加（间接）
2	对居民就业的影响	有一定正面影响	增加少量就业机会
3	对地区文化、教育、卫生的影响	范围广、程度高	有利于提高文化层次、文化水平、人口综合素质
4	对地区基础建设、社会服务容量和城市化进程的影响	影响较大	可改善当地城市设施

2. 吸纳游客建议，完善发展策略。

生态博物馆自然景色与民俗文化给游客留下了深刻的印象。例如，黔江区宣传部副部长许显昌就介绍说，板夹溪十三寨经过新闻媒体报道以后，已在社会上产生了广泛影响，许多中外游客自发前往板夹溪观光旅游，并给予了高度评价。其中一个香港游客在游览之后说："来到板夹溪才真正体验到了原汁原味的土家气息。"来自重庆市的游客许先生也说，"板夹溪的老街和院坝让我忘记了都市的繁华，当地村民的热情与质朴似乎让我回到小时候从武侠小说里看到的画面。"

与此同时，为了促进新建村旅游业更好的发展，各地游客也纷纷向黔江区相关部门献言献策，反映当地发展旅游存在的问题，并有针对性提出了改进办法，这些办法为当地制定发展政策提供了重要参考。例如，一位自称"驴角级别"的网友在QQ中向武陵都市报的记者抱怨说："我很想去板夹溪，但听说那边的路标不是很明显，板夹溪也还在开发中，我不知道一头钻进十三寨后，是乎走得出来？"为了答复这位网民，记者特地咨询了黔江区旅游局的一位负责人，这位负责人解释说，因板夹溪十三寨正在开发，寨内的导游路线图正在制定中。于是，记者便从重庆驾车前往板夹溪十三寨，为这位网民计算出去新建村旅游的路线与时间：重庆到黔江3个半小时，黔江到小南海1小时，小南海到板夹溪十三寨20分钟。又如，板夹溪少数居民不善于保护景区资源，如将具有地方特色的石坝换铺成水泥地，将木板墙改建为砖墙等。见到这种情况，一些游客反映说："他们世世代代生活在那里，不懂得真正的自然美、历史美，希望当地政府和有关部门要引导村民增强保护意识，已经破坏了的，最好恢复原貌。"这一问题已经引起当地政府的重视，目前正通过开展宣传教育活动，积极引导村民加强村寨文化资源的保护。

3. 通过宣传报道，提升知名度。

2010年，为了进一步挖掘和弘扬黔江、渝东南地方历史，弘扬民族文化、发掘生态旅游资源，推动黔江、渝东南地区旅游文化事业又好又快发展，武陵都市报推出了《最美乡村（院落）巡展》的特别报道，陆续展示黔江、渝东南地区美丽乡村（院落）。而《巡展》的首期节目便是对新建村"板夹溪十三寨"的报道。

此报道赢得黔城市民的一致好评，新建村的知名度也因此得到了迅速提升。例如，渝粮集团黔江分公司副总经理黎瑞勇就说："报纸的版面设计新颖，文笔很优美，我曾到板夹溪13寨参观过，看过报道后，更加深了对板夹溪13寨的印象。"又如，汽车南站的周站长也反映说："看了板夹溪13寨4个版的特别报道，让人耳目一新。其实，黔江区不差旅游景点，只是没有宣传和打造好，如果黔江的旅游能够做到让来过黔江旅游的人，还想第二次来黔江旅游的话，那就说明黔江的旅游业做到位了。"

对于武陵都市报的报道，黔江区小南海镇政府也及时作出反应，积极配合相关部门，出台了一系列措施，以加强宣传力度，扩大村寨的影响力，促进新建村板夹溪13寨旅游经济的发展。

四、民族特色村寨保护与发展的经验

（一）坚持处理好民族文化保护与村寨发展之间的关系

如前所述，在村寨建设过程中，新建村坚持了民族文化保护与村寨发展相互促进、协调发展的指导原则，取得了良好效果。

第一，充分发掘土家族特有的文化资源，并增强本民族文化传承的渠道。

在旅游业开发中，生态博物馆坚持"保护就是发展"的理念，对村寨土家族文化进行了保护。保护对象涉及民族生活的各个方面，如传统工艺、建筑民居、文学艺术、特殊生产工具等，以民族文化活态传承来保证民族地区旅游资源的保存与可持续利用。

第二，通过举办民族文化活动，加强民族文化的保护与传承。如板夹溪十三寨着力打造"全国民族团结进步教育基地"；利用节庆活动和大型文艺节目演出开展活动；开展土家织锦、山歌、土家语、摆手舞的培训活动，营建浓厚民族文化氛围；建立了农民民俗表演队，传承了马喇号子、后河戏等传统文化项目；开通了无线广播，修建了农家书屋，推进村寨的公共文化体系建设等。通过这种方式，既丰富了村民们的文化生活，又拓宽了民族文化的传承渠道，加深了村民们对本民族文化的认识。

（二）充分发挥村民"主人翁"作用

村民是村寨土家族文化的主人，也是其文化传承的载体，因此，保护与发展民族文化离不开对民族人才的发掘和培养，也离不开广大新建村群众对本民族文化活动的积极参与。新建村采取了各种措施，激发村民"主人翁"的意识，培养民族村寨的建设者。例如，通过成立专业手工艺加工基地、旅游商品合作社和旅游商品销售公司，来鼓励村民们从事旅游业；政府以服务礼仪、营销策划、烹饪、食品安全等为重点，对15名农家乐经营者进行培训，开展"阳光工程"走进新建村等活动。通过这些活动，让村民们切实感受到文化就是生产力，文化就是致富资源，一方面可以增强村民们的民族自豪感与自信心，实现他们的文化自觉，另一方面也可以提高他们的现代文化素养，如现代文明道德素质、组织协调能力和旅游经营管理能力等，使村民在本民族文化和外来文化面前做出理性的选择。

（三）坚持"政府引导与扶持，村民积极参与"的发展思路

在板夹溪十三寨保护与发展的过程中，黔江区各级政府部门充分发挥了示范、带头作用，村民在政府的引导下，也积极投入了村寨建设当中，形成了"政府引导、村民参与"的良好局面。

第一，带动景区观光产业的发展。为了把特色养殖和种植发展成为景区的观光产业，黔江区政府筹措资金15万元打造"绿色庄园、水系绿化"，搞好了旅游环境的美化工作。政府请技术员对农家乐业主进行了一个月的培训，引导和扶持农户大力发展农家乐、带动养殖七彩山鸡、土鸡，形成自产自销、烹调的全绿色食品。

第二，出台了各种促进政策与措施。为了充分调动群众的积极性，促进景

区旅游业快速发展，小南海镇政府建立与完善了各项旅游管理制度，如建立了景区门票收入提取机制、景区旅游结构资金定额补助旅游产业的激励机制，制订了旅游扶持政策，对群众参与旅游产业的扶持和奖励，对景区旅游产业进行定额补助。不断开发旅游项目与旅游商品，扩大旅游市场。这些措施有力地促进了村寨旅游业的发展。截至2010年8月，全镇共投入扶持资金10万元，扶持和奖励56户，带动128人参与旅游产业发展。

第三，加强了新建村旅游发展目标考核任务。2009年，新建村在民俗生态旅游产业发展上加强了领导，成立了以村党委书记为组长，村党政办、财政所等相关科室为成员单位的民族工作领导小组，全面加强对本村旅游工作的领导和监督，保证全年目标任务的实现。加强宣传，增加政策透明度，利用召开会议、印发宣传资料及入户走访等形式，大力宣传旅游产业的优惠政策，宣传当前生态旅游产业发展的大好形势，增强农户的信心和决心。为了解决农户资金紧缺问题，政府提供融资渠道。村党政办和村干部认真落实发展旅游产业各项工作任务，把干部职工的津补贴与目标任务考核相结合，对照目标完成情况，计算报酬。

(四) 发展乡村生态旅游，带动农民增收致富

发展乡村生态旅游，引入了民族文化传承发展及其产业化开发模式，有效地推动农村产业结构调整，带动农业特色产业、农副产品和手工艺品加工、旅游交通等相关产业的发展，拓宽了增收渠道，吸收了农村大量剩余劳动力，帮助农民在家门口就能实现就业。例如，2010年，小南海镇党委、政府加大宣传力度，在大路、桥梁、新建等村公路沿线和景区附近，发动农户种植油菜5 000多亩。为了做好此项工作，小南海镇党委、政府积极宣传，与农民签订了油菜种植协议；镇、村干部通过划块负责的方式，加强对油菜的监管。目前，黔江片区油菜移栽已全部结束，油菜长势良好。2011年黔江区将在小南海镇举办油菜花节，以此来吸引游客，增加旅游收入。

第六章　乡村文化传承创新动力与局限

乡村文化，特别是少数民族地区乡村文化的传承与创新，是弘扬和发展中华文化，建设社会主义先进文化的重要命题和任务。当下，在文化全球化、中国社会转型以及"文化时代"背景下，创新少数民族文化实现其现代化，对于保持"多彩、平等、包容"等中华文化的根本特性，"推动中华文明创造性转化和创新性发展"，具有十分明显的现实意义。乡村文化在当代的传承创新实质上是一种文化变迁现象。新时期武陵山区乡村文化变迁在就是当代建设中国特色社会主义总体社会过程中的指导性文化变迁，因而，该乡村文化的发展创新动力来自于社会的政治系统、经济系统以及乡村文化自身发展系统。

第一节　政府主导下乡村公共文化服务与文化发展

一、乡镇综合文化站改革与运行

作为从新中国建立初其至今持续存在的基层文化事业单位，乡镇综合文化站建设在当前新农村建设、新型城镇化进程中遇到了越来越多的困境与挑战。比如乡镇文化站职能单一、创新性不够、管理体制混乱、融入市场不足等问题受到来自社会各方的诟病和质疑。本节将以湖北省来凤县乡镇综合文化站现行运行和管理体制问题为调研主题，探讨乡镇综合文化站管理的个案经验与现实困境。

（一）来凤县乡镇综合文化站运行现状

1. 来凤县乡镇综合文化站发展历程。

来凤县乡镇级文化站统一成立于1953年前后，延续至今大致经历了三个阶段。

第一阶段包括新来凤县成立至20世纪80年代末期，这一时期，乡镇文化站（馆）作为县文化局派出机构分驻于各个乡镇。其中较有名气是卯洞民族文化馆。卯洞民族文化馆发现并参与整理了土家族摆手舞（1956年），协助来凤县知名画家陈一豪等人创作完成反映河东民兵战斗情形的连环画《深山歼敌》（1972年）。

第二阶段从20世纪90年代初至2006年，这一时期也称"三权下放"期。1993年，根据湖北省政府的统一安排，乡镇事业单位的经营权、用人权、分配权下至各个乡镇，乡镇对文化站（馆）拥有主导管理权。期间，乡镇文化站（馆）统一更名为乡镇文体站，其编制内人员由乡镇政府统一调配。

第三阶段从2006年至今，这一时期根据国家政策，乡镇事业单位整体转制，乡镇文体站与广播电视站合并成立文化广播电视服务中心，其编制内人员由"事业人"转为"社会人"（称为农村公益性服务组织工作人员），其运作方式采用以"以钱养事"为主。2013年根据上级要求，乡镇文化广播电视服务中心分家，相应成立乡镇广播电视服务中心和乡镇文化服务中心，同时文化服务中心"三权"上划至县文化局。

2. 来凤县乡镇综合文化站管理现状。

（1）乡镇综合文化站规范化建设。来凤县在上级省、州政府的指导下，全县乡镇综合文化站建设取得了较快速度的发展，建立了一个布局合理、功能齐备的乡镇（街道）综合文化站网络。至2014年，来凤县现有乡镇综合文化站8个，即翔凤镇文化服务中心、三胡乡文化服务中心、革勒乡文化服务中心、旧司镇文化服务中心、大河镇文化服务中心、绿水镇文化服务中心、漫水乡文化服务中心、百福司镇文化服务中心。经过全省乡镇（街道）综合文化站开展评估定级结果，参加评估的8个乡镇综合文化站中，共评出一级站2个、二级站3个，三级站3个。

（2）乡镇综合文化站阵地建设。来凤县乡镇综合文化站经历了"三权下放"、文化与广播电视服务合并与分家等事业单位改革的洗礼。由于多种原因造成原有办公场所和活动阵地的变更，在2013年文化与广播电视分家之前，一些乡镇综合文化站办公场所不足、活动阵地不存的现象，8个乡镇综合文化站中，仅绿水乡、大河镇2个乡镇拥有独立的文化办公用房。针对办公场所与活动阵地不足的情况，2013年，来凤县根据实际情况，调整和完善了各个乡镇综合文化站的办分用房。目前，每个乡镇都有体育馆（场）、文化馆（站）、文化活动广场等公益性文化设施建设用地。投资579 972.75元维修了大河镇、绿水镇、百福司镇等3个综合文化站办公综合楼，投资23万元为漫水乡综合文化站购置办公用房综合楼。

（3）乡镇综合文化站人员队伍建设。"三权下放"时期由于乡镇文化站与广播电视服务中心的合并，在日常工作中通常是"打通使用"，由乡镇统一配备，文化站编制内人员往往不能在文化事业范畴内工作。至 2013 年文化与广播电视分家，全县 8 个乡镇文化广播电视中心共有人员 118，其中"以钱养事"在岗人员广播电视服务人员 53 人，文化服务人员 8 人，水利水产服务人员 1 人，"以钱养事"不在岗人员 20 人，退休 36 人。在乡镇文化服务人员中仅大河镇、绿水乡、百福司镇有"以钱养事"在岗人员，其他乡镇空缺。2014 年文化局配齐乡镇综合文化站工作人员 21 名（县编制委员会核定乡镇文化站人数 22 人），其中翔凤镇综合文化站 6 人，绿水镇综合文化站 2 人，百福司镇综合文化服务站 2 人，旧司镇综合文化站 3 人，大河镇综合文化服务站 4 人，三胡乡综合文化站 2 人，革勒乡综合文化站 2 人。

（4）来凤县乡镇文化活动成效。来凤县以公共财政为支撑，以公益性事业单位为主导，业余文艺团队为骨干、广大群众积极参与的多元化公共文化服务供给模式，组织了各型文化活动和盛事，群众文化活动呈现蓬勃发展的良好态势。不断创新公共文化活动的方式方法，乡镇图书馆开架借阅，阅览室免费可入，根据实际需要，常年组织广场文艺活动，免费开办多种培训班。

公共文化体育设施进一步得到改善和加强，改造和维修体育馆、剧场、图书馆、文化馆，增设 1 664 平方米的老年人活动中心。2006 年以来，有 9 个村获赠篮球、乒乓球农民体育健身器材，2 个乡文化服务中心进行设施维修和配置文化设施。2007 年 3 月，百福司镇、旧司乡申报中国文化艺术之乡（百福司镇为摆手舞之乡，旧司乡为三棒鼓、地龙灯之乡）。

坚持开展馆办活动阵地同时，充分利用民族民间文艺独特多样形式。百福司镇举办"民俗旅游节"、旧司镇举办"牛王节"、翔凤镇举办"花鼓、山民歌擂台赛""万人灯会"等大型节日节庆活动，对弘扬民族民间文化、活跃城乡群众文化生活、增进民族团结、提高来凤知名度、促进经贸合作与发展起到积极作用。完成 218 个农家书屋的图书更新，举办了农家书屋管理员培训班，培训管理员 100 人；为 112 个村和社区配置了电脑、音响、乐器、棋具、棋牌桌、表演服装、文化宣传牌、乒乓球桌和篮球架等，投入资金 101 万元。

体育工作不断向社会化、群众化、经常化方向发展，人们体育参与意识和健康观念逐步增强，进一步形成多渠道、多层次、多途径办体育格局。因地制宜开展以民族民间传统体育为主的活动。如组织疯钓杯"快乐钓鱼王"联谊赛、"安普罗杯"山地自行车邀请赛、"体彩·宗申杯"冬泳邀请赛、"孚瑞·水保杯"篮球运动会等。

3. 来凤县乡镇综合文化管理的困境。

（1）投资主体单一，经费严重不足。基础设施陈旧，软环境建设投入少，这是乡镇综合文化站的主要困境。从1993年"三权下放"开始，乡镇文化站的经营权、用人权、分配权下放至各乡镇。乡镇的财政收入本来就很吃紧，在当时以经济建设为主的社会背景下，文化工作被错误地靠后了。2013年文化与广播电视服务分家，全县多个文化站有站无址，其中漫水乡没有办公用房，翔凤镇、百福司镇、旧司镇、革勒乡、三胡乡与广播电视站合用办公用房，亟待新建和维修改造的文化站占全县乡镇综合文化站总数的75%，能够落实有人员、有经费、有机构、有设施、有活动等"五有"标准的文化站不到总数的50%。2014年文体局与乡镇政府协商初步解决乡镇办公用房问题。另外，来凤县乡镇综合文化站建设经费以一次性投入为主，没有年度运行经费和工作经费等后续配套资金的支持。经费主要依靠财政拨款，在2013年各乡镇综合文化站的资产负债报表中反映，乡镇文化事业财政补助结余为-654 858.72元。

各乡镇综合文化站资产统计数据表明，乡镇综合文化站的资金来源主要包括两部分：一是"以钱养事"收入和免费开放项目财政专项资金，即财政拨付的事业单位运转经费和工作人员报酬；一部分来源于内部职工的集资。见表6-1所示：

表6-1　　　乡镇文化广播电视服务中心资产情况表（2013年）　　　单位：万元

单位	以钱养事收入	债务	借款	原欠材料款	下欠材料款	其他债务（拖欠工资）
翔凤	51.72	1.26				1.26
绿水	26.46	19.3	9.4	16.48	9.9	
漫水	18.41	9.7	6.5	8.18	3.2	
百福司	37.98	20.56	16.24	13	4.32	
大河	39.7	30.48	19.98	20.4	10.5	
旧司	39.1	13.1	4.1	16.5	9	
革勒	16.67	12.97		3.7	2.7	10.27
三胡	11.89	6.9	6.9			
	241.93	114.27	63.12	78.26	39.62	11.53

同时，由于经费以及乡镇经济发展不平衡，在文化阵地建设上地区差别较大。

（2）乡镇文化管理人才缺乏。乡镇文化管理人才缺乏是当前乡镇综合文化站管理的短板。从全县文化事业单位来看，文化局所属二级事业单位9个，即文化稽查队、文物管理所、图书馆、文化馆、南剧团、电影公司、新华书店、业余体校、体育场所管理站。文体系统有事业编制86名，实有99人。乡镇8个乡镇综合文化站仅有在岗人员21人，占全县文化系统事业编制总数的24.41%。见表6-2所示：

表6-2　　　　　来凤县乡镇文化站在岗人员基本情况表　　　　单位：人

单位	人数	年龄			性别		学历			职称	
		30-40岁	41-50岁	50-60岁	男	女	大专以上	高中	初中	员级	助理级
漫水	1		1		1			1		1	
翔凤	6	3	2	1	1	5	2	3	1	2	4
绿水	2		2		1	1		2			2
三胡	2	1	1		2			2			
革勒	2		1	1	2			2		2	
大河	4	2	1	1	4		1	3		3	1
旧司	3	1	2		3		1	2		1	2
百福司	1	1				1		1		1	
合计	21	9	9	3	14	7	6	14	1	9	12

表中数据表明，人员年龄结构较为合理。然而21名在岗文化工作人员中学历偏低，大专以上学历6人，仅占28.57%；技术职称偏低，21名在岗人员全部是初级职称。在学历与专业方面，美术、书法、摄影、文学、音乐、歌舞、戏剧、民间艺术等人才不济。21名在岗人员中，体育相关专业3人，图书管理相关专业2人，技术工人2人，其余均为群众文化专业，而真正从专业学校毕业的工作人员没有1人。文化专干问题长期得不到很好的落实，造成乡镇文化人才奇缺的现象，部分乡镇是有阵地、无文化专干，或有文化专干无阵地。

除了固有文化人才基础薄弱外，人才培养和使用机制不健全导致人才流失。现有的专业人才大多数得不到进一步的培养、深造机会。在"三权下放"时期，文化编制人员不在文化管理岗位，部分优秀人才调离文化单位，一部分人才由于不在文化岗位而错失评定称职的机会。在没有建立人才培养、使用的目标和计划的混乱管理模式下，乡镇文化管理没有搭建起让文化人才展现才华的平台，文化人才队伍逐渐萎缩，造成人才资源流失和浪费。

（3）文化产品与文化服务不能满足农村文化需求。目前乡镇综合文化的文化生产较多地没用了传统的方式和经验，局限于广场舞组织、书法和艺术培训等，文化站活动单一，特色文化站建设力度不够，一些文化站不能够根据本地特色进行引导性较强的活动，如民族传统文化的挖掘、整理和创新等。

一位在乡镇文化站工作多年的同志说："我在乡镇文化站工作了差不多20多年，以前在县局的管理下，还有些具体文化工作，像收集民歌、跳舞，逢年过节还要组织文娱活动，像套圈圈、猜谜语都组织。那时没讲起用好多钱，每年的工作经费都用不完。到后来，三权下放，镇政府管了过后，根本就没钱给文化站，站里干部要不是调到行政上去，下乡里去，整个文化站根本就没得人做事。基本上都是广播站搞有线电视，文化站基本上没有了。"

在文化服务方面，乡镇文化站提供服务主要是免费开放项目，包括开放多功能厅、展览厅、图书室、电子阅览室，有条件的乡镇免费开放文化广场；组织有规模的群文活动、体育健身活动；提供科普资料、文艺和科普展览，培训辅导和时政法制科普教育。乡镇文化站提供文化服务多是被动地按照上级要求，在规定的范围内提供有限的服务，在服务内容创新、方式灵活等方面做得明显不够。如图书藏量虽然达到规定要求，图书内容和质量不能满足群众需求。在创作方面，乡镇工作人员创作标志着时代文化高度的精品和群众喜闻乐见的优秀作品根本没有。在结合非物质文化遗产的保护、古籍保护、民族民间文化方面，乡镇文化都没有建立较有影响的文化服务品牌。文化产品供给不足，文娱活动组织度不高，不能提供较好的群众和青少年文艺培训，满足不了群众对日益丰富的文化生活的要求，文化站流于形式。一位社区居民说，"以前文化馆在春节的时候还组织一些活动，像猜谜、套圈、自行车慢速赛呀，那个100米要骑半个多小时。平时，有老师还教打鼓、弹琴、画画、跳舞。现在文化站什么事都没组织，那些跳广场舞的都是些女的，她们自己组织自己跳，政府出点设备。"

（二）来凤县综合文化站现行管理体制改革及其问题

1. 综合文化站机构管理主体变更与影响。

从20世纪50年代开始，乡镇文化站（馆）就是乡镇重要的事业单位，为乡镇的社会主义新文化宣传、文化教育普及和乡村文化发展作出了重要的贡献。在改革开放以来，乡镇基层事业单位的改革一直影响着乡镇文化站。来凤县现行的乡镇综合文化站机构管理体制随着乡镇事业单位改革的不同主题而进行着不同的改变。影响最为重要的是乡镇事业单位（七站八所）的"三权下放"以及2006年乡镇事业单位"整体转制"。两次较大的乡镇事业单位改革，使得乡镇综合文化站机构管理主体的重心由"镇管"到"县管"的转变。

"乡（镇）管"期间，乡镇综合文化站从属于乡镇，具有乡镇事业单位法人地位，实现财政差额拨款。乡镇主管乡镇文化站的优点在于乡镇工作的协调性。然而，"乡（镇）管"下的乡镇文化站，受到乡镇政府工作重点的影响，文化工作往往置于工作日程的后阶。同时，由于"三权下放"，乡镇事业单位编制人员"打通使用"（乡镇内各编制人员统一调配），一些文化编制人员被调离文化工作岗位，从而削弱了乡镇文化工作队伍，影响到乡镇文化站发展与工作人员的积极性。再者，乡镇文化站管理的"三权下放"，直接导致县局对乡镇文化的指导弱化，在一段时间内，县局差不多不再对乡镇进行文化业务管理与指导。

"县管"模式是在2013年乡镇文化广播电视服务中心分家的改革前提下，文化站重新划拨到县文体局管理。县文化局恢复对乡镇文化站管理的主导权，文化站固定资产使用权和人员管理权,从而强化了业务指导、培训工作。同时,乡镇政府对乡镇综合文化站保留管理权,对其工作安排与协调可根据实际需要进行统一部署。在"县管"模式下,乡镇文化站业务工作得到县局的直接领导,突出了文化工作的专业性。同时,配合《乡镇综合文化站管理办法》进行乡镇综合文化站规范化建设,从"免费开放项目"出发,建设乡村公共文化服务主体,从而强化乡镇文化站在服务乡村公共文化的基础阵地作用。

2. 乡镇综合文化站性质定位的不明确性。

乡镇事业单位改革顺利地实现了乡镇综合文化站机构管理主体的变更,同时,也使得乡镇文化站由乡镇事业单位转变了基层公共文化服务组织,即由基层事业单位法人向社会组织的转变。

2006年乡镇事业单位改革将原农技站、农机站、水利站、文化站、广播站、畜牧兽医站、计划生育服务站、乡村公路管理站、劳动和社会保障所,以乡镇为单位组建文化广播电视服务中心、农业服务中心、畜牧兽医服务中心、水利水产服务中心、计划生育服务中心、劳动和社会保障服务中心。明确提出"所有转制事业单位在清退非在编人员的基础上,转为自主经营、自负盈亏的企业或公益性服务组织,原有机构和人员退出事业机构和事业编制序列,不再与县行政主管部门或乡镇行政机关保持行政隶属关系。"如此一来,乡镇文化站等事业单位失去了"乡镇事业单位法人"资格而成为不具有任何事业性质的"社会组织"或"文化企业"。2009年《乡镇综合文化站管理办法》对乡镇文化站性质界定为"是指由县级或乡镇人民政府设立的公益性文化机构",虽然确定了文化站的主管单位,好像是对文化站成为"社会服务组织"作出回应,但是仍然没有对性质作出确定的界定。文化站到底是不是事业单位,企业单位或者行政机构,仍然没有答案。

一位在乡镇原文化服务中心担任过主任职务的同志说:"机构改革让我们在乡镇的事业单位前景暗淡,本来在乡镇各个单位中,文化站没有创收项目,全部经费都靠财政拨款。从财政减负来看,最先开刀的当然是文化系统。搞一个整体转制,让事业单位成为社会组织。但是这个社会组织首先工作人员有意见,再就是政府上级自己都没搞清楚,政策一宣布,工作就没得人搞了。财政工资发下来就是变了一个名称而已。到现在为止,我们都没搞清楚文化站到底要搞成么子样子,不光是文化站,广播电视这块也是一样的。"

在"行政职能整体转移,经营职能走向市场"的原则下,乡镇文化站由于"事业法人"地位失去,它将可以不再承担公共文化事业服务义务,从而走向社会和市场。对于乡镇综合文化站到底是"社会服务组织",还是"乡镇文化企业"的性质定位问题的认识模糊,导致对乡镇综合文化站管理导向的不明确,从而影响乡镇文化站管理体系建立和管理模式选择。

3. 现行"以钱养事"工作机制弊大于利。

乡镇文化站整体转制以后，统一实行由湖北省政府要求的"以钱养事"工作机制，要求各地实现机制转换到位、公益性经费核定和保障到位、公益性服务运行管理机制到位、转制人员基本养老保险、基本医疗保险、工伤保险建立到位等"四个到位"。从表面上看，领导方式、工作机制、分配方式和服务效果都发生了变化。在投入方式上实现由"以钱养人"向"以钱养事"转变，在服务主体上实现由政府主导向市场主导的转变，在服务方式上实现由行政手段为主向综合手段的转变，在管理机制上实现由身份管理向岗位管理转变。"以钱养事"新机制改革改变了乡镇文化站旧的管理模式，改变了原有的利益分配格局。

在实际工作中"以钱养事"的执行除了增添乡镇文化站工作人员的生计危机意识以外，并没有达到精减人员、减轻财政负担等政策预期效果。其一，来凤县乡镇文化站从1998年取消大中专毕业生分配工作机制以后，便没有招收编制人员。人员进口的限制和在编在岗人员的退休和死亡已经在较大幅度上削减了乡镇文化站人员臃肿程度，来凤县最初核准的乡镇文化站编制从未超编，甚至于在2013年文化与广电分离时，漫水乡文化站竟没有文化编制工作人员。其二，"以钱养事"机制并没有超出财政支付范畴，在乡镇文化站"以钱养事"经费预算中，仍然是以"在编在岗"工作人员基本工资作为核算基准。同时，"以钱养事"机制没有规定其他经费投入渠道。因而，"以钱养事"没有从根本上解决乡村文化事业经费紧缺的问题。

虽然"以钱养事"工作机制受到了来自乡镇基层、专家学者以及文化管理部门的指责与诟病，但是"以钱养事"工作机制从2006年乡镇事业单位改革后一直延续至今。2014年《来凤县乡镇文化服务中心岗位设置实施方案》在其指导思想中明确写道："坚持以科学发展观为指导，进一步完善农村公益性服务'以钱养事'新机制，逐步实现由身份管理向岗位管理转变，充分调动各类人员的工作积极性，提高农村公益性服务质量和效率，促进农村社会公共服务和公益事业健康发展"，重申了"以钱养事"是乡镇综合文化站管理的主要工作机制。

对于"以钱养事"工作机制，一位文体局干部说："现在'以钱养事'工作机制根本就没有发挥作用，乡镇人员的工资还是财政统一发，调工资、评职称，都和以前一模一样。现在财政拨的钱比前多了好多。但是乡镇那些人心里就是不好想，以前不管工资待遇低，好歹也是事业单位，想想都是比较稳定的。现在一搞成社会人，心里就不踏实了。"

另一方面，由于"以钱养事"工作机制的执行，改变了传统乡镇事业单位和薪酬支付性质，乡镇文化站工作人员在一夜之间由"事业人"变为"社会人",多数人员心理落差大、压力大,产生对改革的消极情绪和逆反心理,导致在工作期间从事第二职业的人员与日俱增,使得建设乡村文化人才队伍难度剧增。

一位曾在乡镇文化站工作,后来通过选拔考试进入其他事业单位的同志说:"现在乡镇文化站没几个人,有能力的都通过多种途径跑出去了,有考公务员的、有考研究生的,也有调到其他单位的,现在剩下来的都是一些能力比较弱的、年纪大的人。有些乡镇文化站根本都没得人(上班),像百福司,以前编制上有5个人,死脱(亡)2个(其中包含退休1人),调走1个,考研究生读书去了1人,就剩明××1个人,站长和职工都是她一个人。"

4. 乡镇文化人员管理机制未能配套齐全。

随着乡镇文化站性质的改变,传统的人才管理体制应该随之变化。在乡镇事业单位改革政策设计上,转制事业单位可以改为企业或民办非企业组织,或其他社会中介组织。企业人才管理、民办非企业人才管理和社会中介组织人才管理分别有不同的人才管理方法和系统。因此,就需要坚持分类指导原则,创建更为合理的人才管理机制,建设专业的文化人才队伍。当前,来凤县乡镇文化站从业人员,虽然已经成功转型为基层公共文化服务人员,但是,基层公共文化服务人员的身份性质仍没有确定。由于身份未能确定,这类服务人员的报酬标准如何规定、职称评定如何执行等,都需要重新建立规范,确保公共文化服务人员的利益不受损害。在调研中,我们发现许多乡镇文化站工作人员职称偏低,有的人员竟仍然是入职转正后评定的员级职称。

一位在乡镇文化站工作的同志描述了当前乡镇文化站工作人员的现状,一是学历低、专业相差大和职称低:"现在在乡镇工作,得过且过罗。虽然文体局在管理,有事直接通知。(单位上)人少,有些乡镇还有工人。学历低,没有创新工作能力,站里除了标准化建设、免费公开项目外,就没能力和时间去做其他的。(我)学的专业和基层群众文化相差也很大。在评职称上,一直就没去评,一是镇里和县局都没通知,二是我不知道评职称要那些材料,走那些程序。"

(三) 乡镇综合文化站管理体制改革的建议

1. 明确乡镇综合文化站机构性质。

乡镇综合文化站机构改革将乡镇事业单位全面推向市场,收回其管理、执法等事业管理的全部职能,使传统的乡镇事业单位转制成为"社会组织"。这个社会组织被称为"民办非企业"单位,强调了文化的社会服务功能,而将文化管理功能回收给政府。乡镇文化站脱离了国家事业单位序列,同时也标志着乡镇文化站机构性质发生了质的转变。而在2009年文化部第48号令明文规定了乡镇综合文化站"是指由县级或乡镇人民政府设立的公益性文化机构",确认了乡镇文化站从属于县或乡镇人民政府序列。因此,乡镇综合文化站是政府设立的公益性文化机构,就不能认定为由企业事业单位、社会团体和其他社会力量以及公民个人成立的非营利性社会组织。

乡镇事业单位改革政策精神与文化部令在乡镇综合文化站机构性质的认定上发生了分歧,导致乡镇综合文化站管理体制的无法建立。明确乡镇综合文化机构性质,是建立乡镇综合文化站管理体制的基础。2005年底中办国办颁布的《关于进一步加强农村文化建设的意见》指出,乡镇文化站改革的目标是"组建集图书阅读、广播影视、宣传教育、文艺演出、科技推广、科普培训、体育和青少年校外活动等于一体的综合性文化站"。乡镇事业单位体制改革的同时,要确保乡镇综合文化站的公益性,"不得企业化或变相企业化"。因此,乡镇综合文化站的机构性质是县乡(镇)政府设立的公益性事业单位应该得以确定和重申。乡镇文化站的主要任务,全部涉及政治宣传、普及科学知识、组织群众文化活动、文化遗产保护和文化市场管理执法等等,不仅都是无商业利益可言的政府工作,而且还是需要投入相当多的经费才能做好的工作。指望以追求经济效益为目标的中介机构或"民办非企业"这个不事不企的单位来做这方面的工作,显然不切实际。唯有以政府投入作为强大支撑的文化宣传机构与公共文化服务机构,才能确保这项工作的顺利开展。只有确定了乡镇文化站机构性质,才能选择建立最适合乡镇文化站发展的管理机制和系统。

2. 理顺乡镇综合文化站管理主客体关系。

在现行乡镇综合文化站管理体制下,文化站作为"以钱养事"单位在基层行政事业单位中处于尴尬地位。又由于乡镇事业单位改革政策执行的不彻底性,乡镇文化站在政府"管文化"的机制下日常工作沿袭传统,仍然没有摆脱"上面万条线,下面一根针"的管理格局。因而,理顺乡镇文化站管理主客体关系是十分必要的。作为乡镇基层单位,其主管理单位呈多元状态,主要包括县级主管部门文化体育局、县级文化业务单位、乡镇政府以及临时成立的涉文化领导小组等。在多元的管理主体各出其政的情况下,很容易导致乡镇文化工作的混乱与无序,这就需要明确乡镇综合文化站的主导管理权,统一指挥和指导乡镇文化站工作。只有明确以县文化体育局或乡镇政府成为一个主导管理单位,才能保证乡镇综合文化站正常运转的稳定性、长效性。

因此,必须坚持和理顺"县文体局为主体,乡镇为辅"的文化站管理主客体关系。明确在文化站管理主体体系中县与乡镇的职责分工。县文体局必须主动把握乡镇文化的人、才、物管理和文化工作业务指导。乡镇政府要积极创建文化活动阵地,提供必要场所;支持并监督乡镇文化执法,营造积极向上的群众文化活动氛围。另外，在编制乡镇文化发展规划时，可充分调动乡镇文化站力量，将其纳入乡村公共事业服务体系，做到合理、合法和合乎实际。

3. 加强乡镇综合文化站标准化建设。

一方面，标准化建设乡镇综合文化站不仅仅停留在办公场所和活动阵地的建造，乡镇综合文化站实行统一的建设标准，规定建筑面积、藏书量、文体活动器材等等，更为重要的是乡镇综合文化站必须经常组织开展适合当地特点、便于群众广泛参与的文化活动，同时不断提升现代技术手段，实现数字化文化信息服务，加快先进文化资源的共建共享。目前，来凤县乡镇文化站规范化和标准化建设虽然取得了一定的成效，但是，多是采用变通手段，如办公场所使用权的划拨、活动场地租借等形式，与其他单位合区办公的现象普遍存在。另一方面，在文化普及教育、组织文娱活动、开展流动文化服务、配送公共文化资源、数字文化服务、整理非物质文化遗产、文物保护与农村文化市场管理等八大工作职能的工作程序、服务方式、公开公示等活动没有形成完整的操作规范。因而，乡镇文化站标准化建设不仅在"三室一场"的硬件规范建设着手，更重要的是，进一步规范以八大工作职能为基础的服务规范与程序。首先，根据乡镇文化站八大工作职能，确定服务项目并公开，建立与职能相适应的服务场所；其次，必须建立健全乡镇综合文化站规范化管理制度，如考勤制度、财产登记保管制度、工作人员行为规范、服务承诺制度、公众开放服务制度，以及各室、厅管理制度等，并监督执行。

4. 修正和完善"以钱养事"工作机制。

实践证明"以钱养事"工作机制在实施过程中出现了许多问题，并未达到预期的政策预期。然而"以钱养事"政策源于政府职能转变后基层公共服务工作的需要，其目标是盘活乡镇事业单位资源，增强乡镇基层的公共服务功能和活力，促进乡村产业调整优化和乡村社会各项公共事业的大发展，因而，不能用减人、减支、减包袱来衡量改革的必要性。在目前情况下，要政府主导的"以钱养事"改变了乡镇文化站传统工作机制，强调了文化服务体系建设，瓦解了公益性文化事业单位职能。但在同时，社会性文化服务组织和队伍未能有效建立，并进入乡村文化事业服务体系。所以，我们必须修正和完善"以钱养事"工作机制，引导社会和市场力量进入乡村公共事业当中，用科学和规范的方法建立起乡村公共事业管理的有效模式。首先，在"以钱养事"机制下，确认公益性事业单位和社会性文化服务组织，建立乡村文化服务竞争机制。其次，根据乡村文化服务需要，设立多层次、多角度的文化服务项目，形成有效的文化订单。再次，鼓励社会和企事业进入乡村文化服务体系，提供资金或就业岗位，盘活乡村文化市场。

5. 健全公共文化服务人才队伍建设机制。

加强乡镇综合文化站人才队伍建设，必须以积极发现人才，防止人才流失两个方面考虑。配套的人才队伍建设机制应该包括以下四个方面：一是防止人才流失，稳定基本人才队伍机制。合理确定乡镇综合文化站人员编制，完善工作人员养老、失业、医疗保险等社会保障机制。二是建立健全文化经纪人机制。扶持文化经纪人和文化中介机构，实现中介服务的市场化、社会化，培养善经营、懂文化、会管理的文化经纪人队伍。三是建立本土人才培养机制。建设一支村本土的文化精英队伍，建立农村文化人才的内生机制，既要把外来人才"引进来"，也要将本土人才"提上去"。四是建立文化人才进修和再学习的人才培养机制。如每三至五年对乡村文化工作者进行一次培训；对乡镇综合文化站专职管理人员和专业技术人员实行岗前培训制度等。五是发挥文化志愿者作用。

6. 加强乡镇综合文化站绩效考核。

不断完善综合文化站工作考核机制，建立健全奖励制度，县级主管部门必须加大对乡镇文化工作绩效考核。可从服务条件、内容和效果三方面设定一级指标，从基础文化设施、设施网点布局、从业人员素质、配套设备、社会参与情况、运行机制、考核工作、财政拨款、开放时间、共享工程、艺术培训、举办讲座、举办报告会、为地方政府提供服务、特殊人群服务、特色服务、群众满意度、媒体报道、获奖情况、群众投诉率等20个项目设定二级指标。两级指标共同构成绩效考核指标体系。考虑到乡镇文化站的管理主体的多元性，其绩效考核与管理目标考核应该有机结合。这里包括县文体局对乡镇文化站的目标任务考核，所在乡镇政府对文化站工作的评估以及文化站对自身职工的业务业绩、服务技能以及思想品行的考核。考核的结果不仅是对文化站工作成绩的评估，工作人员绩效的认定，而且还是文化服务方式创新、技能提升、后期工作重点确定的重要依据。

二、乡村公共文化服务供给

民族地区乡村公共文化服务经历了与全国其他乡村相同的发展轨迹。在均等化公共文化服务与构建社会主义和谐农村的指导思想之下，民族地区乡村公共文化服务在文化体制改革、转变政府职能、文化服务方法优化、城乡服务一体化等方面致力于建设一个普适性的服务体系，更趋于规范化、标准化。然而民族地区乡村所传承的优秀民族文化却被无意识地排斥在此体系之外。由此而来，民族地区乡村公共文化服务体系建设一方面由于基础设施、经费以及专业人才缺乏而导致文化产品、文化服务供给不足；另一方面，承载着深厚的积极向上的文化思想的少数民族优秀文化资源则大量闲置。

（一）乡村公共文化服务体系建设现状调查

来凤曾是中国第一个土家族自治县，全县总人口33万余人，其中土家、苗、瑶、侗等17个少数民族人口占全县总人口的61.2%。作为中国文化先进县、体育先进县、民族团结进步先进集体，来凤县委、县政府重视乡村文化建设，将村级文化服务中心建设作为为民办实事的具体内容之一，取得了较好的成绩。

1. 建立县乡（镇）村三级联动机制，推进乡村公共文化服务体系建设。

来凤县乡村公共文化服务体系建设实行县、乡（镇）、村三级联动，其具体做法是"县局主导、乡镇牵头、村级自主管理"。县委、县政府重视乡村文化服务工作，在每届《政府工作报告》《党代会主题报告》都对乡村公共文化事业进行总结，明确发展目标和任务。县和乡镇都成立了乡村公共文化服务体系建设领导小组。县文体局主管乡村综合文化服务中心建设工作，对其开展活动和规范化建设作出刚性规定和指导。乡镇综合文化站对村级文化服务中心进行具体业务指导，部署农家书屋、文化大院，组织文化娱活动。村委会按照就近设置、标准化建设和民主管理要求，利用村级文化服务中心组织开展日常群众文化服务活动。

2. 遵照标准化建设规范，合理布局公共文化服务基础设施。

近年来，来凤县着力打造"艺术土家"，加强人、财、物投入加强乡村公共文化服务三级网络硬件规范化和标准化建设，走在全省民族地区的前列。"五个一"文化精品工程、教育城、民族文化中心、全民健身体育中心、文化馆、博物馆、杨梅古寨、仙佛寺、喳西泰水城等一批公共文化项目实施，有效完善和扩充了全县公共文化内涵空间，拓展了公共文化活动阵地和文化消费场所。全县8个乡镇均建成综合文化站，其中一级站2个、二级站3个、三级站2个（省级评估）。每个乡镇都有充足的文化馆（站）、体育馆（站）和文化活动广场等公益性文化设施建设用地。185个行政村和城区14个小区均建成标准文化活动中心，村级（社区）文化基础设施包括文娱综合活动室、图书报刊阅览室、农家书屋和电子阅览室、室外文体活动广场等。根据各村和社区的文化实际需要，为112个村和社区配置了电脑、音响、乐器、棋具、棋牌桌、表演服装、文化宣传牌、乒乓球桌和篮球架等。每村（社区）都配备了1套棋牌桌椅、1幅乒乓球桌、1套文化展示板和标牌、1套跳棋、1套象棋、1套音响和1个16G容量的U盘。目前，全县共有185个行政村完善了村级文化服务中心建设,其中文化基础设施建设面积最大的是三胡乡黄柏村,共有 1 280 平方米,最小的是翔镇精神堡社区,仅有 100 平方米。每村(社区)都配备了文化体育用品,用于开展村级文娱活动。此外,来凤县文体局按照省文化厅对村级文化活动室的建设标准,持续完成 218 个农家书屋的图书更新,举办了农家书屋管理员培训班,培训管理员 100 人。

3. 创新工作机制和方法,推进乡村公共文化服务常态化。

不断创新工作思路和工作方法,拓展载体,定期开展乡村公共文化服务活动。一是充分发挥乡村文化服务阵地基础作用,以财政经费为保证,实现文化广场、文化站、图书馆、文化走廊等公共文化服务设施免费开放。各村级(社区)文化服务中心建起农家书屋、文娱活动场所、电子阅览室、老年活动中心、棋牌室、文化茶园等场所,开辟了村级书报阅览室,免费向村民(居民)借阅和开放。二是编制乡村公共文化服务供给册,公开公共文化服务项目、服务内容、时间、地点等信息。充分利用现代传媒工具发布和传播公共文化服务信息。三是整合文化、教育、卫生、法制宣传、党员培训等公共事业资源,利用电教设备,开展电影、文艺节目、卫生保健知识进村活动,倡导丰富多彩的"院坝文化",开展以弘扬先进文化和创建星级家庭的主题实践活动。联合村卫生室、村级专业协会、合作经济组织,多方位地服务农村,解决村民文化活动少、信息不通、知识更新慢、农产品外销难等实际困难。四是通过树立示范村、示范户、示范企业、示范学校建设,探索新路子新方法。如舍米湖村以土家族摆手闻名中外,确定了民族文化传承示范村后,以摆手舞为载体进行示范村建设,维修摆手堂、新建民族文化陈列室、改造传统民居,使村容村貌发生大的改变,文化活动增多,村民素质也得到提高。

4. 创新民族文化传统项目,丰富乡村公共文化产品。

丰富多彩的民族传统文化是当地群众喜闻乐见的文化产品。在标准化的公共文化产品体系,如图书报刊阅读、艺术培训等之外,群众更喜爱具有本土特色的摆手舞、三棒鼓、南剧等。一是来凤县在乡村公共文化服务体系建设中,积极采用民族文化形式,通过现代民族节会,如摆手节、民运会等平台,提供文化表演、民俗竞技等公众喜爱的文化产品。二是适时组织民族文化"上山下乡"活动,如利用三棒鼓队走村串户,宣传时政和农业技术。2011 年,启动"来凤县南剧团各乡镇文艺演出"活动,其中反映农村打工题材的现代南剧《故乡也有彩云天》通过送戏下乡的形式在各乡镇演出 40 多场。小品、小戏、歌舞、春联、灯会、画展等各种传统文化活动的开展,宣传社会主义核心价值观、法制、税务、交通法规等,提高了群众对国家政策的知晓率,同时也丰富了乡村公共文化服务产品,也创新了社会主义农村新文化。

5. 吸收现代文化，建设民族地区美丽乡村。

现代文化进入人们日常生活，通过群众喜闻乐见的形式广泛传播。美丽乡村建设、乡村旅游、广场健身舞等多种形式的现代因素进入到乡村公共文化系统之中。

凭借独特的民俗风情和特色资源优势，积极发展村级旅游，在生态保护、文化传承、环境治理等方面突出民族乡村文化特色。三胡乡石桥村和黄柏村，以着良好的休闲、观光山水自然资源和盐茶古道、古庙、古戏台等具有文化内涵的人文景点，入选全省100个美丽乡村建设项目库，成为来凤县规划的集土家民俗、观光休闲、农耕体验的休闲旅游度假目的地和城市后花园。百福司镇舍米湖村以原生态传承不断，被誉为是土家文化圣地。兴安村茶岔溪吊脚楼群是武陵山区保存最好的原生态吊脚楼群之一。

广场健身舞成为乡村日常文化娱乐的新宠。多支舞蹈队获得省、州级表彰，百福司镇舍米湖村的摆手舞还出了国门。

（二）乡村公共文化供给不足的主要表现

1. 县乡镇共同管理乡村文化供给模式的形式化与行为惰性。

当前县乡镇共同管理村级文化服务中心，由于行政部门的主导，文化活动在很大程度上变成了具有行政强制性的政治性任务，影响乡村文化服务从业人员的积极性。其可能导致的最终结果是村级文化活动局限于上传下达的程式化活动。一位村干部A（男，土家族，58岁）描述了当前村级工作的被动性："现在村里的工作跟以前一样，村里的自主权很少。有时需要在村里挂牌子呀，就下来几个人看下。村里文化活动室也是县里要求，要搞农家书屋、开阅览室，县文化局、镇里管文化的领导下来，说要搞。国家出钱按标准配套搞一些硬件。房子是村里的，东西都是他们（县、镇工作人员）拿来的。搞起了，我们用得来的，就用一下。用不来的，就锁起。保证不搞打落（丢失）就行了。"

行政指令下的乡村文化产品供给，在一定程度上使村级文化服务中心工作处入消极依靠状态。一位乡镇文化站工作人员B（女，39岁）说："村级文化活动开展本来就少，政府要求他们搞，他们就组织一下。一般也是春节组织花灯、彩龙船这些。以前政府没管，有些村里喜欢的人他们自己组织一个队，走村串户地拜年、讨打发，算是自娱自乐。现在，只要政府一说要开展活动，他们首先问的是政府出好多钱。没钱就不搞。"

2. 乡村公共文化产品供给明显单调。

乡村文化活动大多仅局限在节庆日，且种类不多、形式单一、质量不高。

送戏下乡场次不多，电影下乡水分较多，群众只能在扑克、麻将桌上寻找寄托。农村民间艺术团体大都处于自生自灭、放任自流状态，他们的演艺活动无人规范，缺乏创新，虽能吸引一些群众的眼球，却难提高文化品位。

另一方面，从乡村文化服务中运行情况来看，乡村文化服务中心的硬件设施使用率在实际上并不高。对于农家书屋，其藏书量确定达到了标准化建设要求，然而其藏书各类、实用性并不能满足村民的阅读需要。"政府在乡村、社区都建立了农家书屋、电子阅览室和公共文化活动场所，这是好事。我们在有空的时候，吃饭后散步都可以这里来玩。但是，这里的东西对我们的帮助是有限的。像图书，好多都是政治学习方面的，一些人不喜欢。在乡里，一些农技书数量不多，找不到我们想要找的技术资料。"（报告人D，百福司桂林书院社区居民，男，51岁）当前在乡村居住的人群中，老人与小孩的比例很大，针对老人与孩子的图书在农家书屋很少看到。图书形式以及图书信息的滞后性也是乡村农家书屋不能满足需求的重要原因。

在一些采用数字技术、网络技术的电子信息共享的电子阅览室，除了少数人能熟练操作以外，大部分村民根本不懂，也不会使用这些设备。现代数字设备的操作使用困难也是使村级文化服务中心服务质量下降的原因。"乡里、村里文化室都配备了电脑，可以上网看新闻，查信息。可是我们不会用，又没人教，去了也用不了。"（报告人E，三胡黄柏园村村民，男68岁）同时，功能越来越齐全的电子设备（智能手机、随身Wifi、iphone等）使信息获得变得容易，对于村级电子阅览服务的需求并不明显。"现在新科技设备好，青年人个个都有智能手机，随时随地可以上网，看电影、看书、玩游戏，服务中心上网看的信息，他们都不感兴趣，还不如自己用手机看。现在手机上的阅读看书，都可以免费下载到农家书屋的书籍。"（报告人F，百福司桂林书院社区居民，男，65岁）

3. 乡村文化供给基础设施滞后于经济建设。

长期以来"重经济、轻文化"的行政管理惯性使得一些基层干部"重经济发展、轻文化建设"，对文化阵地建设的自觉性、主动性不够，乡镇文化站被挤占、工作人员被抽调、工作经费被挪用的现象十分严重。乡村文化设施建设只是被动地应付上级检查而草草搭建。县、乡财政缺少对乡村文化阵地建设计划性、合理性、前瞻性、可持续性的资金投入，乡村文化阵地基础设施建设与城镇严重不对称。一是文化阵地少。村级除了农家书屋，开展农民文化活动没有固定场所。二是乡镇综合文化站建设标准低。虽然都建成了综合文化站，但有些乡镇只是挂了几块牌，相关设施却基本没有派上用场。三是阵地建设经费短缺。大部分乡镇文化办公经费、业务经费、活动经费都没列入财政预算。

第二节 产业拉动与乡村文化建设指向

旅游开发语境下的文化变迁理论认为,旅游是通过旅游者到旅游目的地进行特定的文化消费活动,这种文化消费活动势必带来异文化之间的接触、交流,从而使旅游目的地文化产生变迁。这种变迁可以包含文化接触、文化交流、文化涵化和文化再生产等多个动态过程。在民族学实地考察过程当中,我们已经充分地调研了湘西凤凰、张家界、鄂西南神农溪等旅游充分发展的旅游景区,从中我们也体验了旅游目的地文化交流、文化涵化和文化再生产的实地模型,然而,对于刚刚起步或者说还处于萌芽阶段的旅游景点的考查,我们仍然做得不够。因此,对于旅游目的地文化变迁起步阶段的考查是十分必要的。

2009 年才开始旅游开发的渝东南石泉古苗寨为我们提供了旅游目的地文化变迁起步阶段的理想标本。石泉古苗寨位于渝东南酉阳县阿蓬江国家湿地公园核心区苍岭镇大河口村阿蓬江畔。古寨分上中下 3 寨,村民有 108 户和 500 多名村民,以石姓为主,寨中保存有 70 多栋木质民居。古寨被 1 000 多棵古树,500 多丘梯田和满山翠竹紧紧包围,是重庆市迄今为止发现的最大苗寨。对于石泉古苗寨旅游开发的实地考察研究将丰富旅游民族学田野调查素材。

一、石泉古苗寨文化特色

石泉古苗寨坐落于渝东南酉阳县西北苍岭镇大河口村,是一个较偏僻的传统民族村寨,是酉阳县即将打造的阿蓬江湿地公园景区的重点旅游景点之一。从民族文化的角度来看,石泉古苗寨具有生态保护好、人文历史悠久、民俗文化奇特等特点。

(一) 生态保持良好

石泉古苗寨最显著的特征就是生态保持良好。苗寨建在山腰,背后是成片的树林和竹林,苗寨下方则是整齐的梯田,山间的泉水围绕寨子潺潺流下,树、水、人、田在这里构成了一个自然和谐的生态系统。

正如传统风水青龙、白虎、玄武、朱雀布局,石泉古苗寨由环山簇拥,坐落在两山自然形成的"U"字形山弯里,后背紧靠大山,正面无大山隔断视线,犹如一把座椅嵌在两山之间。整个苗寨分为上中下寨,寨中一泓泉水将下寨与中、上寨一分为二,自然形成了一个不规整的"太极"图案,泉水蜿蜒从寨中流过,恰如太极的中分线。苗寨水源充沛,上中下寨共有 8 孔泉水。泉水清澈，四季不干，且水质极好。"我们这里长寿的人很多，主要还是因为我们这里水质好，山上接来的水直接舀起来喝，烧了几年开水的铁锅都看不到旮旯（水垢）。别的地方，好多人都得了肾结石、胆结石，我们这里还没有人得这个病的。"（ZMM，女，69岁，苗族人，石泉苗寨村民）

苗寨是一个古树环抱的寨子，形成了一个古树群落。下寨是古寨的进口处，在寨前的小溪沟前有两棵高约30米大树挺立在寨前，形成了一个寨门。中寨有一棵被村民称为坛罐树的古树，高约30米。距坛罐树几十米远的院落里有两棵高大的银杏树，两棵银杏相隔20余米，需4人牵手合围。相传，这两棵银杏是明末清初石氏高祖婆的"嫁妆"，距今大约400百年。寨后的山坡是一个古树群落，有数百棵本地杉。还有杉、枫香、丝栗、银杏、楠木、青杠、拔枣树、水红木（檬子刺）、坛罐树等珍稀和濒危树种10余种约1 000余棵。与树林右边相邻的是一片苍翠的竹林，竹子大多碗口大小。

（二）人文底蕴深厚

苗寨有据可考的历史有500余年。500余年的历史进程使石泉古苗寨积淀了深厚的历史人文底蕴。苗寨保存了石氏先祖修建的第一栋老房子；围绕苗寨周围，有上百座古墓、有"圣旨碑"和"酉阳县知事马为示禁事"碑等；苗寨中，几乎家家都有历时久远的古物。

整个苗寨有70多栋全木结构，盖土青瓦的木质民居，有的是四合院，有的是吊脚楼。最古老的房子是位于上寨的具有400多年历史的房子，寨中人都说，虽然房子建得低矮，但是用的是最好的建筑材料——马桑树。因为建寨的山坡坡势较缓，民居建筑一栋接着一栋，远看过去，连绵一片，规模不很明显。走近一看，每栋房子之间既有过道，也有院坝。民居建筑排列参差，错落有致。

苗寨周围的房屋前后和树林里分布了数百座古墓，形成了一个古墓群。这些古墓没有碑文的不知何年何代，有碑文的最早在乾隆年间。多数古墓石碑上顶着一块三角形石头，也有菱形和圆形的，年代近一点石碑上是双凤头形或笔架形的石块。除了墓葬石碑，苗寨还有一块表彰节孝的"圣旨碑"和旨在维护经济生产的"酉阳县知事马为示禁事"碑。

在苗寨中和遇到的每个村民聊天，他们都会为你讲起村里历史名人的故事和传说。如石合昌割肉救母、冉土司赶苗、武状元赶考、石昌熙骨归故里、石化昌抱牯洗蹄故事，等等。

（三）"苗生基"神秘奇特

在苗寨古墓葬中，还有数百座没有文字的古苗坟，当地人称为"苗生基"。有人认为，这是我国目前发现的最大的古苗坟群落。苗寨中保存了一座"苗生基"，与村民住屋仅有一米距离。古苗坟用条石砌就，形成4个墓穴，看上去是4个人的合葬墓，顶上横砌着4块分别长约1.5米的条石，将4墓穴连接起来，形成一个墓穴。整个墓穴约有5米长，1.5米高，远看就像一堵用石头砌的堡坎。4个墓穴前均有一块竖立的长方形石块，估计是墓碑。由于其中一墓穴的碑石被毁坏，墓穴底铺着一块长约3米，宽约1米的条石，墓穴顶盖着一块长约3米，宽约1米的条石，墓穴两侧分别立着一块长约3米，宽约1米的条石，形成一个石棺，棺内没有棺材。古苗坟的砌石用凿、钻之类的工具打造过，但坟上没有任何文字、任何图案。凿印清晰可见，但工艺粗糙，近乎于原始。

苗寨周围的山坡上到处都能见到古苗坟，有单人墓、双人墓、3人墓、4人墓和5人墓，约有上千座。"估计有数百座甚至上千座，大集体时损坏了不少。周围其他村也有。"（SBX，65岁，苗族人，石泉苗寨村民）

（四）石姓苗族家风淳朴

苗寨石姓起祖原在江西，石氏祖先于明武宗年间（1510年左右）从江西迁到"火烧溪"，在寨子繁衍生息了15代子孙。苗寨石姓人家修有完整的族谱，从清康熙年至今为止，石氏族谱共有族谱12本。全寨人家大部分姓石，仅有冉、胡两家杂姓，且都是上门女婿。石姓苗家本不是土生土长的苗人。石氏族谱清晰地写明了祖籍及迁徙过程。苗寨还流传着石姓苗家由来的一段故事：明清之际，武陵山区一带的酉州范围内，由冉姓土司管治。由于生活在该地区的汉人时常与苗族人发生冲突、械斗，冉姓土司就发起了驱赶苗人的行动。石姓家族巧妙地用"石家"和"10家"的谐音骗过土司，所以一直固守在苗寨。新中国成立过后，古苗寨石姓人家认定为苗族。多年的民族相互融合，现在古苗寨中的人们传统苗族习俗有所改变。

> 自守信公至宦曹公，历世三百余年其世系不可得详，今仍以宦曹公为始祖。宦曹公由江西迁铜仁历秀山家酉阳。光绪二十九年十月十五日，昌熙记。（光绪石氏族谱）

> 吾氏出自姬姓，唐立"五威郡"，始祖石宦曹系春秋卫公族大夫石碏之后裔。祖籍始于江西临江府清江县清泉巷西堡十二都六图大富山，景泰中石氏。考秦王守信公六世孙仕器之配偶赵氏安人（宋太祖八世孙）之墓志云：生二男八女，长男师说、次男师聪。由宋至元明历世三百余年，与江西祖派无往来，世次无考，故尊称宦曹公为一世祖。曹公元武宗时（1308－1311）游学贵州铜仁，生三子，其子孙明时入酉。长子谏绳生筠英，英生文俊，礼仪相传，未详列字派。俊生宪浪，始列"宪孟才汉

文",后人称前五派,琅生九子(容、环、宣、圭、瑾、玉、瑞、已、璋)。谱录只序长房孟容一肖像,容生六子(即彪、镇、忠、全、崇、祥),其所序容公之长房才彪迁贵州,二房才镇、五房才崇居酉阳,六房才祥迁秀山。(2003年《石氏族谱》)

石氏家族字派经百年发展,几经修撰,终成百字派列:即

宪孟才汉文,宏仕永昌宗;
维帮敦盛化,镇世裕兴隆;
毓秀承三庆,家蒙启万钟;
明馨徽竣德,奋发建元勋;
忠孝传留远,光华复旦同;
显扬威耀武,卫国立新功;
和平安静定,胜利固长春;
读书儒林绍,英杰辅廷崇;
金谷兰桂艳,业伟振乾坤;
天翼腾宇宙,博学浩然通。

石泉苗寨石姓人家在生产生活习俗方面经过长期与周边汉族人交往,不仅一些苗族显性特征,如服饰、语言等已经消失,而且在较深层次的行为模式上也学习和借鉴了古代汉族习俗。如祭祖仪式。

石氏祭祖仪式

甲司:祭祖典礼开始。
乙司:众向先祖整队序立(排队)。
甲司:执事者各执其事。
乙司:鸣炮、奏乐(乐止)。
甲司:主祭者就位。
乙司:参祭者亦进位(指陪祭者上香奠祭人),行三鞠躬礼(一鞠躬、再鞠躬、三鞠躬)。
甲司:颂启语:窃以,
　　　周公制礼古今传,当今后人把名扬;
　　　先祖墓前来祭奠,跻跻礽孙闹洋洋。
乙司:行上香礼。
甲司:初上香。
乙司:初进香。
甲司:初献帛。

乙司：献黄帛。

甲司：初进爵。

乙司：一爵奠先灵。

甲司：初献猪牲（刀头）。

乙司：猪牲（刀头）陈献。

甲司：初献肴馔。

乙司：肴馔陈献。凡仪献毕。

甲司：行亚献礼（即二次叫二献）。

乙司：亚上香。

甲司：亚敬香。

……（下与第一次同，照司，每句都要喊亚字）。

甲司：行三献礼（第三次）

乙司：三上香。

甲司：三敬香。

……（下与二次同，照司，每句都报三）。

甲司：心仪献毕，读文生就位，恭读祭祖文。

维：

中华人民共和国□年□月□日，宜祭之吉，祔孙等谨以香帛储财，猪牲酒礼、供果，不腆之仪，致祭于大德石公孟容、才崇、汉成公之墓前曰：

周公之礼写篇章，我族孙祔代代传；

香烟渺渺天上去，诚心致意聚陵坛。

……（后文可自增）。

甲司：祭奠礼成，鸣炮奏乐。

二、石泉古苗寨旅游体验

（一）进入苗寨

笔者赶赴古泉苗寨，从黔江出发，乘上一辆直达苍岭镇的中巴车，3个小时之后到达苍岭镇。从苍岭到石泉苗寨大约有20公里路程，由于苍岭没有直达石泉的车，所以只好坐车到一个叫大河口的地方，大河口离古苗寨还有约3公里远。

大河口村修了一座电站，从大河口电站办公楼过去，左面山上有一个隧道，穿过隧道的一条村级公路可以通向石泉苗寨。没车，笔者只好徒步前往苗寨。步行 20 分钟左右，就看见一座取名"洞口桥"的小桥，桥的上方有突出的石崖，从石崖上滴下来的水，在桥面上留了一个个小坑。走上小桥，便觉得凉风袭袭，满身暑意不觉而消。走过小桥，向右拐了一个弯，就可隐隐约约看见前面的村庄。

前面的村庄是一座渝东南常见的村子。村子依山而建，左、右和后面是突起的山峦，只有一面由一道山坳与大山相连。村头有两棵大树耸立，整个村子掩映在树叶的绿荫之下。村子以下，是一台一台的梯田，大部分梯田栽满了油菜，由于是农历四月间，油菜处于收割期，收割的油菜一把一把地摆在田地里晒着。公路已经直通到村子门口，有一条溪流从村口流过。因为这几天一直下雨，溪水充沛。溪水清澈透亮，透过溪水可以清楚地看到溪下的石头和沙子，搭在溪中的一些跳岩已经被水淹没。趟水而过，绕过大树，经过一个牛栏，就进了寨子。这就是石泉古苗寨，走进村子看见电线杆有"火烧溪"字样，才意识到我已经到了石泉古苗寨。

（二）夜宿石泉

来石泉古苗寨之前，去了一趟苍岭镇政府，党政办公室的小黄热情地接待了我，并向介绍了石泉古苗寨的具体情况，引见了苍岭镇党委向勇书记。从小黄那里，我得到了石泉苗寨从事旅游接待工作的石邦惠的联系电话。

进入苗寨已经是下午 4 点了，打电话联系石邦惠，但没人接听。估计石邦惠有事不在家，便信步在寨中穿行。沿着村中小路往上行，在一栋砖石结构的房子前看一位老人在一栋刚刚倒塌的房子前拾柴，便走上前去打听石邦惠的住处。老人姓冉，有 80 岁了，他说房子老了，被虫蛀了，这几天下雨，自己就倒了。他说你要找邦惠就在下寨，要往下走；要找邦贵就要去中寨往上走。这时，一个 60 岁左右老婆婆从左边的山上下来，对我说，我要去石邦贵家和她同路，她带我去。我正在感谢她，石邦惠打电话给我了，说他正在外面走了一转，没接到电话，看到有未接电话，就回过来了。随后告诉我们他家的具体位置，并要出来接我。我说，我能找到路，自己一路找过来。

沿着来时的路向下走，绕过一个院坝，向右就是石邦惠的家。这是一栋常见的当地民居，建得很雄伟。房前有一块大约 200 平方米的水泥坝子，石块围起来的院墙大约 1.5 米高。院内收拾得干净卫生，栽有两棵万年青树和一棵当地人叫着"羞树"（紫荆）的树，是一个典型的农家小院。

走进石邦惠家的堂厅，给人一种整洁清爽的感觉。室内水泥地坪拖得铮亮，泛着微微的光；一张兼作竹床的座椅靠在右手边的板壁，茶几收拾得井井有条。再往前就是老式的柴火灶，灶中嵌有 3 口大锅，灶台上一尘不染。一回头，看见了"传说中的火铺"，火铺高约 70 厘米，长、宽约为 2 米；火铺外角边设置了一个火塘，三脚架中燃烧着木柴，缕缕青烟，飘飘而上，隐入上方吊挂着的腊肉阵中。一块块熏得黝黑的腊肉着实让人垂涎。挨着板壁的两方，距火塘约有一米宽，可以设床或座位，冬天天气冷的时候，一家人就围在火铺上取暖，见图6-1。

图6-1 火铺

石邦惠老人正在研读着《石氏族谱》，看见我来，放下谱书，摘下眼镜，迎出门来，说道："稀客！稀客！"将我让进屋来。随后，我向石老说明来意，说需要叨扰几日，希望石老帮助，等等。石老说，"既然来了，就不要客气，把这里当作自己家好了。"这时，女主人赵妈妈从地里回来了，说道："有客人来了，快屋里坐，先吃杯茶。饿了吧，我跟到做饭。"说完就忙着淘米、洗菜、做饭去了。

等我洗漱整理好之后，赵妈妈把晚饭已经做好了。晚餐很丰盛，有干辣子炒腊肉、腊蹄子炖风萝卜、腊猪舌头，还有赵妈妈自己腌制的风萝卜酸菜。饭菜十分可口，席间，石邦惠老人也向我介绍了石泉苗寨的基本情况。

吃完晚餐后，我信步在下寨走了一圈，熟悉了一下地形。由于经过一天的旅行，加上徒步走了很久，感觉有点累，便早早休息了。石邦惠家是苗寨唯一一家从事旅游接待的农户，他把正屋右边的厢房改造成了两间客房，可容两个人休息住宿。在房屋后面的老屋中的吊脚楼上，也开辟了两间客房，共有4个床位。客人休息的房间是正屋的厢房，房间是新装修的，没上油漆，房间里充满了原木的香味。夜半，被一阵阵牛铃闹醒。这时，并没有睡眠被打断的愤懑，而是油然升腾起一种温馨的感觉。卧在木楼里，静静地听着不远处传来的阵阵牛铃声响，这是一种体验，对于生活在都市里的人，这真是一种恩赐。突然明白，乡村旅游的真谛，竟在于一种恬静的体验，可以让劳碌的心卸去疲劳。

旅游可以有多种目的，如感觉自然的奇绝，享受异地休闲的惬意，感叹异文化的特异和体验不同情境中的心情。石泉古苗寨能让游人远离都市，在历经久远的村寨中寻找到儿时的温馨。

（三）寻访老屋

数百年来，由于道路交通的制约，古寨建筑保存完好。石泉苗寨有木质建筑 70 余栋，其中 100 年以上的老房子还有 10 余栋。最令石泉人引以为豪的就是寨中的老屋。老屋不是一栋或几间，而是整个苗寨。苗寨最古老的房子当数上寨的那栋老房子。

这日，吃罢早餐，我就出门去寻找寨中最古老的房子。从石邦惠家出来，沿着村中小路渐行渐上，跨过一道小溪，从一棵银杏树下过去，看见由几栋房子围成的四合院。四合院里有一栋房子很是气派，屋檐高约 5 米，门窗之有木雕。堂屋大门有六扇，每扇门上嵌有万字窗格，门的中段是雕花木板，雕刻以羊、蝠、麒麟、凤凰等为图案为主，见图 6-2。由于年代久远，木质门窗已呈灰白颜色，不能看出是何种木料。窗格中镶嵌的雕花是梅、莲、鹊、鹤图案。图案雕工细腻，栩栩如生。堂屋和阶檐的地坪，据房屋主人介绍，是采用传统的整地方式，用石灰、烧砂、搪灰混合后打平磨光，经久耐用。后来因为在地板上烧火，把地坪给烧坏了。

图 6-2 老屋门板上的雕花图案，左为蝙蝠，右为麒麟

行走在民居当中，发现年代较近的建筑能清楚地看见木头原本的颜色，一般是黄偏红的。年代较远的，则经过长期柴火烟熏，显现出黑色，再久远一些的房子，则是青发白的颜色，只能看出黑色的底子。拾阶而上，在村民石敦卓的带领下，笔者终于看到了寨子里最古老的房子，房子较矮，已有些破败，正屋已没有人居住，偏房似人有住，有一把锁锁住了门，估计是上山去了。石敦卓（49 岁，苗族人，石泉苗寨村民）告诉笔者说，"这就是我们寨子最古老的房子，是我们石姓人家第一个祖祖修的。你莫看他修得矮，不雄壮，它用的料

是全寨最好的。你晓得它是用什么树材修吗？是马桑树。马桑树你知道吗，马桑树很难得长高的，这个屋的马桑树柱头有这么高，不晓得要长好多年。"

古寨民居建筑制式有两种，即四合院和吊脚楼，房屋除了正房、堂屋、转角、厢房、朝门。木质建筑工艺大致一样，同是采用棋排梁跨骑、榫铆结合结构。一般是一开三间，如家庭人口多，住房不够就向两侧延伸，延伸空间不够，便转角加建房屋，自然形成四合院；有的建筑因地势不同，转角出来修成吊脚楼。精工之家多在门、窗、榫头处作雕花装饰，显得美观、大方、精致，见图6-3。

苗寨家家在堂屋设有神龛。神龛设在堂屋正面，上面写有家先，供台上有祖先香火牌，香火牌放在香火柜内，见图6-4。

图6-3 苗寨最老房子大门上的雕花门楣　　图6-4 神龛上香火柜和香火牌

石姓人家自认为出自唐时"武威郡"，以武威为堂号。苗寨每家在家先上都写明武威堂，并供"天地君亲师"位和儒释道各家神仙位。如图6-5所示，家先写明了四官神、真武祖师、孔子、昭穆、观音、宏仁帝、释迦佛、三官神、川主神、灶王神等神位。

武威堂

天地君亲师位

武威堂上千秋旺
酉溪求财有岁四官大神位
北方镇天真武祖师上帝位
大成至圣文宣孔子先师位
纯臣郡中历代昭穆神主位
南海岸上救苦观音大士位

七曲文昌梓潼宏仁帝君位
天机台上五五释迦文佛位
太上三元三品三官大神位
川主土主药王三王等神位
九天东府司命灶王府君位

纯臣郡中万代兴

福

千祥云集
佛祖登座
安位大吉
百福骈臻

图6-5 石姓人家堂屋家先（右为简化汉字释文）

右边上联：恭祝（小字）花甲初週万石名家开绮席（大字）石之石翁仕弓二兄大人秩 万诞志庆（小字）。

左边下联：松岭永茂一阳佳节璨玖衣（大字）姻愚弟冉瑞珍率子崇顿首拜祝。

香火牌由三块木板组成的，两块木板中间夹着一张书写着牌位主人的生卒年月的纸，记载了已故先祖墓葬地方和方位。下面一块木板作为基座，把上面两块木板固定在一道槽穴中。

走进村民家中，笔者看到了从明清、民国到新中国成立后各个时期的文物，如明清时的对联、字画、古书、苗族银质饰物，民国时的香炉、青花陶瓷、马灯，以及上百年的石水缸、石磨、石碓、木床、木匾、洗脸架、木质酥食盒等生活用品，仿佛走进了一座天然少数民族生活器具民俗博物馆。

在石邦贵家的古老堂屋里，有一副木质的对联，悬挂在中柱上。从依稀的字迹中，笔者可以推断出是一副贺寿联。近看时，确定是一位名叫石仕弓六十寿辰时，其姻亲弟弟送来的祝贺对联。按石姓辈分计算，"仕"字辈到"敦"字辈，相隔7辈人，至今大约200到300年历史。

（四）考查古寨生态

苗寨保持了良好的生态系统，进入寨中感觉最有特色的就是苗寨的水。寨子旁边有水、寨中有水。整个苗寨有8孔山泉，最主要的水源是大龙洞和小龙洞。大龙洞的水绕着村子从村外流过；小龙洞的水发源于寨后的风水林，从寨中流过，形成了纵横交错的条条水道。而村寨中的人行道就随着水道而成，有些地方水沟就是人行道，水量充沛的时候，溪水薄薄地滑过人行道上的石板，形成"清泉石上流"的景象，很有诗意。水较多的地方，搭上了跳岩，人们踩着跳岩行走。

环山之中，树木、竹林青翠，苗寨的水得益于苗寨周围树林的保护。传统的民族村寨，往往都保留了大树林作为寨子的风水林。俗信认为，一个寨子的人丁兴旺，与风水林的繁茂有密切的联系。石泉苗寨后的树林是石氏家族的风水林，所以得到了很好的保护。

在石泉古苗寨后面半坡上耸立着两棵高大的古楠木，被当地村民称为"夫妻楠木王"，两棵楠木相隔仅十米，并肩而立。古楠木高达40多米，胸围6.5米，直径2米多。但村民都不知道这两棵楠木生长好多年了，有的说300多年，有的说500多年。"反正我们的爷爷都说，爷爷的爷爷生前，这两棵楠木就有这么大。"村民世代拜两棵古楠木为"保爷"，用生命保护，才让其得以很好地保存。"这两棵楠木能很好地保存下来，全得村民用生命保护。"胡太清（苗族，石泉苗寨村民）说，从王家坝的老祖开始，都视两棵古楠木为院子的"神树",院里每一代男女老少都曾拜"神树"为"保爷","有病痛求保,有祸福求保,逢年过节还要烧香燃烛祭拜。古楠木在院子里成了不可侵犯的神灵。""村里要将这两棵古楠木砍去'炼钢铁',我父亲就跑过去用身子将古楠木护住,大声说道:'这两棵楠木是我的保爷,你们要砍就先砍我!'砍树的村民只好放下了斧头,两棵古楠木就这样被保了下来。"

由于树林对水的涵养,苗寨才有了清泉绕苗寨的特异景致。

在下寨入口处,有一块立于民国二年的石碑,碑上所刻文字依然清晰可辨,大致意思为:要保护农作物,不许猪牛践踏庄稼;保护桐茶漆梓,不准提前采摘,不准偷盗。并为违规行为的处罚作了详细的规定。相当于现代的村规民约。《示禁事》碑从侧面反映了村民习惯法对苗寨自然生态系统保持的促进作用,见图 6-6。

图 6-6 酉阳县知事马为示禁事碑及刻文

(五) 巧遇驴友

石邦惠老人告诉笔者,来苗寨旅游的游客最多的是那些背背包的"驴友"们。这些旅游者对旅游都有较高的要求,喜欢寻幽探古,喜欢寻找最原始和最真实的旅游地体验生活。由于是旅游淡季,来苗寨的旅游者很少,星期六和星期天有零星的游客进入苗寨。

星期六傍晚,一队由 11 人组成的驴友队伍来到苗寨,他们首先选定了石邦惠家作为休息点,因为驴友中有人来过,所以直接就到了石邦惠家。驴友们来自酉阳,他们当中有酉阳师范学校的、有酉阳实验中学的、有农行的,也有行政机关的,其中也有来自河南、重庆等地支教老师和顶岗实习的大学生。他们早上从酉阳县城出发,坐车到苍岭镇,然后徒步行走近4个小时的山路到达石泉苗寨。参观完苗寨后就集中到石邦惠家,准备晚餐和休息。旅游途中,他们采摘竹节菜、地米菜、野芹菜等很多野菜;一到石家,来不及歇息,就自己动手,清洗野菜,为晚餐作准备。一阵忙乱过后,凉拌的、清炒的野菜便端上了酒席间。更令人惊奇的是,他们竟然做成绿绿的、果冻一样的"班鸠豆腐",这可是很久以前,遇到荒年才用来充饥的食物。

坐在饭桌前,驴友们唱起了用《团结就是力量》改词而成的《吃饭歌》,席间他们谈笑风生,谈论着旅途见闻,讨论着苗寨旅行的一些细节,品味着自己动手采摘野菜,兴致很高。吃罢晚餐后,驴友便各自搭建自己的帐篷,准备休息了,见图6-7、图6-8。

图6-7 驴友们在自己做饭

图6-8 驴友们搭建在石家的帐篷

张昌是酉阳师范学校的老师,也是这次驴友旅游行的发起者和领队。他是第二次来到石泉苗寨。他认为,石泉苗寨对他来说很有吸引力,一个是因为这个村寨相对偏远,古老民居建筑保存较好;二个是苗寨有山有水,自然生态系统保持良好;三个是村寨里的人好,像石老,完全像自己的长辈。他说,石泉苗寨古朴、真实;没有像外地民族村寨的做作。"我不喜欢一些地方搞的民族旅游,有些地方本来就没有了民族语言、民族服装,但是为了旅游开发,硬要搞一些已经消失了的民族的东西,没有意义。像讲苗话、苗族服装,石泉没有了就没有了,我认为不要恢复,就是恢复了也就是假的,我是不喜欢。没有苗语和苗族服装的石泉,难道就不是苗寨吗?"

(六) 围铺摆古

苗寨里有很多人文故事。在苗寨旅游与遇见的每个人聊天,游客们都能听到村民们说起冉土司赶苗、武状元赶考、圣旨碑等故事。围坐在火铺旁边,听村里老人摆古,是苗寨旅游的怀旧体验。

每当石邦惠家客人多的时候,石老也会请几位老村民过来和客人们聊天,给客人讲述关于苗寨的人和事,和游客们一起唱歌,无论是山歌、老歌、革命歌曲，还是流行歌曲，大家都陪着一起唱。让客人充分享受到苗寨的欢乐。

村民讲的故事大致都有《石合昌割肉救母》《火烧溪的来历》《冉土司赶苗》《石举人骨归故里》《石化昌五考状元不中》等故事。石合昌割肉救母的故事在村寨深入人心，人人会讲，每当给客人讲起，都会带领客人去看表彰石合昌的母亲周氏的"圣旨碑"，见图6-9。

石合昌割肉救母

相传石合昌的母亲周氏，青年丧夫守寡，辛勤养育子女，教育儿子忠孝待人。老年周氏双目失明，病重卧床，十分想吃肉。但是那个时候战乱灾荒连年，家贫如洗，哪来肉供老母吃？孝子石合昌，是当地的割漆匠。他乘母不注意，悄悄用割漆刀从手臂上割下一坨肉，煮成肉片汤，哄母亲吃下。苍天怜悯，孝心感天，老母很快病愈，孝子的伤口也没有发炎化脓。"寡母守节育幼子，孝子剜肉伺老母"的感人事迹，经过层层推荐感动了清朝皇帝。于是，总督院核准由皇帝下圣旨准其建贞节牌坊予以表彰。过去文武官员、庶民百姓从此路过，都要下马下轿，以示尊敬。节孝碑就立在寨子背后的垭口上。孝子石合昌死后葬在阿蓬江畔一个叫鸡公嘴的高山上，他的坟碑上也篆刻了他的事迹。

图6-9 节孝碑及其铭文

苗寨会唱山歌的村民也很多，一些年老的村民能记住以前唱的老歌，一些年轻人对老歌不太熟悉，但他们头脑灵活，能现编现唱。我在石泉调查时，遇见了80岁的冉景怀老人，他年轻时经常外出闯荡，学会了不少山歌。但请他演唱山歌时,他却说人老了,记不起了。仅仅唱了两首。

其一:
山歌好唱口难开,苓芹好吃树难栽;
大米好吃田难办,鲤鱼好吃网难抬。
山歌好唱难起头,木匠难修转角楼;
石匠难打石狮子,铁匠难打铁绣球。

其二:
太阳出来照白岩,白岩头上桂花开;
前头开起梁山伯,后头开起祝英台。
太阳出来照白岩,白岩脚下打骨牌;
我手拿把满天九,算路不跟算路来。

三、石泉古苗寨旅游开发历程

石泉古苗寨的旅游开发始于 2008 年,苍岭镇党委书记向勇是该项目的主要推动人。向勇书记介绍说,石泉古苗寨的开发经历了一个从无到有的过程。酉阳县旅游规划本来没有包括苍岭镇,但从 2008 年 6 月,向勇调任苍岭镇党委书记后,经过实地考察,认为苍岭镇有丰富的旅游资源,应该大力发展旅游产业。经过向上争取,酉阳县最终同意将石泉古苗寨纳入旅游规划之中,作为阿蓬江国家湿地公园旅游区主要景点打造。

(一)苗寨旅游资源考查

对于苗寨旅游资源的考查始于 2008 年。由于刚调任苍岭镇常委书记的向勇为了给苍岭寻找到一种使百姓快速致富的产业,想到了旅游。对于石泉古苗寨有所耳闻的他,一个人特地走了大老远到桃子坪那山上从空中观察了一次,也曾开车到寨外对作了打望。2008 年的夏天,向勇书记陪从加拿大多伦多大学回国的石教授走进苗寨,激起了向勇书记开发苗寨旅游的雄心。在他看来,石泉古苗寨"一是寨子与那山形组成了一个阴阳太极图,可谓天寨合一也!苗寨能从赶苗夺(拓)业中有幸保存,幂幂(冥冥)之中是不是有老天的保佑呢?二是寨子古有举人,现有无数在外事业有成的栋梁,在家的和谐相处,可谓人寨合一也!三是寨在树中,树在寨中,可谓树寨合一也!四是寨绕水,水绕寨,寨中有水,水中有寨,可谓水寨合一也!加之有古民居、古树、古苗坟、古碑、古书、古传家宝、古老的传说。这难道不是活生生的一个现代世外桃源吗!能从忙碌的世俗之中到此寨待上一两天,就是人生只次一回也不枉走一回了！""石教授是画家，为回川美带学生选写生基地而来。石教授的赞美或许对我不重要，但对寨子里的人来说就很重要了，因为有他的话比我的话管用，我终于可以理直气壮地对寨子里的人讲，有世界级的画家说了：这寨子很美有价值。"（新浪博文《火烧溪那些纠结的小事》，向勇，苍岭镇党委书记）

石泉古苗寨旅游开发大事记

2008年夏天，陪同归国画家入寨拉开面纱。

2008年夏天小曾、小周应邀报到，第一次曝光于媒体。

2009年中秋节，县长及多位领导实地考察，定下保护开发的调子。

2009年秋，重庆驴友数次应邀到此一游，正式迎来外地客人。

2009年晚秋，重庆卫视、黄河卫视拍摄，苗寨非正式见诸于平面媒体。

2010年春节，武陵都市报深入采风，八版整体独家报到，全国及海外无数家媒体转载，正式揭开她神秘面纱，掀起古苗寨小热潮。

2010年春，镇党委政府主要领导到苗寨召开苗寨一事一议户主会，形成苗寨初步发展一事一议会议。

2010年春，县有关部门组织数次到苗寨调研，各界摄影爱好才，文化人士，旅游爱好者络绎不绝到苗寨观光考察。

2010年春，重庆阿蓬江（酉阳）国家湿地公园获国家林业局授牌，县委主要领导及相关部门到阿蓬江考察，决定成立重庆阿蓬江（酉阳）国家湿地公园管理局和阿重庆阿蓬江（酉阳）国家湿地公园经济协作区管委会，正式拉开阿蓬江流域保护开发序幕。

（二）舆论宣传造势

为了打造石泉古苗寨旅游形象，苍岭镇进行了卓有成效的宣传公关，大大提高石泉古苗寨的知名度，为苗寨旅游的开发，走出了非同凡响的一步。

2009年苍岭邀请了《酉阳报》的记者参观了石泉古苗寨，随后《酉阳报》于2009年8月9日刊发《火烧溪的圣旨碑》，首次报道了石泉古苗寨。其后，又制作了石泉古苗寨的宣传专题，陆续刊发了《神奇美丽的大河口——苗寨之美》《走进石泉古苗寨》《渝东南第一苗寨——石泉古寨之谜》《深山藏璞玉千年自逍遥——感受苍岭石泉古苗寨》等介绍石泉古苗寨的相关文章。2009年底《武陵都市报》记者连续3天走访老人、寻找古墓、踏勘古林、追寻文物和悉心考证，对石泉石苗寨进行了实地采访。于在2010年2月10日的

03～10 版，用整整 8 个版面推出了《酉阳苍岭石泉古苗寨特刊》《中国最大原生态苗寨惊现酉阳苍岭石泉村》《崇文又尚武 名冠于酉黔》《独特古民居 苗家活化石》《罕见古树群落 缔造生态奇迹》《"夫妻楠木王"相爱 500 年》《户户有珠玉 家家藏珍宝》《无字古苗坟 神秘待人解》《清代圣旨碑 孝感天下人》《石泉古苗寨 美景胜陶源》等文章热情洋溢，引人入胜，全方位的推介石泉古苗寨。

随后，《重庆日报（农村版）》以"渝东南第一苗寨石泉古寨"为题、《人民日报（海外版）》以"酉阳发现中国最大原生态苗寨"为题、《香港文汇报》以"武陵都市报独家发现石泉古苗寨"为题，相继报道了石泉古苗寨。除了官方媒体的图文报道以外，重庆电视台、山西电视台、黄河电视台等电视媒体也到石泉古苗寨拍摄采访。国内主要网络媒体如新浪网等也转载了石泉古苗寨的相关报道。

（三）苗寨旅游试运营

在宣传推介工作展开的同时，石泉古苗寨进行着旅游接待的试运营。为了规范苗寨旅游接待行为和树立苗寨农家乐样板，苍岭镇扶持了石邦惠家作为苗寨旅游接待定点单位。从 2009 年 3 月开始，石泉古苗寨共接待各类游客 500 多人。2010 年五一长假，石泉古苗寨迎来第一个旅游高峰，仅 2010 年 5 月 2 日一天就接待游客 130 多人。

（四）旅游开发规划与论证

对于石泉古苗寨的开发，苍岭镇确定了"三步走"的总体指导思想，即第一步是发掘与保护；第二步是科学论证，集中打造；第三步是持续宣传，迎接游客。石泉古苗寨外的阿蓬江已被列为国家湿地公园建设项目，苍岭镇将力争把石泉古苗寨作为公园里的"镇园"景点来打造。还将邀请相关专家、学者来石泉古苗寨进行科学考察，提升石泉古苗寨的历史地位，从民族、历史、文化、旅游等各个方面，打出石泉古苗寨的品牌。

苍岭镇人民政府关于石泉古苗寨 2010～2015 年保护与发展规划方案

为了认真做好石泉古苗寨的保护与发展规划，根据酉阳土家族苗族民族宗教事务管理局关于报送 2010～2015 年少数民族特色村寨保护与发展规划的通知精神，2009 年 12 月 24 日，苍岭镇政府组织政府办公室、村镇办公室人员，对大河口村石泉古苗寨进行了专题调研，通过召开村民代表会议、户主会议，在充分听取群众意见的基础上，对石泉古苗寨进行了认真的规划，规划如下：

一、基本情况

苍岭镇石泉古苗寨位于大河口旅游风景区,124户,500余人,房屋60栋,500余间,规模较大,是酉阳第一苗寨。

二、指导思想

坚持马列主义、毛泽东思想、邓小平理论和"三个代表"重要思想,促进民族进步,推进新农村建设,促进社会经济发展。在社会主义新农村建设中,着力抓好石泉古寨建设。石泉古苗寨,是至今完好古民居自然村落,规模较大,是酉阳第一苗寨,具有较高的保护和开发价值。通过古苗寨的保护和开发,将具有原生态和民族特色的自然村庄,打造成为宜居、休闲、旅游胜地。第一步,做好保护和规划;第二步,投入资金,发动群众,统一包装、打造;第三步,做好旅游宣传,迎接游客。

三、优势条件

1. 历史悠久,人文厚重。有600年的历史文化,至今仍然保存着古瓷器、古木质家具、古书画、举人冒、100年等珍贵物品,仍然还在使用石碓、石磨、石水缸。

2. 建筑风格统一。木瓦房屋、古色古香。

3. 苗寨同宗、同祖,全是石姓人家。

4. 苗族人民,能文能武,能歌善舞,性格开朗,热情好客,团结和睦,对党忠诚,热爱边疆,报效国家。

5. 风景秀丽。苗寨四周群山环绕,寨内溪水长流,山上草木葱郁、古树参天,寨中翠竹掩映,瓜果飘香,林间莺啼鸟鸣。后山可见"圣旨碑",前面可观阿蓬江美景,还可以游览大河口电站,泡温泉;白天炊烟袅袅,晚上灯火辉煌。苗家风情,让人回味无穷。

四、工作措施

政府规划、统一打造、以奖代补、自我完善。

五、资金预算

(一)特色民居保护改造实施方案和资金预算

1. 古民居改造。

石泉古苗寨有古民居124栋,按照每栋古民居改造资5 000元计算,需要资金62.4万元。

2. 基础设施建设。

在古苗寨中,铺设两条石板路,宽1.5米,长1 600米,公铺设石板路2 400平方米,按每平方米150元计算,需要资金36万元。修建两条下水道,长1 000米,按每米200元计算,需要资金20万元。两项共56万元。

（二）特色产业培育和发展实施方案资金预算、市场分析

1. 产业发展资金预算。

石泉古苗寨在特色产业发展上，主要大面积种植楠竹和经果林。规划种植楠竹10 000亩，经果林1 000亩。前一项需要政府补助资金20万元，后一项需要政府补助资金10万元，共需要补助资金30万元。

2. 市场分析。

种植楠竹既可以美化环境，旅游观光，又有很高的经济价值。楠竹笋，按每亩收入200元计算，每年收入200万元，楠竹还可以加工竹产品出售。1 000亩经果林（桃树200亩，李子500亩，柑橘600亩，柚子200亩，其他1 500亩）按每亩1 000元计算，每年收入100万元。

（三）文化项目保护发展传承方案和资金预算

1. 每年培训民歌传承人员1万元，5年资金预算5万元；
2. 每年培组织训跳摆手舞活动经费1万元5年资金预算5万元。

（四）民族团结进步资金预算

每年3万元，5年共资金15万元。

（五）其他经费预算，每年办公经费2万元，5年共需资金10万元。

2010～2015年，石泉古苗寨保护发展整个预算资金183.4.万元。

二〇〇九年十二月二十六日

四、旅游开发对古苗寨文化的影响

石泉古苗寨旅游开发刚刚起步，就村寨文化而言没有产生明显变迁。但是政府主导的旅游开发和对古苗寨的宣传，以及游客陆续进入苗寨等旅游行为，对于地处偏远，传统文化氛围浓厚的石泉古苗寨产生了直接的影响，也改变着村民传统的思想观念。

（一）政府主导旅游开发对苗寨的影响

1. 苗寨旅游氛围的营造。

在旅游业发展的初级阶段应该采取"政府主导模式"已成为当前各地发展旅游产业的共识，在渝东南石泉古苗寨旅游开发过程中，同样也遵行了政府主导旅游开发的模式。在旅游开发初阶段，政府的主导行为发挥着非常积极的作用，主要表现在确立旅游产业地位、规划旅游产业模式、营造旅游社会风气等方面。

渝东南地区由于地处重庆东南，长期交通不便、信息不灵，社会经济发展相对滞后，在这样一个"地方要财政，农民要饭吃"的地方，找准一个能快速致富的产业，对于各级政府都是急需解决的问题。阿蓬江国家湿地公园被国家林业局确认，为石泉苗寨发展旅游产业提供了契机。苍岭镇选准了旅游产业作为全镇经济发展的突破口，响亮提出"强势推进旅游兴镇战略，全力打造生态旅游大镇"口号，明确了优先发展旅游产业的基本策略。通过对旅游景区的勘探、采访、规划与宣传，从而在旅游开发地营造起了厚重的旅游社会风气。

苍岭旅游资源十分丰富，特别是阿蓬江森林湿地公园、石泉古苗寨两个品牌交响国内外，国家林业局已为我县阿蓬江级森林湿地公园正式授牌。我们要利用阿蓬江国家级森林公园和石泉古苗寨这两张名片，全力打造生态旅游大镇。

2010年，要加快推进旅游开发步伐，通过招商引资，强势推进兴镇战略，着力培育新的经济增长点。一是进一步做好大河旅游开发规划，做到高起点，高规格，高品位；二是要抓好基础设施建设，积极争取年内油苍岭——大河口，大河口—火烧溪公路，启动石泉古苗寨步行道和下水道工程；三是要通过招商引资，对大河口旅游实行整体开发，建设一批高档次、高质量的农家乐，娱乐场所，旅游休闲接待中心；四是要对石泉古苗寨进行包装和打造，把石泉古苗寨建设成为渝东南第一苗寨；五是要进一步收集、整理大河口旅游文化，提升大河口旅游文化品位和软实力；六是要引进技术，对大河口旅游产品进行深度加工和包装，把大河口天然的水产品打造成为旅游精品食品，力争开发3~5个具有竞争力的旅游产品。（2010年苍岭镇政府工作报告）

2. 苗寨文化特色鲜明化。

石泉古苗寨旅游在提上议事日程前，它仅仅是苍岭镇众多民族村寨中的一个，处在偏远的群山之中，无人得识。但随着旅游开发的日渐深入，苗寨的"古、幽、奇、趣"等特色被一一挖掘出来。政府对苗寨传统文化的整理与发掘，保护了古寨文化的传承，同时也强调了古寨各种文化事项的重要性。村民们也逐渐认识到树水寨人合一的生态系统，历经数百年的民居建筑群以及村民熟悉的传说故事的价值。

我从2000年到2005年驻火烧溪（石泉），那时候火烧溪还是一个村。驻村的时候，对火烧溪的印象和别的村子差不多，就是村子大一点，有几栋老房子，一村人都姓石。也没感觉到有什么不同的。向书记到苍岭，他说要搞旅游，找几个村子搞民族村寨旅游有搞头。我们找了很多村子，有大河口，有火烧溪，有南溪，都看了的，觉得没什么特色，都确定不下来。后来，川大有个石教授，是画家，要我们这里找写生的点，去看了火烧溪。他觉得火烧溪有价值，能发展旅游。这才决定下来。决定下来后，我们就想到了宣传，请了《酉阳报》的记者采访。通过记者一采访，火烧溪的特色就出来了。

它（石泉苗寨）的特色就是有山有水有树有人有文化。一是寨子保存完整，寨子占地2万多平方米，分上中下3寨，108户500多村民，全是石姓。房屋共70多座，基本上都是木质建筑群，又有整体性。二是生态好，杉、柏、银杏、楠木、枫香、皂角、丝栗、拔枣、檬子树（水红树）、檀罐树等10多个品种、上千株古树，特别是半山两棵千年古楠木，可称得上中华夫妻楠木王了。三是寨子水有特点，进寨子的田埂路旁是好几百丘梯田，寨边一小溪绕寨而过，寨内8孔泉水形成小溪，水从各家房前房后绕起流过，水在路中，路也在水中。四是寨子有历史，有文字记载至少500年左右，从四周山上千座苗坟来看，经历的无字苗坟、有图案苗坟、有文字苗生基，与土家族融合的生基以及现代坟墓来看，上千年历史甚至更远也不让人惊奇。五是有文化，在寨中，有国家非物质文化遗产南溪号子在流传，也有阳戏等民间文化在延续，也有酉阳苗族与土家文化在此交融的各种民风民俗，还有一些传说故事，就是待上一两个月也不一定能完全摸得透。（ZHS，男，52岁，苗族人，苍岭镇党政府办公室干部）

3. 苗寨硬件环境的规整。

政府主导的苗寨旅游开发的第一步就是改善苗寨的基础设施建设，主要有两方面内容，一是解决交通问题，二是保持苗寨木质建筑风格。

作为旅游目的地，在旅游开发的过程中，最迫切需要解决的问题就是可进入性问题。就石泉古苗寨来说，外部的交通环境相对较好，但从苍岭到苗寨的村级公路还是1990年修通的村级公路，路基很窄，路面粗糙，不适合大多数旅行车辆通过。2009年在政府的规划下，拓宽了从大河口到苗寨的村级公路。2010年苍岭镇在政府工作报告中，承诺了年内油化苍岭至大河口，大河口至石泉苗寨公路。

在石泉苗寨建设方面于2010年启动石泉古苗寨步行道和下水道工程。为了保持苗寨古朴的民居建筑风格，政府硬性规定了苗寨区域内不得私自建混凝土民房；要求村民做好古寨环境卫生工作，养成良好生活习惯；保护好古寨的文化遗产，增强古寨文化的软实力。并与村民签订了《苍岭镇石泉古寨特色村寨建设村民代表协议》。

苍岭镇石泉古寨特色村寨建设村民代表协议

为了认真做好我镇特色村寨的保护和发展规划，打造民族村寨，搞好旅游开发，根据国家财政部办公室《关于做好少数民族村寨保护与发展试点工作的指导意见》精神的要求和《酉阳土家族苗族自治县民族宗教事务管理局关于报送2010～2015年少数民族特色村寨保护与发展规划》的通知精神，经全体村民一致通过，特制订以下协议：

一、加强对古苗寨的保护。保护古寨，人人有责。保护民族特色古寨的建筑风格、工艺和与自然相和谐的自然风格貌。

二、积极支持古寨建设。村寨公益设施和公益事业建设等必须无偿去年支持。

三、古寨建设资金补偿标准。凡是基础设施建设和公益事业建设占地和拆迁时的补偿标准，须由三分之二以上的村民讨论通过，做出决定后，个人必须无条件地服从。

四、古寨建设资金补偿形式。特色村寨的建设资金采取以奖代补的形式给予补偿。

五、古寨建设规划。古寨建设，房屋、水、电、路等基础设施建设，按照苗寨特色村寨的建设要求，实行统一规划，统一设计，全体村民必须无条件地服从规划。

二〇〇九年十二月二十四日

(二) 游客进入对苗寨的影响

1. 游客与村民关于古寨文化的探讨。

一般的，大量的游客进入旅游地与当地人接触与交流，会对在旅游目的地文化产生深远的影响。不同层次和不同旅游目的的游客也会对旅游地人们产生不同的影响。在石泉古苗寨，虽然到目前为止，来苗寨旅游的游客还不是很多，我们仍然能够发现游客与村民们相互交流与影响的痕迹。这集中表现在对苗寨文化的相互认知方面。一方面村民们对自己日常行为司空见惯，随着与游客的交流逐渐认识到自身文化的价值。另一方面，游客进入到苗寨，对苗寨的历史、人文、生态作了一定了解之后，希望寻找出深层次的答案，在与村民交流求证之中，深化了对苗寨文化的认识。如苗族历史、石氏家族史、吊脚楼建筑的巴文化遗存、苗族文化等都在游客与村民文化交流之中逐渐显现出来。

(石泉苗寨) 积淀了丰富的历史和文化。我们不讲别的，就讲苗寨的民居建筑。这里的房屋都是木质建筑，建筑材料以什么木材最贵？马桑树。马桑树在这里是有传说的，传说以前马桑树可以长得很高，可以长到天上去。地下的人可以从马桑树上爬到天上去玩。天上的玉皇大帝很不高兴，就下了命令，说马桑树不到三尺就弯腰。后来，马桑树就再也长不高了。寨子里最老的房子是用马桑树做的柱头，能长到那么高的马桑树本来就不得了。再就是吊脚楼，龚滩有吊脚楼，说是土家族的，其实，我们这个地方，哪个民族没得吊脚楼，都坐吊脚楼。吊脚楼其实反映的是个什么文化呢，是巴文化，你看那个门窗上面的万字格，就是巴文化常见的符号。苗寨石家是苗族人，是国家认可了的。石家修得有完整的族谱，石家的来龙去脉记得清清楚楚。你不要看现在寨子里听不到苗话，看不到苗族民族服装，也不能证明这个地方不是苗寨。他们古老的民风民俗，都是从以前传下来，像打花喜鼓、老年人冲寿要上刀杆，以前都有的。这里以前只要有的东西，恢复起来很快。（CGH，男，48岁，土家族，游客，酉阳县实验中学教师）

笔者从苍岭镇党政办公室获得一份2010年3～5月石泉苗寨游客统计表。从这份统计表中，笔者从游客身份、旅游目的两个方面进行了游客分类，如表6-3所示。从2010年3～5月3个月时间，进入石泉苗寨的游客共有291人次。其中领导、学者占到总人数的45%左右，出于调研与采风目的的游客点总人数的40%左右。这样数据表明，将近有一半的游客进入苗寨是为了帮助苗寨发展旅游。这些游客对苗寨文化的关注将比普通游客要多，所以，对于苗寨文化的探讨、定位以及宣传推广，是这一时期游客与村民文化交流的重点。

表6-3　　　　2010年3～5月石泉苗寨游客结构分析

项目		数据	占总数百分率
游客身份	领导	82	28.18
	学者	50	17.18
	普通游客	159	54.64
游客目的	调研	81	27.84
	采风	34	11.68
	游玩	176	60.48
游客总数		291	100

2. 村民生活习惯随游客发生改变。

游客进入苗寨旅游与村民聊天，是一个双向的文化交流过程。一方面，游客从村民那里获得苗寨的文化信息；另一方面，村民在与游客的交流中，自觉与不自觉地会学习到游客思考方式，体验到游客的行为爱好，等等。通过这样的过程，村民的一些生活习惯也发生着改变。

游客来到我们苗寨，只要有空我们都带着他们寨子上逛。游客喜欢看什么，我们就带他们看什么；游客喜欢听什么，我们就给他们讲什么。我们在寨子里生活了很多年，要不是打工，很少出门，见得少，也懂得少。有时候，游客也给我们提很多好的意见。有的游客，像你们是大学的老师，懂得比我们多，你们讲的东西对我们很有用。你们讲的，我们觉得好的，就照做，这肯定对我们也有好处。（SDZ，男，49岁，苗族，石泉苗寨村民）

石泉苗寨是传统的农村村寨，农业是其主要的支柱产业。传统上，苗寨坚守着日出而作，日落而息的乡村生活。一般每天六七点钟就起床，在田地里劳作之后才回家做早餐，中午太阳正烈的时候在家休息；等到下午太阳稍有偏西，又上山下地干活。吃饭只做早晚两餐。随着有游客的进入，这种作息时间就稍有改动。在有客人的一天，实行一天三餐制，并根据客人要求，按时按要求做饭。

传统苗寨多养有鸡、猪、牛等牲畜，在游客进入之前，寨里卫生环境很差，鸡粪、牛屎到处都是，牛栏建筑也不规范。在游客进入之后，这些卫生环境得到了极大的改善。村民们每天起床后便开始打扫自家的院坝，也不让鸡、牛将粪便拉得到处都是。同时，为了满足游客洗漱方便，还建了单独的浴室，安装了热水器和浴霸等现代生活用具。石邦惠家被苍岭镇扶持为寨中第一家旅游接待单位后，他竟用水清洗了老木板屋的每一木板、窗格，连厕所的桥板，每天都清洗得干干净净。

（三）苗寨村民对旅游开发的认识

1. 村民对旅游开发充满期待。

政府主导的石泉苗寨旅游开发让村民们认识到苗寨文化的价值，对旅游产业的发展，石泉苗寨的村民纷纷表示支持的态度。笔者用"您知不知道苗寨准备旅游开发？""您是否愿意参与苗寨旅游开发？""你是否希望旅游业成为苗寨主要经济产业？"等问题走访了40多名村民，他们的态度很明确，一是表示支持政府对苗寨的旅游开发；二是愿意积极投身苗寨旅游产业建设当中；三是表示在旅游开发过程中，愿意为旅游开发作出个人牺牲。并认为，旅游会给石泉苗寨带来良好的发展空间和经济效益。

由于苗寨的旅游开发处于起步阶段，也有一部分游客进入苗寨旅游，给村民讲述了外地发展旅游取得成功的例子。村民对于自己村寨开发旅游充满了期待。主要表现在拥护政府开放苗寨的政策，积极配合政府关于苗寨旅游开发工作；在苗寨接待游客试运营中，热情主动地接待游客。一旦有游客进入苗寨，村民无论是谁都会热情地和游客打招呼，请到家里喝茶聊天。如果游客需要参观苗寨或者想要了解苗寨历史，村民们都会尽力帮助游客找到想要看的地方，引见想要找的人，等等。

政府发展旅游是好事，是我们苗寨的机会。自从政府准备开始做旅游开发，我这里就是主要的接待点。以前是张洪树主任驻我们村，经常在我家里歇。旅游开发后，一下子就有好多人进来，第一次来的是重庆渝中区的一些，一起有11人，那里2009年的3月份。后来，《酉阳报》的、《武陵都市报》的，还有山西电视台、黄河电视台的都有人来。来的人都是远方贵客，住宿吃饭都不要紧，本来也不应该收钱的。但是好多客人自己一定要给，有时还给很多很多的。后来，我干脆也就定了个价，吃饭按照吃的什么来定，一个人20~25块一餐，住宿就10块钱一个人。按照这个价格算，我们一个星期大约可以接待四五十个人，差不多也有五六百块钱。现在我们这里还没有形成规模，游客也不多。游客一多起来，我们就搞不赢，一般就要请人帮忙。以后旅游搞起来了，村子里大家都可以搞农家乐。

搞旅游有经济效益，我更看重客人。我们这样，两个老人住在村里，有一些客人来，晚上一起说说话、扯哈白，比两个人硬坐到看电视，心情要好得多。我们对待客人像对待亲人是一样的，进到我的家门，就是一家人。上次重庆医院有女医生，硬要喊我干爸。（SBH，男，73岁，苗族，石泉苗寨村民）

2. 村民对旅游开发的不自信心理。

石泉苗寨对于旅游开发的不自信心理表现在两个方面。一方面，是对苗寨传统文化消失的担忧。传统上石泉是一个苗族传统文化浓厚的村寨，但是由于政策因素、传承人减少、生活方式改变等多方面原因，一些传统的民族民间文化没有得到很好保护，大部分传承文化早已消失。对于苗寨旅游来说，民族传承文化是苗寨旅游的内在核心，失去了这个核心，苗寨旅游很难达到最佳效果。笔者在苗寨的几天里，村民问我最多的问题就是"苗寨有没有旅游开发价值""旅游搞不搞得好"等，反映了村民们对旅游开发的一种担心。

（石泉苗寨）搞旅游开发，那是政府为我们办的实事，我举双手赞成。但是，我们这里搞旅游，除了有房子、有故事之外，民族那块的东西找不到了。我们这里是苗寨，古的时候过年要跳花鼓，一家一户的拜年。老人冲寿，要请法师上刀杆冲岁。上刀杆要真功夫，一般是法师自己上。刀杆也不是像外地固定到地下，它不是固定的，四周用线拉起，要有好几个小伙子掌起。法师穿花衣，下面穿罗裙。爬刀杆叫打贺岁太保，以前兴，现在没有人打了，也打不像。还有唱山歌，寨子里有几个老人会唱点点老歌，但是记不到好多了。年轻人不会唱老歌，有的会现编词现唱。我在寨子里是赤脚医生，草药、西药都在搞。旅游开发对我没有好大影响。（SBY，男，65岁，苗族，石泉苗寨村民）

另一方面，担心村寨人口较少，不足以应付旅游发展。目前能从事苗寨旅游开发的本村人口较少。户籍上，全寨共有108户500多人，但其实上长期居住在苗寨的人仅100多，大部分青壮劳动力外出打工，也有一些人家，因为子女上学问题，搬到集镇上居住，长期不回苗寨。

我一家总有3口人，老婆和儿子都在外面打工，我一个人在家里种点地。现在寨子里搞旅游开发是好事，我担心寨子里没多少人了。村里一共有500多人，出去了差不多有八成，主要是一些老人和没上学的小孩子。他们一没劳力，二没文化怎么接待游客？（SDZ，男，49岁，苗族，石泉苗寨村民）

五、旅游开发影响苗寨文化的功能分析

（一）旅游开发影响苗寨文化的三个实现途径

旅游开发有一套完整的商业运作系统，其中包括了旅游产品打造、旅游产品宣传和旅游运营三个基本方面。在民族村寨旅游开发过程中，旅游对村寨文化的影响基本上也以这三个途径得以实现。

其一，旅游产品打造从物质方面对村寨文化产生影响。民族村寨旅游开发以村寨为单位，立足村寨特色，利用村寨中民居建筑、自然生态环境和社会生态环境，建立起旅游风景区。如石泉苗寨，其旅游开发的第一步就是规范村寨民居建筑，用统一的木质民居为主，辅以改造村寨青石板路，规划设计下水道和明水道系统，加宽扩建进寨公路等。通过在风景区修建旅游基础设施、旅游接待设施，建立起旅游物质基础，使旅游物质文化镶嵌于村寨文化之内，增添了村寨文化内容。

其二，要壮大旅游业，旅游投资者必然旅游产品进行全方位宣传，突出特色，以招徕游客。对民族村寨旅游的宣传，势必对村寨文化进行系统挖掘与整理，然后选择其珍有鲜明特色的文化内容进行强化宣传。旅游宣传不仅可以对游客产生强烈的吸引力，同时，也能提高民族村寨的文化品位，还能增强村寨村民的自豪感和积极性。

其三，旅游运营为民族村寨提供了直接、直观的文化交流平台。旅游商业运作模式以及游客与村民的互动，形成了现代旅游产业模式下的多文化接触与

交流，文化涵化现象极容易发生。

（二）旅游开发促进苗寨文化的整理与保护

对于石泉苗寨的开发，苍岭镇邀请大学教授、专家、学者和记者，深入苗寨参观体验，让他们以游客的身份发现苗寨特色和价值，从而系统地构建起石泉古苗寨文化系统。古苗寨的文化系统由自然生态系统和人文生态系统构成，自然系统与人文系统相辅相成，形成了特色鲜明的古苗寨文化系统。自然生态系统则由山、水、树、寨、人组成的良性自然循环系统，人文生态系统则由古民居建筑、民族生活习俗、人文传奇故事、"苗生基"古坟等构成的文化系统。古苗寨文化系统在旅游开发过程中逐渐清晰，并被村民与游客广泛接受，由此实现苗寨文化系统的系统整理。

随着旅游的开发，村民们逐渐认识到自身文化价值，在思想和行为能自觉维护古苗寨形象，保护苗寨文化系统，如自觉保护和整修民居建筑，主动传承民间人文故事等等。当地一些原先几乎被人们遗忘了的传统习俗和文化活动又重新得到开发和恢复；传统的音乐、舞蹈、戏剧等重又受到重视和发掘，长期濒临湮灭的历史建筑重又得到维护和管理；从而使民族传统文化精华在现代生活中得以生存和发展。

（三）旅游开发对苗寨村民思想意识产生深远影响

旅游开发不仅从形式上规整了古苗寨的旅游资源，发掘整理了古苗寨文化系统，更为重要的是，旅游开发过程中村民的思想意识产生了深远的影响。

首先，旅游开发使村民认识到苗寨文化的价值。自然景观与文化相结合使得旅游产品充满灵性和生命力。古苗寨旅游开发少不了对苗寨文化的整理和挖掘，一些原本在村民眼中司空见惯的民居建筑、雕刻装饰和不起眼的小物件，在受到专家的好评和游客的追捧之后，村民们逐渐认识这些东西的价值。

其次，旅游开发激发了村民的民族自豪感。随着游客进入苗寨，苗寨传统古老的建筑、淳朴的民风、优美的传说故事深深打动游客。游客对苗寨的称赞，让村民感觉到作为苗寨村民的优越感和自豪感。村民会在为游客作导游讲解时，炫耀村寨的历史，吹鼓村寨的历史名人以及民族文化等。

再次，旅游开发引发了村民的经营意识与竞争意识。旅游开发不仅带来良好的社会效益，更能带来巨大的经济效益。当旅游开发渐渐走上正轨之后，一些村民也逐渐尝试从事旅游服务经营。当石泉苗寨第一家旅游接待点每天能接待游客并能获取一定经济效益时，石邦惠老人更坚信苗寨旅游开发的前景。而居住于中寨和上寨的一些村民也因为看到石邦惠的成功，也跃跃欲试地想从事旅游服务业，也会冷不丁地冒出几句酸溜溜的话，"邦惠又在村口接客人了……"，竞争之心昭然于言语之中。

综上所述，酉阳苍岭石泉古苗寨的旅游开发在政府主导下迈出了坚实的一步。政府对苗寨旅游开发所采取的谨慎与科学的态度使得苗寨旅游开发正走向科学规范的发展轨道。笔者通过对苗寨旅游开发初期阶段文化变迁的考查，发现旅游产业的开发确实促进了古寨文化的发展，通过古寨旅游资源的踏勘和宣传，古寨文化逐渐清晰；更重要的是，旅游开发使村民能够认识到自身所传承的文化的价值，这必将对古寨文化今后的发展产生深远的影响。

第三节 文化自觉与乡村民办文化诉求

民办文化是民众自发组织进行文化传承和服务，公共文化服务体系建设的重要组成部分。民办文化的主体是相对于国家机构之外的社会组织和个人。其类型大致为两类，一类是文化类民办非企业单位，是"指企业、事业单位、社会团体和其他社会力量以及公民个人利用非国有资产举办的，从事非营利性文化服务活动的社会组织"；一类是民间自发组织形成的文化服务团队。民办文化一般能适应市场需求，迎合民众喜好，具有天生的民众亲和力。民办文化非企业单位是基于国家文化事业发展需要，部分组织和团队进行的公共文化公益服务，是新时代先进文化的代表。而民间自发组织则遵循文化市场需要，通过提供人们日常生活文化产品来获取报酬，主要传承着民间传统文化，如主持结婚、丧葬、庆典等礼仪。

一、民办文化活动的开展：以来凤县为例

来凤县作为土家族聚居区，民族民间文化多彩而厚重。在浓厚的文化氛围熏染下，民间自发组织的文化活动蓬勃开展。

（一）民办文化组织

来凤县现有各类民间民办文化组织 200 多个，主要组织形式为文艺队和民间文化协会。

1. 文艺队。

文艺队由各方文艺专业人员及业余爱好者组成，每个组织人数约在 20～30 人之间，规模稍大的文艺人数可达到 100 余人。如翔凤镇现有固有各类文艺队 50 支，其中广场舞队 26 支、腰鼓队 4 支、太极队 5 支、军乐队 5 支、民间灯队 8 支、民乐队 1 支、合唱团 1 个。

各文艺队依据日常动作方式不同，可以分为自娱自乐型、民族文化表演型和商业型。

自娱自乐型文艺队以广场舞队伍为代表，多由退休文艺工作者或文艺爱好者倡导，民众自愿加入，以成员交纳少量费用维持日常基本开支，人数由十余至上百人不等。如翔凤镇凤仪舞蹈队，队长为文化系统退休干部，整个文艺队有固定成员150人，其中多为机关、企事业单位退休人员。文艺队成员每人每交费60元。这类文艺队有专业人员组织编舞、教学和日常行动管理。同时，也接受政府文化部门的公益文化事务。凤仪舞蹈队主要以民族舞为主要传承内容，包括土家族摆手舞、苗舞和藏舞，等等。其24名核心成员组成的摆手舞队与本水明珠酒店建立长期表演合作，对外活动均为义务性表演。

民族文化表演型文艺队，如摆手舞、地龙灯等民族文化类表演队伍，多由民间艺人组成，队伍因表演需求而召集，活动开展周期不定，主要为公益性表演以及对外文化交流。如原生态摆手舞队由舍米湖原生摆手舞第四代传承人为主，成员包括退休人员、县直各单位及企事业在职人员等，固定人员约100人，以中老年为主。摆手舞队的表演活动仅在临时表演任务时，由队长召集，参加成员根据表演需要临时抽调。

商业表演型文艺队有三棒鼓队、军乐队、腰鼓队等常有艺人200人左右，以参加有偿文化服务为主。三棒鼓（花鼓）文艺队包括老中青各年龄层，一般根据个人意愿，组织5男1女6人队伍，主要表演场合为丧葬。三棒鼓省级非遗传承人田沿江组建的队伍，主要参加治丧、国家实政宣传等收费性活动，每人每场收费用150~300元不等。同时，作为非遗文化项目，三棒鼓队也参加重大节庆、对外交流等公益性活动。军乐队和腰鼓队多由老年人组成，每队约30人左右，主要参加企业开业、庆典、促销等商演活动，每人每场可收入100~300元不等，有些时候也义务参加政府组织的各种文化活动。

2. 民间文化协会。

民间文化协会是有着相同文化爱好的人自发组织，通常以某一核心文化项目作为学习内容，采用群团组织形式，有着共同商定的协会章程和组织管理模式。来凤县民间文化协会主要以文化联合会领导下的各文化艺术协会为主，主要有作家协会、舞蹈协会、诗词楹联协会、民间艺术家协会等9个协会（学会），有成员（会员）800多人。民间自发组织的文化协会则多以团体健身组织为主，有篮球协会、足球协会、自行车协会、乒乓球协会、农民体育协会、老人体育协会、体育舞蹈协会等7个协会和2个俱乐部。

（二）民间民办组织的文化活动

1. 大众娱乐健身活动。

群众自发组织的大众文化活动主要以自娱自乐、健康身心为主，文化广场是大众文化娱乐活动的主要场所，广场以成为民众晚饭后消遣的好去处，是群众文化活动的重要平台。广场舞是大众文化活动的主要代表，每天晚上七点到九点，各乡镇、社区主要文化广场、公共空间都能看到广场舞。广场舞队所跳的舞蹈主要有三类，一是交谊舞、二是民族舞、三是现代舞。在来凤县文化服务中心广场、酉水明珠广场等较大广场都两支以上的广场舞队伍，平均每晚跳舞人数过200余人。

广场上除了广场舞外，还有多种文化娱乐方式。三棒鼓文艺队会在固定的时间表演，由一人或两人主唱，边打锣鼓边说唱。三棒鼓是因为打鼓的人要同时使用三根同样的棒，一手持一根有节奏地击鼓，另外一根抛向空中，这样边打边接，边接边唱。三棒鼓表演一般都是两个人，一人打鼓，一人敲锣。也有三个人玩的，如果是三个人玩，另一个人则抛三把小刀。所用的鼓和锣都很平常，特色就在打鼓用的棒上。棒的外形就像一根擀面杖，两头略细，中间略粗。棒中间开了两三个椭圆形的孔，孔里穿上几个铜钱，棒一打，铜钱相互碰撞，发出清脆的响声。以前，只有在春节或人们办红白喜事才能看到三棒鼓表演。三棒鼓根据不同场合有不同的唱词，如丧葬时可唱《十月怀胎》：

要我唱来我就唱，站在这里象筒棒，好比那墙上画月亮，画的月亮他不发光。

闲话都少说，我敲响那鼓和锣，有请各位听一段怀胎歌，把娘的苦头说。

怀胎头一月，娘还不觉得，脸上渐渐无颜色，心中不明白。
怀胎二月零，做事她少精神，头昏眼花出毛病，坐着就难起身。
怀胎三月间，娘把饮食欠，全身上下好磨人，犹如倒过根。
怀胎四月头，工夫她不想做，时时刻刻把痰吐，脸黄又肌瘦。
怀胎五月来，孩儿出了怀，珍珠美味都不爱，难把头来抬。
怀胎六个月，孩儿长骨节，儿在肚里吃娘血，精神也没得。
七月怀身傍，身子发了胖，皮泡眼肿不像相，苦了儿的娘。
八月怀娘身，时常骨肋疼，全身好像散麻捆，真正好伤心。
怀胎九月正，孩儿把脚伸，伸手蹬脚头来摁，两脚路难行。
十月怀胎到，心中像火烧，四十八节都散了，痛得把命交。
痛得冷汗淋，发了几次晕，是儿是女都早些生，免得吓坏人。

爹妈点神灯，求神把卦问，娘奔死来儿奔生，阴阳只隔纸一层。
孩儿生下地，全家都落意，全家老少都欢喜，当作活宝贝。
连忙洗上床，一尺两寸长，移干就湿娘哺养，窝在娘身旁。
睡在摇窝里，跟儿喂奶吃，尿一泡来屎一堆，娘总都不嫌弃。
若是哭一声，跑都跑不赢，抱起么儿还啾一阵，当作命肝心。
教儿学走路，又怕儿绊跟头，饭一口来茶一口，好似捧的一碗油。
教儿学讲话，首先教儿喊爹妈，倘若一声喊错打，望儿还打哈哈。
抚到了六七岁，把儿送进学堂里，买纸买笔交学费，望儿早成器。
帮儿娶了妻，你看父母都过半辈，头发白了牙齿又缺，吃得还做不得。
有的儿的孝心强，孝敬二爹娘，从不吵来从不嚷，世上树榜样。
说话都是一脸笑，喊得那亲热了，饭菜口味都搭配好，整月要周到。
有个别后生尕（ga），说话如吵架，凶神恶煞如雷炸，养子窝血哒。
有的结了婚，两口子是一条心，把那父母抛在九霄云，好比两头畜生。
有的媳妇强，一幅好心肠，赛过亲女侍候娘，世上美名扬。
家有一个老，如同一个宝，不要割裂把架吵，做忤逆枪不饶。
父母扶养您，吃了苦和辛，人人都要孝双亲，不要做恶人。
除天就是父母大，要当作活菩萨，就是那讨米的穷叫花，莫忘爹和妈。
父母的美育恩，恩情比海深，人人都要孝双亲，不要忘根本。
这段怀胎歌，各位听我说，只因在下水平又薄，带来换寂寞。

现在，广场表演的三棒鼓多以表演者即兴说唱，见事说事，见人说人，或相互吹捧，或相互挖苦，等等。一些国家政府也编成三棒鼓词，在广场上表演或练习。如来凤县检察院编的预防职务获罪的三棒鼓词，就是来凤三棒鼓表演常用的段子：

二〇一四年，十月二十三，四中全会谱新篇，大把法治谈。
二〇一五年，新年贺词间，两度强调把腐反，重视超从前。
最高领导人，书记习近平，经常开会作提醒，反腐莫松行。
为官当头头，要学焦裕禄，一生尽把好事做，美名千古留。
为官要清正，全心为人民，经济方面过得硬，不贪一分文。
为人当了官，切莫乱捞钱，捞了一千捞一万，判刑要退还。
当官当清官，莫打鬼算盘，贪了雨衣贪雨伞，最后要翻船。
淡泊名和利，知行二合一，党的宗旨刻心里，为民谋利益。

前人很有趣，话从心里出，当官不为民做主，回家种红薯。
一旦当干部，就要做公仆，不搞官僚不变腐，群众才信服。
若是把官做，一定要带头，遵纪守法抓教育，违法要追究。
法律高压线，莫往身上缠，挨得不好会触电，生命都危险。
依法来执政，按照规定行，法律面前都平等，没有特殊人。
全国党政军，中央到基层，大官小官法为准，一概都同仁。
不管走到哪，遵纪要守法，提到腐败心里怕，想腐肉都麻。
若是胆子大，见钱就想拿，前进路上眼睛花，定要跌扑爬。
成了犯罪人，要进铁窗门，不能回家孝双亲，家人受孤贫。
进了铁窗门，悔恨泪淋淋，羞愧痛苦度余生，头上蒙乌云。
腐败是祸根，群众最痛恨，祸国殃民害自身，不反绝不行。
杀人要偿命，犯罪进牢门，做了坏事往外奔，抓到要加刑。
其中有一等，犯罪想窍门，先让亲属出国境，背个裸官名。
中央决心大，有的是办法，"猎狐"行动到天涯，再远也擒拿。
跨国来撒网，互相来帮忙，建立反腐二战场，罪犯无处藏。
法治范围宽，涉及多方面，职务犯罪算重点，预防是关键。
各级检察院，各个部门间，打破围墙面拓宽，联合使重拳。
上下来贯穿，纵横互相联，构建人民大防线，想贪也犯难。
腐败零容忍，发动老百姓，宣传要像钉铁钉，钉稳莫松劲。
城镇到农村，上层到下层，机关企业学校等，全面来推行。
群众有眼睛，能辨鬼和人，悟空能打白骨精，妖魔现原形。
惩治是利剑，预防抓在前，惩防监督要相兼，标本兼治严。
预防很重要，思想要树牢，制度建设要搞好，警钟常常敲。
预防抓到底，监督要有力，监管人员先管己，群众照学习。
预防常强调，改革掀高潮，统筹兼顾配合好，互相要协调。
惩治向前移，增强免疫力，权力涂上防腐剂，防止出问题。
作为检察院，惩防是关键，惩防监督挑重担，尽职不越权。
多把工作做，准备吃苦头，反腐不能松了手，双手力用足。
反腐花大力，做到人心齐，"老虎""苍蝇"打到底，莫留漏网的。
"老虎"丧了生，"苍蝇"打落平，权力要把笼子进，法制来管人。
有人他不怕，卯到犯国法，贪污受贿把钱抓，定要惩罚他。
犯罪要惩办，不能讲情面，不该宽的不能宽，不办人情案。
坦白可从宽，抗拒要从严，挖掉所有靠背山，不怕占人员。
反腐手要硬，莫怕得罪人，如果执法掺水分，请鬼送瘟神。
惩要稳准狠，法律为准绳，预防措施入人心，两手抓不停。

> 在党领导下，上下一齐抓，职务犯罪危害大，全民都想法。
> 依法把国治，宜早不宜迟，把它当做一大事，层层抓落实。
> 堤防蚂蚁洞，树防蛀木虫，田坎莫让黄鳝拱，粮仓防窟窿。
> 全国总动员，反腐来倡廉，树立正确人生观，为民掌好权。
> 国家要兴旺，法治要加强，学法守法记心上，幸福万年长。

除此之外，闲散民众的日常自发的文化活动也形成了公园或街边文化，如来凤县精神堡几乎每天都有群众下棋、打牌、唱三棒鼓。

大众文化活动发于民间，是人们的自我文化服务，是所有群众都可参与的群众文化，这种自生自长的文化一开始就是传承着乡村文化传统，而一些特定时期和特定场合，国家才会逐渐渗入进来，使其成为政府宣传党的方针政策的重要的载体。

2. 社会公益性活动。

民办文化组织参与社会公益性活动主要是在民宗局、文体局、旅游局等单位主导的各类活动，如旅游景区开园、民族文化展演、慰问演出、对外文化交流等。参与公益活动的文艺队主要是在活动中表演摆手舞、地龙灯、三棒鼓等民族文化项目。原生态摆手舞表演几乎是每专场公益性活动的必备节目，自2006年开始，以"舍米湖湖摆手队"名义参加的省州县接待演出多达150余场。三棒鼓传承人田沿江组织的花鼓队代表湖北省参加2006年长江中下游国际首届旅游节、2014年湖北省民族运动会开幕式等。凤仪摆手舞队牵手旅游局，经常参加景区开游仪式表演、文化下乡以及各种类型的文化慰问演出活动。

来凤地龙灯舞动女儿城

（2015年）3月14日，我县国家级非物质文化遗产项目"龙舞（来凤地龙灯）"在恩施女儿城景区参加全州"喜气洋洋闹新春"系列活动。我县地龙灯队伍第一个出场便"舞惊四座"，赢得州内外游客阵阵掌声。

据悉，"地龙灯"2011年被国务院列为第三批非物质文化遗产项目名录，"地龙灯"也称"巴地梭"，见图6-10，是土家族一种独特的民间龙舞，现流传于武陵山腹地来凤县的大岩板、板沙界两个相邻的土家山寨，传承至今已有300多年的历史。每逢春节和端午节，地龙灯队伍走村串寨游舞四乡，深受群众喜爱。地龙灯表演除娱乐外，还有驱瘟镇邪、祈求人寿年丰之意。

（来源：来凤新闻网；作者：李涛）

在政府组织的节庆活动中，各协会以多种文艺形式用人们日常生活服务。一是经常开展"送文化下乡"活动。如书法家协会长期坚持在春节期间免费为群众写春联,并根据乡村集市周期"赶乡场"送春联。二是积极组织作品展出,借此宣传国家政策、法制教育或实用技术。书法、美术、摄影家协会5年来共组织作品展览20余此,展出作品多达1 793幅。如2014年美协、书协组织会员专门创作党的群众教育实践活动和党风廉政建设书画作品进行展览。诗词楹联协会围绕龙凤经济、文化建设,组织会员开展采风创作活动,推出一批具有本土特色的优秀作品。

图6-10 地龙灯

同时,各协会还积极开展专业培训指导。如戏剧协会中已退休的南剧传承人长期为南剧团排练节目,并提供专业指导与教学;舞蹈协会成员为推广传统和新编摆手舞长期进行免费的专业指导;民间艺术家协会重推来凤的地龙灯和三棒鼓,发挥成员的传帮带作用,培养后备人才。

3. 有偿文化服务活动。

文艺团队为相关组织和个人提供了文化服务,收取相应报酬是一种有偿文化服务活动。企业促销活动、商家宣传以及民间民众婚丧嫁娶、春节聚会、庆寿等,都会请一些民间文化团队进行表演,并支付一定的报酬。如腰鼓队、军乐队多参加商家开业或促销活动、行政、事业单位的文化宣传活动,都可以收取一定报酬。

如三棒鼓在农村治丧和政策宣传上具有演出灵活、影响较大的特点,经常被政府、事业单位以及民间个人邀请进行演出,传承人田沿江平均每月都有约20次左右的民间丧事服务活动。社会成功人士贺新春出资邀请田沿江唱三棒鼓《四大名著》和《四大卷》全本。三棒鼓队参与县乡村各级宣传活动,一般宣传内容自己编词,在县、镇、乡、村、院落等地进行表演,各单位按每场每人300元的标准发放劳务报酬,见图6-11。

图 6-11 三棒鼓演出

春草期间文艺队和各类拜年式表演向各单位和家庭讨彩头也是民间有偿文化服务的主要内容。狮子灯、采莲船、龙灯等在每年古历正月向县镇乡各个行政、企事业单位拜年,各单位都会准备香烟、红包等答谢表演者。

4. 民间自办文化活动。

从2013年开始,来凤县革勒车镇大地龙村村民自导自演为自己上演了一台"农家春晚",晚会在村委会前的院子举行,搭上平台,用风车、谷子、橙子做底幕,用十多个斗笠贴上春晚名称或春晚主题,如"我的中国梦·农家唱春晚"等,主持人、节目编排、伴奏都是由村民自发自愿参加,展示了最朴质、最原生态的舞狮、花鼓、莲湘、山歌等绝技。

农家春晚得以实现源于乡村外出打工者的资助,2014年革勒车镇豹子沟村张家院子在外打工的张天学等人回家过年,得知村里的各项基础设施得到改善、惠农产业得到发展、村民生活水平得到提高,便联系外务工的22位村民共集资 4 400 元，摆了 10 桌团圆宴，演出节目近 20 个。村民自发表演，传统的地龙灯、莲湘以及当下流行的《小苹果》都在春晚一一上演。张家院子春晚参加村民达 500 余人，上台表演的村民年龄最长的何国忠已经 81 岁，见图 6-12 所示。

图 6-12　农家春晚

来凤村民自办"农家春晚"登央视《新闻联播》

"没有华丽的舞台，也没有绚丽的灯光，几台农家风车、几担丰收稻谷，这就是湖北来凤当地农民自导自演'春晚'现场"。1 月 28 日，中央电视台《新闻联播》在《春节临近，年味渐浓》的组稿中，以 10 秒时长报道了革勒车镇大地龙村"农家春晚"活动。1 月 30 日，该新闻在湖北卫视《湖北新闻》头条播发。

为丰富和活跃城乡群众文化体育生活，大力弘扬民族文化，打造艺术土家，春节期间，我县按照"隆重、节俭"的原则，组织开展了"我们的中国梦"文化进万家系列活动，把群众喜闻乐见的歌舞、小品、传统戏曲等优秀节目送到乡村山寨。

春节期间，"文化下乡""送春联，名家书法进农家""灯谜迎新春""书画摄影展"等活动如期开展，给全县广大人民群众送上一道道文化大餐。同时，县文化馆、各乡镇文化服务中心工作人员还深入到全县各乡村，指导农民在自家门口办"春晚"，让基层人民群众用自己最熟悉、最朴实的表达方式，歌唱新农村的新变化，唱响心中最美的中国梦。

（来源：来凤新闻网 通讯员：莫北钊）

二、民办文化发展特点及其局限

（一）民办文化活动开展的动力特征

民办文化作为民间自发组织的文化活动，是当代人们日常活态生活文化的一部分，也代表着当前文化传承发展的某种指向。民办文化的组织者、参与者作为活态文化的传承体，一方面他们特定地方文化和民族文化既定的传递者和承载者；另一方面，传承者和文化受众的主观能动性使他们在特定的空间、时间以及外来因素的影响下，创新他们所喜爱的文化形式。文化活动组织者不管出于利益需求、政治诉求，还是文化规约，都有着文化自觉的意味。综观来凤县民办文化的组织、活动的开展，文化活动的组织者和参与者在其文化活动过程主要表现出两种主观选择的动力特征：从众性和求利性。

1. 从众性。

从众指个人受到人群集体行为的影响，在自己的判断、认识、知觉上表现出符合于多数人的行为方式。大多数民办文化的参入者参加文化活动都表现出明显的从众意识，特别是像广场舞等一系列群体性文化活动更是如此。究其根源，文化活动的从众意识在于一个区域内人群所持有文化观念与文化意识，即文化从众行为经文化规范而形成。

首先是认同意识。认同意识包括两种：一种是地域认同；一种是族群认同。族群认同表现为各少数民族各自传承着属于自己民族的文化和习惯。地域认同则表现了当前来凤县民族团结和谐的一种状态，形成一种不分族群的地域性意识。来凤县曾是我国最早成立的土家族自治县，土家族文化氛围十分浓厚，摆手舞、西兰卡普等文化在当地传承十分普遍。而摆手舞则是来凤县群众自发传承最多的土家族文化之一，因其传承的群体性，绝大多数情况都是群众性行为。跳摆手舞一方面是政府倡导发展民族文化，保护非物质文化的需要之外，更多的人认为："是来凤县人就应该知道摆手舞，会跳摆手舞，土家族人更应该主动地跳摆手舞"。众多的广场舞队刚开始教跳摆手舞的时候，很多队员都是较为迟疑的，而在领队的带领下，大家都在跳，就不觉得别扭和显得另类了。

其次是互助意识。缘于团结互助的传统美德，民间存在各种互助性质行为和习惯,来凤县民间无论是在"婚丧嫁娶"人生礼仪庆典、春种秋收的农忙"双抢",还是传统时代秋冬季"围山赶仗",人们总是群策群力,共同完成。传统流传下的互助意识一直规约着生活在一定地域内人们的群体一致性行为,从而构成自觉的潜意识行为。"相互帮忙那是应该的。哪家没有急事难事?结婚要有人闹,老人走了要有人抬!"

最后是风险意识。"随大流"可以在自己无法确定风险时能在一定程度上减少风险压力。如来凤县作为一传统的少数民族聚居地,受传统的道教、佛教、原始信仰以及各种物神信仰影响,民间都相信阴间和鬼神的存在。即使一些不相信有鬼神存在的人,在遇到重大人生转折或家境不顺的时候,也会参与到求神请愿、"还傩愿"、进庙烧香等与鬼神相亲的传统文化之中。

2. 求利性。

民办文化组织者和参与者都希望通过从事某种特定的文化活动,包括政府主导的公共性文化活动和民间红白喜事中从中获取利益,这是民间文化得以开展,并延续和发展最基本的动力。大部分民间文化传承与发展,如果失去了利益的支撑将其发展的动力,最终走向消亡。从事文化活动所获得的利益主要包括金钱、文化权力和社会地位三种类型。

在市场经济体制不断完善的当代社会,现实生活中的民间文化活动组织者,首先需要解决的文化传承物资上的准备,首要的问题就是资金问题。有了资金才可能购置活动所需要的道具、服装、器材等,还能给文化活动参与者提供少量的补贴。从事民间文化活动与赚取生活所必需物质财富的有机结合,是一部分掌握了民族文化技艺的人最佳生活选择,也是民族文化自发传承的常态。如一些非物质文化传承人可以通过申请政府项目补贴、政府单位资助、参与单位组织宣传活动和服务家庭文化需求等形式获得报酬。在一些具有民间原始宗教信仰性质的民族文化活动(如傩戏、巫医)中,文化传承都承认有行规规定不能收取当事人的现金和财物,但在活动结束时也会以"红包"的形式收取一定的报酬。

一些民间文化活动的开展则表达了一种话语权。比如来凤县一些文艺团队传承了摆手舞、三棒鼓、地龙灯等民族文化或非物质文化项目,这些民间优秀的文化项目在其始源性和传承路线上都在于其民族性和地方性,在文化认同以及文化权利的宣示方面,这些民间传承人通过文化活动的开展来获得政府、社会或民间群体的认同。"在传统手工艺、知识的传承中,传承人则表达出一种知识占有的文化权利。如在一些乡村从事宗教和巫医职业的传承人,他们往往会有一整套入行、拜师、学艺、出师以及封地等仪式,通过这些仪式来宣示他们在这些领域中的权力。"① 舍米湖摆手队是来凤县公认的原生态舞手舞,在现代摆手舞传承创新与原生态保存保护等方面,他们有着不同的理解,反映出对新编摆手舞的排斥。一方面他们认可政府和高校对摆手舞的发展创新的态度,而对其创新的结果表示不满意。这不仅仅摆手舞传承作为民间优秀的民族艺术,而且摆手舞更是承载了土家族共同的祖先信仰,因而对摆手舞的传承以及摆手舞活动的开展,除了是支持和繁荣民间文化活动,更是对民族文化和地域性文化权利的宣示,表现为一种话语权的申诉。

优秀的民间文化活动的组织者一般都掌握了某项民间文化技艺或者其技艺达到了一个较高的程度,在民间社会中他们就是当地的文化精英。在长期的或一系列的文化活动开展取得了较好成就时,这些文化精英就会在社区和文化群体中占据了权威的地位,成为民间社会与官方对话和交涉的领袖,获得民间权威的影响力。当代的文化精英多是非物质文化传承人以及有着丰富工作经验和熟练的文化技能的文化爱好者,通过民族民间文化项目的传承活动,获得了较好的社会认可及社会地位。

(二) 民办文化活动开展的当代局限

1. 民办文化发展城乡不均。

民办文化在城区与乡村的发展明显不均衡,乡村民间文化活动开展较少。乡村是民间文化活动的汇集地,在很多时候也是民办文化的始源地,广大乡村蕴藏了大量的民间传统文化及优秀的文化传承人。但在事实上,乡村民众自发开展的文化活动相对缺乏,除了应政府专门要求外,基本上没有乡村自发组织的文化活动。乡村民办文化活动的相对缺乏,一方面表现在乡村缺少文化活动开展的活力与平台、乡村文化传承人的热情;另一方面又表现为大量的既有文化资源的沉积与弱化。

当代以市场经济为背景的乡村建设与发展,经济生活较传统乡村发生翻天覆地的变化,乡村人们不再守着自己的一亩三分地,而是通过多种生计方式来赚取钞票。在社会竞争中,大部分乡村农民仍然为基本生存而劳作,即便是农民文艺表演队也多基于生存需要向外谋求发展。总体上,农民离土地越来越远。武陵山区传统乡村的乡土性、宗族性也逐渐消减,传统乡村文化生境发生着巨大变迁,而维持着传统乡村文化的传统鬼神、宗族思想观念正被现代化生活所倡导的科学精神和以人为本的和谐思想所取代。但是在当代乡村也新型乡村文化思想内核相适应的文化形式却没有建立起来,形成了乡村文化发展短

---

① 余继平:《基于传承人本体视角的非物质文化遗产活态传承初探——以武陵民族地区为例》,载《四川戏剧》2012 年第 6 期。

板。乡村人口的流失、乡村社区空间转型，限制了乡村文化的发展。如以广场舞类的民间文化活动在县城和中心乡村推广兴起相比，偏远乡村则受到场地、人员、经费以及文化自觉性制约，群众参与度明显偏低。

2. 文化活动创新度不足。

民间文化从一开始就存在着创新问题，目前来凤县民间各文化团体所从事的文化活动多这展演式文化活动，普遍存在着热闹多、文化少、表演形式单一等问题。对于大众而言，容易形成审美疲劳，缺少吸引力和视觉冲击。如军乐队、腰鼓队往往是从电视和教学视频中学来，其中由较有音乐底子的人作为组织者，这类文艺表演常年以固定方式表演，缺乏能够引起群众注意的变化和创新，最终走向大众习以为常、冷淡对待的发展态势。而文化部门对民族民间文化类的文艺队的专业扶持和指导倾向性太强，有的甚至当作是任务，草草过一遍，让学员学到形式，而学不到精髓，更谈不上创新了。

另一方面，社会公共文化服务力量弱小，自发性的民间文化活动也受到资金、场地和人员的制约，主要以小团体开展文艺表演、体育比赛等活动，产品单一，且具有潜在的不稳定性，不能充分满足群众的多元文化需要。

3. 文化活动资金短缺。

作为以民营资本为支撑的社会力量，参与民间公益性文化缺乏有效的引导、管理以及成本回收模式，使得民间资本在公共文化领域活力不足。民间民办文化活动开展的资金主要来自于活动者自筹，自筹资金数额往往较小。少量的经费不足以让文化公益组织涉入消费性娱乐、电影以及网络等大型文化活动。民间文化活动经费来源较为稳定的来源，主要是政府部门对专项文化活动的资助，如民间会节、旅游节、大型文化展演，等等。而这类资助主要是为参与官方活动的团组提供活动经费，受益的文化组织较少、受益范围较窄，因而其对民间文化活动的开展的实际助推作用也较小。此外，商业赞助对于民间公共文化活动的投入模式单一，数量较少。商业企业对于公共文化活动的赞助主要在于商业广告投入，利用民间文化活动的开展植入其既定的广告。不管是政府的专项资金投入，还是商业赞助等形式筹集而来的资金往往都是一次性地用于活动本身，而对民办文化活动所需要的训练、场地建设以及成员报酬等所需的资金则无力解决。

4. 民间文化活动开展缺少有效的管理和保障机制。

民办文化自身所具有的结构松散、自发性决定民其文化活动开展的随意性和不确定性。在文化活动开展过程中，各文化组织都是各自为政，缺少合作，没有形成民间文化的整体资源优势。

另外，政府及其相关部门对民间文化组织缺少统一规范管理。对于民办的各种组织、协会、文艺队的基本情况的统计、调查以及信息收集处于不完善阶段。在基数情况不明的情况下，文化管理部门也没有制定成熟的、较为完备的民间文艺团队管理的具体实施办法，缺乏民间文化活动开展的长效保障机制。

三、民办文化发展中的文化自觉取向

目前武陵山区乡村文化发展面临两种情况：一是在全球化背景之下，中外文化交流、现代文化与传统文化的碰撞，引发本地传统文化的显著变迁；二是传统乡村文化发展受着经济利益诱导、政策主导以及地方领导成绩需要等多重影响，区域间和民族文化门类间发展存在不平衡问题。乡村传统文化在新时代焕发生机活力，助力于社会主义新乡村文化的创新，有利于培育民族认同感和文化认同感，使中华文化在实现创造性转换后走向世界，形成自己的文化软实力，夺得文化话语权，这是文化自觉的时代要求。费孝通先生提出"文化自觉"是从少小民族文化发展看到中华民族乃至于全人类文化发展的共同问题，强调生活在一定文化中的人对自己所传承的文化有"自知之明"，然后转化为文化转型的自主能力，"取得决定适应新环境、新时代文化选择的自主地位"。[①]民间民办文化的发展体现了乡村基层发展自身文化的一种文化自觉。

（一）新时期乡村文化转型发展与认同

文化自觉的时代价值和现实意义不在于将传统的文化看作是一成不变的文化传统，而强调文化的现代化，要求新时代的文化发展在吸取传统文化的精髓，借鉴现代性的先进文化经验，不断地整合创新，推动文化的发展和创新。新时期武陵山区乡村文化不是某些人认为的保持传统村寨的原貌，维持其原始的生态情景（包括自然和人文的），而是在乡村人们选择了现代性生活，接受了现代科学理性思想之后的文化新选择。因此，新时期武陵山区乡村文化是一种与现代乡村生活相适应的新的文化形态。这种文化形态是在一直贯彻了群众文化发展方针的原则，以社会主义先进文化思想为内核，以弘扬社会主义核心价值观为内容，以现代多元文化形式为表征的大众的文化。

对于新乡村文化认同，自然有其新的趋势。传统优秀的乡村文化形式当然是新乡村文化去伪存真后所保留的精华。乡村人们习惯用他们自身的认知来看待乡村文化的变迁。他们将"农业税"看作"皇粮国税"，在"天地君亲师"的社会结构认知中寻找到自然、社会、国家、亲属以及社会关系的定位。一方面，乡村人们非常乐意地接受国家、政府在乡村推广的现代科学技术、法制教

---

① 费孝通：《关于"文化自觉"的一些自白》，载《学术研究》2003年第7期。

育以及多样化的职业培训；另一方面，乡村人们所固有的"天地人"宇宙结构，使其固执地传承着民间文化传统，如对祖先的祭祀，并通过对传统巫术仪式举行来获得心理上的安稳。尽管"在物质利益的驱动下，人们自愿或被迫放弃传统知识，转而认同、接受现代知识"，[①] 乡村仍然毫不隐讳地保留着当地人的信仰和习俗。但遵纪守法、勤劳善良、热情互助仍然是乡村文化所倡导的主题，这与社会主义先进文化的核心价值观息息相扣。

（二）新乡村文化传承的自觉性和主动性

党的十七届六中全会提出建设社会主义文化强国，这是与我国深厚的文化底蕴和丰富的文化资源相匹配的，也是与中国特色社会主义事业总体布局相适应的。这种文化战略源自于文化自觉和文化自信。新农村文化建设事业要求各级党委政府、文艺工作者和广大人民群众要自觉于文化传承创新。

得益于国家民族政策和文化政策，在当代的中国乡村营造了传承发扬优秀的民族民间文化氛围。文化多样性保护、文化遗产保护，以及文化（旅游）产业对文化的采借成为乡村人们自发传承和发展乡村文化的现实动力。如来凤县的摆手舞传承、发展与创新，无论是政府基于响应国家文化发展战略，还是发展地方文化促进经济产业发展，还是广大人民群众自发学跳、传承以及推介摆手舞，政府、企业和社会民间都在传承摆手舞活动中充满了热情。1956年，来凤县文化馆干部陆训忠等在舍米湖发现摆手舞，组织彭昌松等村民进行传承，并向著名民族学家潘光旦进行汇报演出，以此为契机，摆手舞迅速流传到武陵山各县市区，成为土家族代表性文化。1983年恩施的"十里长街舞摆手"活动、2008年摆手舞进入国家级非物质文化遗产名录、2009年中国摆手舞文化旅游节以及以摆手舞为素材创作的舞蹈作品屡获大奖，等等，这种具有祭祀、娱乐、健身、交际和教育功能的少数民族优秀文化"与土家人生产生活水乳交融，在土家族确认和民族团结进步中发挥出巨大作用"，"摆手舞盛世，锣鼓壮征程，一个山地民族在踏歌奋进！"[②]

[①] 秦红增：《乡土变迁与重塑——文化农民与民族地区和谐乡村建设研究》，商务印书馆2012年版，第324页。

[②] 叶明理：《话说来凤》，北京燕山出版社2013年版，第171页。

第七章　武陵山民族地区和谐乡村文化发展与建设

新时期乡村文化建设是我国当代文化和社会的变迁内容之一，也是乡村现代化的内在必然要求。以马克思主义指导下有中国特色的社会主义文化不断丰富、发展和创新，要求充分调动社会各方面参与乡村文化建设。从实际出发，乡村文化系统性构建需要用新的文化理念来建立"一种既认同传统乡村文化，又面对以差异性为基础的乡村社会多样化发展的新的文化秩序"。① 新乡村文化的建设就是以乡村作为文化传承主体在新时期的文化选择，这种文化选择承担着传承乡村优秀传统文化和建设乡村文化新体系的历史使命。

第一节　新时期乡村文化发展与建设起点

传统社会中，乡村文化作为一种重要的文化仪典，多借助于宗教和信仰的平台和酬神娱人的表达方式，组织和规范着乡村社会的公共生活。从乡村治理历史来看，囿于行政制度的范围，官方权威并没直接加于民众身上。国家未能深入到基层社会，留给乡村较大的自治空间，从而形成复合的二元乡村社会，官方权威所代表的"大传统"文化和乡村民众所传承的"小传统"文化并行于其中。1949年新中国成立之后，国家实施的二元社会政策催生了社会与国家、乡村与城市之间的二元对立和二元文化。乡村二元文化呈现出大传统文化与小传统文化并存、两套不同的文化原理和两种不同的道德标准等基本特征。②

一、地方性知识体系重构

乡村作为一个天然共同体，承载了人类关于人与自然、人与人以及人与社会和谐的生态思想，更是久居城市的人想要留住的"精神家园"。内生于乡村

---

① 周军：《中国现代化与乡村文化建构》，中国社会科学出版社2012年版，第171页。
② 周军：《中国现代化与乡村文化建构》，中国社会科学出版社2012年版，第85~87页。

社会的乡村文化,以其生态智慧建设着美好家园的生活秩序,也以熟人社会道德维系着心灵家园的精神秩序。① 尽管现代乡村已经是整个国家结构中的一个基本组织单元,在国家体系中有着正式结构。但这个结构之外,仍然保留了乡村的熟人社会关系这种非正式结构。

乡村熟人社会所认同的传统价值、规范、习惯系统,并没有得到国家的正式认可,呈现出自生自发状态,成为人类学家眼中的"地方性知识",即只能"从本地人的观点出发"不能理解和解释的本地人文化。② 格尔兹的"地方性知识"缘于对非西方文化的观察、理解与解释,表示这些知识"与本土的种族、民族有关的、离不开这些地域的,或者在这些地域之外没有的、在这些民族或种族之外如西方没有的自然知识"。③ 因而地方性知识是一种相对于西方文化、现代文化的本地人所持有的文化。

当代武陵山区乡村虽然经历了农村的土地改革、合作化运动、公社化等一系列现代国家建设的社会变迁过程,乡村社会也在这一过程中改变了传统的土地所有制关系,塑造了一种组织形态。而从乡村文化主体而言,乡村仍然在现代多元文化意义中固守了随传统而来的地方性知识遗存。"在多元文化意义结构中,某一传统的文化意义之所以被选择,也不仅因为它是有用的,还因为人们认它是正确的"。④ 乡村的地方性知识对于其认为有用或正确的文化选择,源于乡村的文化原理和道德标准。地方性知识的文化原理是乡村人们都认可和共同遵守合乎其人际关系准则的"礼",而这种"礼"大都指的是传统习惯和民间习俗等非条文性的传统道德,表现出来则是人情和面子。

乡村会不可避免地进入到现代化的洪流,现代化带来强有力的技术、市场及制度等现代性知识体系势必对传统的地方性知识产生冲击。在文化对立和文化冲突惯性思维之下,人类学家显然十分担心传统的地方性知识遭受到现代性知识的打击。美国人类学家雷德菲尔德在其专著《农民社会与文化》中有这样的观点,乡民社会是前工业社会无法与现代社会共生共存。乡民的"小传统文化"在文明发展中,不可避免地会被城市所"吞食"和"同化"。⑤ 在传统与现代相对立的分析框架之下,学者们找到传统地方性知识的危机并看到他们的消解:如乡村的贫困成为乡村文化认同丢失的基础、对金钱利益的追求成为农村传统道德碎片化的恶源、乡村文化精英的流失与没落成为乡村凝聚力涣

---

① 赵霞:《传统乡村文化的秩序危机与价值重建》,载《中国农村观察》2011 年第 3 期。
② [美]克利福德·格尔兹著:《地方性知识——阐释人类学论文集》,王海龙、张家瑄译,中央编译出版社 2000 年版。
③ 吴彤:《两种"地方性知识"——兼评吉尔兹和劳斯的观点》,载《自然辩证法研究》2007 年第 11 期。
④ 周军:《中国现代化与乡村文化建构》,中国社会科学出版社 2012 年版,第 86 页。
⑤ R. Redfield, Peasant Society and Culture, Chicago: University of Chicago Press, 1956.

散的主因,等等。有学者认现代的"公路、电力、制度化的学校教育"是对地方性知识产生极大的破坏①,表现了对现代化进入民族乡村的不满。而在设立民族文化保护区、知识产权制度的法律和制度保护框架之下,则想象将传统乡村文化作为文物一样在博物馆保存起来,以避免传统知识的商业化和其他用途的滥用②。然而实践证明,诸如生态博物馆建设等少数民族特色村寨建设实践,并没有收到设计者预想的效果,传统乡村文化依然在消减,村民传承传统文化的热情依然不高。

事实上,作为本地人所持人的文化观念和行为,都源于他们所认可的文化原理和道德标准。在日常生产和生活中的选择就是现代乡村人们对文化传承和发展的态度选择。而对现代化以及现代性知识的来到,乡村人们并没像一些学者想象的那样手足无措,而是在固守其某些传统(如人鬼神世界观等无法用科学解释的神秘学范畴)之外,乡民们更多地表现出对现代知识的顺应和渴求。送子女上学读书识字、乐于接受现代的生产技能、生活方式以及组织制度是当代大多数乡民的习惯性选择。这是当代乡村社会传承的新的地方性知识。科学实践哲学认为"地方性知识","不是指任何特定的、具有地方特征的知识,而是一种新型的知识观念","是知识的本性就具有地方性,特别是科学知识的地方性,而不是专指产生于非西方地域的知识。其地方性主要是指在知识生成和辩护中所形成的特定情境(context or status),诸如特定文化、价值观、利益和由此造成的立场和视域"③。因此地方性知识体系的构建不是存在于过去的文化传统的保留和固守,而是乡村文化主体自主选择而愿意传承的日常生活方式、人际交往准则以及关于人与自然、人与人、人与社会的认知与解释。

二、现代文明知识体系的渗透与建构

现代文明源于西方,科恩以发生在16、17世纪的科学革命为界,将人类文明的演进历史分成"新世界"与"旧世界"两个阶段。时至今日,现代文明在全球的迅猛推开,已然超越国界而成为全世界共享的先进文化模式之一。古老的中国,从20世纪初开始向西方学习现代文明知识。在全球化、信息化不断深入的现代社会,中国和西方已正趋于同步。西方文明是一种以发达资本

---

① 韦丹芳、刘丽:《科技人类学研究的新进展——2003年中国科技人类学研讨会综述》,载《广西民族学院学报(自然科学版)》2004年第1期。
② 英国知识产权委员会:《整合知识产权与发展政策(Integrating Intellectual Property Rights and Development Policy)》,2002年。
③ 吴彤:《两种"地方性知识"——兼评吉尔兹和劳斯的观点》,载《自然辩证法研究》2007年11期。

主义代表物质文明，强调科学、知识和财富，通过技术手段来克服问题，通常是以人改变自然为最终导向和目标。现代文明在武陵山区渗透主要以是科学、市场、民主、法治和信息化为表征。

科学思维是以一种唯物理性的思维方式，构建一种关于自然、社会以及思想的知识体系。"革命源于科学"指的是哥白尼的《天体运行论》，用一场根本性变革改变了人类认识自然的概念、理论、工具和世界观。库恩的《科学革命的结构》[①] 改变了人们对科学的看法，认为科学革命的重要性在于它与现代文明的关联。工业革命、政治革命和启蒙运动都被视为科学革命在新世界的延续。民主制度、现代国家、公民社会、法治、多元价值观、言论自由以及对科学知识和理性的推崇，这些现代文明的基本特征都在科学启蒙和推动下形成。科学思维倡导了运用科学和理性分析思维方式来指导人的生活，并改变其文化。

作为民族地区、贫困山区、革命老区，武陵山区乡村在新中国建立之后的社会主义建设大潮中不断采用世界现代文明的政治、经济和文化模式进行自身建设。现代文明知识体系逐渐在武陵山乡村逐渐渗透并持续地建立起来。

乡村的村民自治，让乡村人们按照民主的组织方式来管理自己的事务，这种以人民当家做主为主要内容的人的基本权利保障，有别于传统乡村的家庭、家庭和宗族管理模式，人人都享有了伸张自身权利的机会。法制教育、社会教育深入乡村进行扫除法盲、文盲活动，不断地提升乡村人们的思想文化素质。九年制义务教育政策的贯彻执行，世界现代文明知识系统地展现在乡村人们的认识之中，实事求是的唯物主义观，数学、物理、化学等理性认知自然的科学手段和方法逐渐替代了传统巫术对自然的推测和臆断。

在乡村建设上，现代文明知识展示了强大的力量，运用新技术、新工具对乡村环境的治理极大地改善着乡村人居环境。公路、铁路、桥梁、摩托车、农用车、轿车等不断地改变着乡村人的出行习惯；农药、肥料、新种子、新的农业技术和田地利用方式改变着乡村人的生计劳作；信息技术的发展与运用增加乡村信息传播的方式方法和速度。

经济产业的调整和发展使乡村人们逐渐接受了市场运作的机理，以家庭为单位的生产单元也在逐渐解体。打工、土地流转、"农户＋基地＋公司"运营模式等正深刻地改变着武陵山区传统的生计方式和产业结构。以市场作为一种经济管理机制，已然成为武陵山区人们所遵循的现代规则，如人情的货币化、民俗活动的商业服务化，等等，新型经济形态层出不穷。

事实表明，现代文明在武陵山区并没有出现像某些专家学者所预想的那样

---

① 库恩著：《科学革命的结构》，金吾伦、胡新和译，北京大学出版社2012年版。

对乡村社会和文化实现毁灭性的打击和占领，而是呈现出一种速度较快的融合形态。武陵山区乡村人们正是看到和体会到现代文明对自己有用，使自己的生产变得简单，生活质量得到提高，因而采取一种欢迎的态度。即便是现代文化技术不能解决的问题，人们已习惯于先利用现代知识，如对疑难杂症的医治，一般情况下，病患在发现生病时，首先采用西医西药或中医中药进行治疗，在实在没有办法有情况下，才会求诸于民间巫术，即所谓的"神药两解"。"打官司"等通过法律起诉来解决民间纠纷成为保障人们权益终极手段，法治精神也在一定程度上得到认可。当人们发生纠纷时，一般会通过三个途径来解决，第一个途径是通过熟人关系私自调解；第二个途径是通过乡村中由政府部门确认的人民调解员进行规范化的调解；在前两种途径都不能解决问题时，才会通过第三个途径，即法律途径来解决。而通过法庭宣判的调解结果具有不可推翻的权威性，尽管有时于情理不合，人们也会服从判决结果。

现代文明知识，通过教育来丰富乡村人们的知识系统；通过法律规范确保了人与人平等的社会关系；通过市场调节建立和完善了公平的市场运作环境；通过信息技术让乡村与世界联在一起，从中倡导了世界发展的价值观，至今为止，它仍然是全球各个国家、各个民族在当今发展的终极指向。

三、情境实验中的地方性知识与现代文化对接

文化是人类为了满足某种价值的需要而创造的，反言之，当一种文化不能满足人的需要时，文化就会被改革。新时期武陵山区乡村文化的传承与发展是乡村文化在当代适应人的需求而发生的改变。这种改变是一种以乡村人们为主体的、有计划的文化变迁过程，而在文化发展规律规约之下，这种文化变迁又受着文化传统、社会政治、社会教育和社会舆论等内外部因素的制约和影响。

（一）传统文化的解构

传统文化从历史而来，"是文化与社会的延续链。"传统文化与传统社会的自然和人文环境相契合，是旧的地方性知识体系中表现出来的某种文化秩序，这种秩序也是逐渐形成的，并且一直发展并适应新环境。这种发展就是一个"旧的文化秩序解体和新的文化秩序建立的过程"。[1] 因而，文化发展就是传统文化不断解构和当代持续重构的过程。

解构，或译为"结构分解"，作为现代文明中一种哲学思想，是后结构主

---

[1] 《传统文化：解构与重建——陈寅恪〈王观堂先生挽词序〉新释》，载《光明日报》2001年2月14日。

义提出的一种批评方法。"解构"（deconstruction）在海德格尔《存在与时间》中意为消解、拆解、分解、揭示等。其后德里达又补充了"反积淀""消除""问题化"等意思，指对稳固性的结构及其中心进行分解，每一次的分解都是原有结构的分裂、中断或解体，每一次解构都会产生新的结构。作为一种发展的文化，首先是对传统文化进行结构上的解构，即对其与传统文化环境契合的从表及里的结构进行拆解；然后重新构建起契合于新的文化生境，满足于当代人的需求。

武陵山区乡村传统文化体系是一个结构系统，并且处于被人们熟知其可用或不可用的认知状态之中，透过文化的某种标准可以将其系统还原成多个元素，并一一对应到现代乡村文化的结构体系之中。当然这种文化结构的解构是多步骤和多重的，需要进行大量的精细化工作的反复调节，才能实现其优化的重构。

（二）新乡村文化结构的合理构建

新建的文化是否合理则需要用先进的发展理念和实事求是的实践活动来检验。而发展理念与思维本身也在不断地更新，从20世纪50年代开始的以经济增长为核心的传统发展战略，到70年代的以人的发展为核心的综合发展战略，再到1980年以来的以人类整体利益为核心的可持续发展战略。人类关于发展思想逐渐明晰，其内涵可理解为：一是发展应以人为本，二是经济发展应与社会进步相协调；三是人类社会发展应与自然保持和谐。[①]

第二次世界大战之后，发展中国家的现代化进程参照发达国家的模式，"发展即是铺设道路，好让亚洲、非洲和拉丁美洲的大部分地区复制世界经济发达国家的典型环境：工业化、高度都市化和高度普及高等教育、农业技术化，对现代化价值观和法则的广泛接受，包括特定的秩序、理性和个人目标"。[②] 发展中国家的发展实践表明，发达国家的模式非但没有解决本国的现代发展问题，而且还催生民族冲突、经济结构失衡、都市畸形发展、社会两极化等问题，更为重要的是，一些发展中国家正逐渐成为发达国家的附庸。在这种情形下，从20世纪70年代以来，人类学家提出了参与式发展（也称内源式发展）理念，即通过对社会内部有效刺激来促使其自身能量的主动发展，从而否定以西方发达国家发展道路和模式的唯一性。"每个社会都应该根据本身的文化特征，根据本身的思想和行动结构，找出自己的发展类型和方式。有多

---

① 秦红增：《乡土变迁与重塑——文化农民与民族地区和谐乡村建设研究》，商务印书馆2012年版，第27页。
② 中国社会科学杂志社编：《人类学的趋势》，社会科学文献出版社2000年版，第74页。

少社会，就应有多少发展蓝图和发展模式。"①

然而参与式发展理论从一开始就有一个致命的预设，即待发展民族都是需要援助的对象，需要通过"赋权"来加以解决，把处于社会底层、边缘的穷人置于发展的第一位，实现上下层双方的权力倒置。这样一来，则在乡村发展过程中设置了新的藩篱。② 根据参与式发展理念，当代乡村文化结构的重构，是在满足人民的真正需求和愿望的前提下，由文化传承创新主体按照自身的文化结构，在协调人与自然、人与社会和人与人的关系，从而实现文化的永续。

（三）情境实验

任何一种活态的文化都处于一定的社会情境之中，不同的文化基因的组合，不同的社会情境都产生不同的文化形态。当代的武陵山区乡村文化建设就是现代文明知识等外部性文化因子注入正在按自身文化结构和文化选择愿意的地方性知识体系之中，一些文化的基因与新文化结构融合中还存在着"系统不适"，需要在特定情境中进行适应和调和。

当新的文化结构建构起来之后，在对其原有文化因子进行取舍之后，会出现很多文化缺位。这时候一般会通过传承传统文化或采借外来文化因子进行补位。一旦找准补位文化后，就可以通过强制、学习等手段来限制它，如武陵山区乡村社会实现了从传统向现代的转型，针对其落后、贫困，实现了现代知识体系的科技文化、教育文化进行补位，更有甚者还通过资金补助、对口扶贫等强制性措施促进乡村发展，但是这种做法并没有收到预设中的效果。

文化的发展是一定时间和空间中存在的文化现象，而文化的建构需要通过一定时段和区域空间运行才能实现融合，使之成为新文化结构中的有机部分。武陵山区乡村文化在当代的发展与建设，则需要通过情境实验的方式，使传统的地方性知识与现代知识体系进行磨合，从而将两种知识体系中的优秀文化因子有机效的结合起来，实现现代乡村文化的华丽变身。

第二节　武陵山区乡村文化发展与建设的目标

武陵山区乡村文化发展与建设是国家文化发展大局的一部分，总的发展和建设方向就是建设有中国特色的、民族的、科学的、大众的社会主义先进文化。这种先进文化是满足当代乡村人们的文化和生活需求的、与中国特色市场

---

① 陈铁民：《当代西方发展理论演变趋势》，载《厦门大学学报（哲学社会科学版）》1996年第4期。
② 叶敬忠：《发展干预中的权力滴流误区与农民组织》，载《广西民族大学学报（哲学社会科学版）》2008年第1期。

经济体制相适应的文化。早在新中国成立前,毛泽东就在其《新民主主义论》中提出建设"一般民众所共有的"、"民族的、科学的、大众的文化","决不应该是'少数人所得而私'的文化"①。党的十六大提出"三个代表"重要思想要统领社会主义文化,要"坚持以科学的理论武装人,以正确的舆论引导人,以高尚的精神塑造人,以优秀的作品鼓舞人"②。党的十七大三中全会强调:"坚持用社会主义先进文化占领农村阵地,满足农民日益增长的精神文化需求,提高农民思想道德素质。"③ 对于农村文化建设,中共中央和国务院多次在重要会议上明确提出目标和建设任务,对农村公共文化服务体系、基础设施、文化产业发展以及乡风文明建设作出规定和指示,建设以"生产发展、生活宽裕、乡风文明、村容整洁、管理民主"为主要内容的社会主义新农村文化。

一、以科学发展观引领乡村文化发展和创新

建设社会主义先进的新乡村文化必须树立与乡村发展相适应的科学发展理念。2003 年党中央提出"发展是第一要务","坚持以人为本,树立全面、协调、可持续的发展观,促进经济社会和人的全面发展","统筹城乡发展、统筹区域发展、统筹经济社会发展、统筹人与自然和谐发展、统筹国内发展和对外开放"的要求推进各项事业的改革和发展。

党的十八届五中全会要求树立并切实贯彻创新、协调、绿色、开放、共享的发展理念,要求将生态文明建设融入政治、经济、文化、社会建设各方面和全过程。绿色发展理念是科学发展观的延续,要求以树立绿色的观念、意识和价值取向为指引,实践和创新"科技含量高,资源消耗低,环境污染少的生产方式"和"勤俭节约,绿色低碳,文明健康的消费生活方式",实现"经济与生态的良性循环,人与自然的和谐平衡"。

乡村文化的科学发展,就是要坚持在中国共产党的领导下,以人为本,保障乡村人们的基本文化权益;通过解放和发展乡村文化生产力,破除制约文化发展的体制性障碍;平衡公益文化事业和经营性文化产业发展;使乡村文化发展不断适应日益变化的乡村社会发展步伐。在科学发展观指导下,既要使特色传统乡村文化资源得到保存和流传,又要实现传统文化的跨越式发展和创新性转换。武陵山区乡村文化建设不仅要为乡村经济发展服务,也要与其他事业发

---

① 毛泽东:《毛泽东选集》,人民出版社 1991 年版,第 1058 页。
② 江泽民:《全面建设小康社会,开创中国特色社会主义事业新局面——在中国共产党第十六次全国代表大会上的报告》,人民出版社 2002 年版。
③ 《中共中央关于推进农村改革发展若干重大问题的决定》,人民出版社 2008 年版,第 23 页。

展适应，充分保障农民的文化发展权，以破解民族文化传承断代、经济滞后和生态脆弱的两难发展困局。

二、重建乡村文化秩序和价值

新时期武陵山区乡村文化发展与建设就是在建设适应当代乡村社会发展的新乡村文化体系，这种文化体系与现代科学精神、市场经济体系、民主法制理念相适应，表现了以新乡风文明为特色的社会主义新农村文化的先进性。立足于地方性知识与现代知识体系对接，开展形式多样的群众性文化活动，"逐步建立与社会主义市场经济体制相适应的农村思想道德体系，大力发展农村的科技、教育、文化、卫生、体育等社会事业，全面提升广大农民的文明素质和农村社会的文明程度"[1]。重建起来的乡村文化秩序包括：以生态智慧促生的"生活秩序"，以新农村道德维系的"精神秩序"和以新社会规范规约的"自发秩序"[2]。需要重新确认传统乡村文化在整个社会主义先进文化体系的价值和地位；找到现代知识与传统地方性知识的"互哺"机制，乡村文化可以利用现代文化的理念、模式和发展方法，强化传播，实现价值。

传统乡村地方性知识蕴含了丰富的和谐生态智慧，费孝通先生在《乡土中国》中指出，在乡村生活的农民以乡土为根基，以乡情为纽带，有着难以割舍的乡土情结，在日常生产和生活中自觉地尊重和保护所生活的自然环境，从而形成了"人法地、地法天、天法道、道法自然"的"天人合一"的生态观[3]。而以西方文化为源头的工业现代化模式将自然资源与生态环境推向了危险的边缘。

传统乡村是一个礼治社会，乡民们遵循着人际关系的"格序差异"，以人伦关系建构起乡村基本的道德规范。这个道德规范规约着人们的交往行为准则，如家庭团结、邻里和睦、尊老爱幼、谦和悌让、守信重义、扶困互助和颂勤斥懒，等等。如果有人逾越了这些道德准则，会被乡民社会所歧视，而其自身也会承受内心羞愧的惩罚。现代商业社会带来的商品化和市场化，使得一些不法商业行为突破了传统优秀的道德价值观，利己主义、拜金主义盛行，而诚实守信、宽容忍让、俭朴善良等传统民风逐渐退化。

因此，重建乡村文化价值必须跳出"工业与农业""城市与乡村"对立的思维方式，在继承乡村文化自身价值的同时，超越城市文化和西方工业文明的

---

[1] 徐平：《社会主义新农村与文化建设》，李小云等主编：《乡村文化与新农村建设》，社会科学文献出版社 2008 年版，第 14 页。
[2] 赵霞：《传统文化的秩序危机与价值重建》，载《中国农村观察》2011 年第 3 期。
[3] 费孝通：《乡土中国》，北京出版社 2005 年版。

负面影响，最终树立起既不脱离乡土又不限于乡土的新乡村文化精神。首先要用社会主义核心价值观引导农民树立现代价值观，以共同富裕为价值理想，以社会贡献为追求，以集体主义为行为准则，对当前社会多元价值观进行整合和体系重构。其次帮助和引导农民建立具有平等性、开放性、创新性、独立性的现代人格转型。

三、创新乡村文化发展实践形式

乡村文化发展的形式是多样的。要符合社会主义精神文明建设规律，适应社会主义市场经济体制的乡村文化，必须坚持"二为""双百"方针，深化文化体制改革，优化资源配置，构建公共文化服务体系；同时，必须发挥市场机制作用，积极发展乡村文化产业，提供更丰富多样的文化产品和服务。

建设乡村公共文化服务体系。针对乡村从 20 世纪 70 年代以来无法有效解决的农民看书难、看戏难、看电影难等乡村公共文化服务问题，逐步把城市中相对过剩的文化资源引向乡村，鼓励和倡导乡村文化志愿服务，以提高乡村人们的卫生知识、文艺知识、法律知识以及科技知识水平。不断加大对乡村文化建设的投入和支持，通过大力扶持基层文化站、文化大院、乡村各类文艺协会培养乡村文化传承、创新和发展的中坚力量。在建立和完善乡村乡村公共文化服务体系的同时，不断改革和完善公共文化产品和服务的供给机制、管理机制。对现有资源进行科学整合，讲究投入与产出的效益关系，防止在市场经济推进过程中的企业化或变相企业化，以确保乡村文化服务在软硬件设施的完善，并能正常运转。

大力发展乡村文化产业。在市场经济条件下，乡村文化产业要获得更多的发展机会和生命力，必须根据自身实际条件切实融入市场经济之中，开辟乡村文化建设的新途径。事实证明，乡村文化进入市场，并实现产业化、规模化，从文化观念更新到文化活动运行模式都能够适应当前乡村经济体制。乡村文化旅游业已成为武陵山区经济增长点和人民群众精神生活的重要内容。产品演示、乡间舞会、趣味竞技、农艺赛事等，都乡村发展文化产业的重要资源。如重庆市武隆县仙女山镇白果村田园风光优美，不仅可以就近游玩著名景点龙水峡地缝，品味天然的高山绿色蔬菜，享受纯正的农家老腊肉，品尝正宗土鸡、仙女山烤羊及各种特色鱼，还能进行农业体验，果蔬采摘，绿色购物，体会到乡村文化精粹。以产业运作方式，挖掘、搜集、整理、再现民俗民间文化的作品和活动，不仅能保持民俗民间文化旺盛的生命力，还能获得不菲的经济效益，促使民间艺人和精熟的制作者焕发出艺术热情，带动乡村文化生活活跃和兴旺。

鼓励群众自发开展具有地方特色的民间文化活动。调动社会力量和民间文化活动者的积极性，让他们成为乡村文化建设的中坚力量。乡村的许多节庆、民间文化和庆典仪式，都是由民间的老艺人、匠人等文化精英来主持，群众也都愿意参加这类活动，如农户的婚娶、生日庆典，农村企业、个体户的开业庆典等都是由民间文化活动者组织的。政府部门需要加大对民间文化活动进行引导和扶持，一方面要积极扶持引导乡村民间艺人、文艺爱好者组建文化服务队伍，开展群众喜爱的大众文化娱乐活动；另一方面，对民间文化资源进行整合，扩大其公共文化服务能力与社会影响力，通过对人才队伍、场地以及资金进行多样形式的重组与合并，以协作促发展。同时鼓励民间群众文化活动与文化产业接轨，充分发挥文化产业，如旅游产业，在资源、人员、文化、资金等方面的优势，打造群众民俗展演的精品节目。

第三节　武陵山区乡村文化发展与建设的实践策略

武陵山区乡村文化发展与建设是一种类型的文化生产，是依据当代乡村逐渐进入市场化、信息化和现代化过程中文化创造活动。不仅需要继承和发扬优秀的传统乡村文化，还要吸收现代文明积极健康的因素，在社会主义先进文化方向的指导下，根据乡村文化主体的自我选择而建立起符合于当代武陵山乡村人们需要的文化形态。其中传统文化习惯、现代科学精神以及市场动作理念都将在很大程度上影响着这种新文化的形塑。总的来说，我们给出的武陵山区乡村文化发展与建设的实践策略是："聚其气、精其艺、顺其制"。

一、重聚乡村人气，找回乡村文化自信

乡村文化的当代发展与建设，必须契合当前整个社会系统发展进程。在城市与乡村两种不同居住形态的建设中，城市远远超过乡村发展。现代化进程中，人们生活经验更加强化了对城市的认同，城市的资源、公共服务、教育、社会保障、就业机会等评价人类居住和生活舒适度的现代性标准，使得乡村这样一种传统的人类居住方式被一种社会舆论所抛弃。乡村在一些人的观念里，已成为一种过去式。

乡村是人类的诗意栖居，是人类的精神家园。但受到工业化、城市化等西方现代化模式一贯熏陶，和在城市与乡村二元不均衡发展的现实面前，在很多人的观念里乡村已被打上不适合现代人居住和生活的标签。社会发展的倾向就是人口大量地向城市移动：乡村聚落向乡镇集市移动，乡镇向县城移动，小城

市向中等城市移动，中等城市向大都市移动。这种情况下，乡村人口剧减、经济发展停滞、公共服务供给不足，导致乡村越来越不自信。因此，新时期乡村文化建设，首先从人们的思想观念上找回乡村文化发展的自信；其次通过乡村的全方面的发展，在经济、文化、生态、社会保障等方面，在市场经济条件下资源的优化配置，重塑乡村市场。通过乡村的重新聚集人气，凝聚人心，在思想观念上得到认同，乡村文化才能找回自信，才能形成乡村建设的起点。

为此必须树立新的乡村文化发展观。乡村文化发展必须牢牢把握社会主义先进文化的前进方向，坚持以人为本的科学发展观，践行绿色发展理念，将绿色文化作为一种观念、意识和价值取向渗透于武陵山区乡村建设个各方面，以绿色行为为表象，倡导和力行绿色生活方式和消费方式，体现人与自然的和谐相处、共处共荣发展。实现城乡一体化，建设"生产发展、生活宽裕、乡风文明、村容整洁、管理民主"的美丽乡村，让乡村成为人们积极追求和向往的栖居地。在文化发展思路上，坚持和完善建设乡村文化体系，着眼于全局，既要加强公益性乡村文化事业，又要强化经营乡村文化市场建设，既要构建覆盖城乡、惠及全民的公共文化服务体系，又要大力发展文化产业，既要完善和创新乡村文化管理模式机制，又要引导乡村文化自身发展繁荣。

在新乡村建设建设方面，把繁荣乡村市场作为发展区域经济，提高乡村人群收入的重要手段，根据乡村经济的特点，构建农产品市场、土地市场等综合市场、专业市场和集贸市场各类型市场格局，活跃乡村经济，让乡村在市场经济竞争中获得其应有地位；努力提升乡村活力，强化乡村公共服务，在民生保障、就医、入学、公共文化、公共信息等建设，以满足乡村现代生活需要，以"诗意栖居、梦中家园"的寻找与建设促进人口从城市到乡村的流动，从而重新凝聚乡村人气。

在乡村文化发展实践上，要切实发挥广大人民群众的主体作用，强化宣传，采取多种形式，全方位、多角度、深层次推进乡村文化建设的主动性，在乡村营造上下联动、人人参与、多方支持的美丽乡村建设氛围。强化媒体宣传，利用电视台、电台、县乡镇公共文化服务基础设施，制作乡村文化建设专题片或宣传片，举办电视访谈节目，报道推广乡村建设专题新闻、经验做法、先进典型等。强化社会宣传，在乡村社区人口密集地段，制作宣传牌、宣传橱窗、粉刷宣传标语，利用文化室、文化广场、居民墙壁、公共汽车、客运班车、出租车等宣传阵地悬挂、张贴、喷画，用通俗易懂的语言、简单明了的图表宣传乡村文化建设相关政策和乡村文化产业广告等。利用乡村文化传统项目，创作各种形式的文娱活动，利用文化下乡舞台、乡村大舞台、农家春晚等形式开展以新乡村文化建设为主题的民间文化惠民巡演活动。

二、提升乡村文化的精品化程度

在乡村市场化、信息化以及城镇化不断推进过程中，乡村文化的发展受到市场经济简单粗暴的采用，在文化产品供给方面出现了"文化快餐""旅游商品"等快餐式的开发，使得一些优秀的传统乡村文化被商品化、庸俗化，其结果是乡村文化特色丢失、传统优秀文化内涵丧失，乡村这个"爷爷奶奶的家"正在褪色。

一方面，乡村文化陷入产业浅层开发以及粗暴开发的困境，商品化、庸俗化了的乡村文化对于乡村文化本质的精神内涵造成消减。另一方面，乡村文化自发建设，单靠农民、个体经营户和农业龙头企业为投资主体，制约了乡村建设和乡村文化发展的进一步开发和拓展。当前，乡村人口大量向城市和主要打工地流动，乡村建设和文化经营有能力的管理人员严重流失，大部分农家乐、乡村酒店以及乡村旅游景点缺乏相应的管理经验和对本土文化的传播能力，从而使乡村建设过程，本土特色大大降低，制约了乡村文化的进一步发展。

同时，乡村文化的产业开发主要是以分散的、自发的、粗放的个体、私营和村寨集体等经营形式的乡村旅游和农家乐为主。乡村文化产业由家庭分散经营，自我管理，没有在整体营销、科学管理与品牌创建等方面进行建设。同时，乡村文化的传承创新，在政府主导之下，由于缺失了对政府掌控的"度"的把握，忽视了对乡土文化、乡村民俗等人文资源的原本意义，而为了政绩需要的浅层开发和人为导向，削弱了乡村文化的深度开发和系统整合，其文化精粹、文化自信以及文化自觉在一些乡村旅游文化、文化产业狭义和片面认识的作用下荡然无存。

乡村文化的发展与建设必须实施乡村文化精品化工程。乡村文化精品化需要从乡村本土文化中寻找优秀文化因子，吸收现代先进因素，在生态、宜居、人文等方面进行特色化建设，使之符合现代人生活的需要。因此，武陵山区乡村文化发展与建设必须突出"山水武陵、美丽乡村"主题，坚持生态为先、绿色发展；乡土为根、文化为魂；特色制胜、规划引领的乡村文化发展理论，以特色产业（如旅游、文化创意产业）、民族特色村寨以及"星级乡村"建设为突破口，发展乡村文化产业新业态，以特色优势产业、乡村文化公共服务供给以及特色乡村建设来推动乡村化的创新与发展。坚持政府引导、市场运作、各方参与的以农民为主体的新乡村文化建设。以乡镇、传统村落、民族村寨、民俗风情等文化遗产为文化特色，建设当代社会主义新农村，营造现代人向往的"诗意栖居"。一是以社会主义市场经济引导下的经济产业发展入手，盘活乡村自然和村寨闲置资源，创建乡村旅游、乡村文化产业实体，并以此为基础吸引乡村外出劳动力回乡投资创业，兴办乡村特色产业，发展农林水利牧渔等产业和乡村旅游服务业。二是打破城乡壁垒，从基础设施建设、金融服务、社会公益事业等方面，统筹规划城乡发展，畅通城乡通道，既为推进乡村新型城镇化进程和新农村建设及生态保护营造良好氛围，又为乡村农民增收致富提供就业依托，和为乡村投资者进村拓业提供方便，更是促进城乡互补交流和协调发展拓展渠道，满足市民休闲、度假和消费需求拓展空间。

三、理顺乡村文化建设的引导和管理体制

新时期武陵山区乡村文化建设离不开政府的领导与引导。乡村文化的指导性发展与建设需要兼顾本土文化与外来文化、传统文化与现代文化以及主流文化与非主流文化统筹，这样的文化建设需要正确的领导、科学的管理以及先进性的教育导向。理顺乡村文化建设引导与管理体制需要做到以下几点。

（一）政府在加大乡村文化建设的同时，充分发挥市场和社会作用

现阶段武陵山区乡村文化发展与建设的管理主体更多的是政府主导，市场和社会参与度极少。随着新型乡村公共文化服务体系和文化产业体制正逐步完善，由政府、市场和社会共同组成的公共文化服务主体体系已得到共同认可。在乡村文化建设与服务等方面，已不再是政府加大加强力量的问题，而是更强调多元主体共同治理的新型模式。乡村文化建设的主体应当由政府、市场和社会共同组成。一方面，由于武陵山民族地区乡村经济水平低，在相当长时间内，政府在乡村文化发展与建设等方面的作用不仅不能削弱，而且还需要加强建设。以政府主导为主，在资金投入、人员配备、场所建筑等方面都是由政府各职能部门下达行政任务并监督执行，再由以村党支部、村委会等与政府关联度极高的村级组织承担。这种现行文化建设和服务体制是长期以来村级事务的主要服务方式，政府在其间发挥着极其重要的作用。另一方面，要积极动员和有效组织市场和社会力量参与乡村文化建设。村级组织不属于国家政府、事业性质组织，包括村级文化服务中心在内的村级组织应该是民间自治组织。当前县乡镇共同管理村级文化服务中心，只是特定阶段的产物，最终需要自治组织自身发挥积极性和创造性，推进乡村文化发展。随着政府职能的转变，要求政府介入社会公共事务力度在减弱，因而必须引导和规范市场和社会力量参与社会公共事务服务之中。要在政府、市场和社会（民众）三方之间建立起良性互动关系。由政府提供基本保障、乡村自主管理和市场力量参与文化服务，破除"输血治标"的传统管理模式，建立起"造血治本"的多元合作管理的乡村文化服务模式。要发挥社会和市场作用，拓展筹资渠道，接受社会捐赠，创

新乡村文化发展，突出乡村特色。

（二）加强村级文化自我服务组织建设

乡土社会创造了丰富的乡村文化形式，同时也培养造就了各具特色的乡土文化人才。由于地理环境、社会因素以及人才境遇的不同，各个乡村都有各村村民喜爱的文娱形式。村级文化服务中心必须立足于本村的文化特色，组建队伍，开展活动，这样才能达到村民积极参与的效果。基于村民自主活动的原则，建立组织村级文化自我服务组织。一是可以通过发掘本村文化特色，组建文化项目传承组织，如来凤县舍米湖原生态摆手舞队等；二是以村级文化精英为中心，建设村级文化演出组织；三是通过非物质文化遗产项目为中心，建设文化传承师承队伍，建立文化传习所；四是鼓励民间社会力量建设村级文化服务场所，如民族文化展示中心、民族博物馆等。

（三）乡村文化建设的引导必须传播接受现代文明和保护弘扬民族传统文化并重

乡村文化建设与服务的真正使命在于满足乡村民众的基本文化需求，这就要求乡村文化服务必须以繁荣乡村文化，创新乡村文化发展。诚然，当代以经济为中心的市场经济体制深化过程中，乡村文化发展面临的种种窘境。但是，无论如何，我们都不能否认乡村有着非常优秀的传统文化资源。培育和实践社会主义核心价值观是乡村文化建设与服务的重要内容。乡村文化发展与建设应把以爱国主义为核心的民族精神，和以改革创新为核心的时代精神落实到具体的乡村文化土壤中。一是把本土特色传统文化以"小故事、大道理"的形式，编写成通俗、易懂、易记的知识读本，通过一系列的普及活动，使其融入人们的工作和生活之中。二是把丰厚的历史文化资源和特色资源转化为文化产业资源，把文化产业作为传承优秀传统文化的载体，夯实文化传承基础。如在举办"节""会""赛"和推动旅游文化产业发展的同时，宣传弘扬优秀传统文化。

在当代乡村文化建设中，我们在充分宣传和推广新文化的同时，也必须从传统文化中汲取营养，用最熟悉、最能体现民族个性的传统文化来丰富乡村民众的精神世界。一方面，乡村文化服务中心是农村公共文化的主要依托，可以提供丰富的文化产品和文化服务，是满足广大普通村民文化需求的基本载体。宣传和传播新的时代文化，受群众接受现代生活。现阶段每个乡镇建立了综合文化站，在具有条件和基础的行政村建立了规范的村级文化服务中心，总体上满足了村民的一般文化需求。电视、网络、信息工程等都可以成为现代新文化传播的载体，用来满足村民获得新知识、新文化的需求。另一方面，发掘整理的乡村传统文化是乡村文化服务的重要内容和应有之义。因此，乡村综合性文化服务中心必须立足于乡土文化，寻找乡土文化，培养乡土文化传承人，利用当前技术，激发乡土文化的生命力。乡村是乡村文化的土壤。武陵山区各地方申报的非物质文化遗产绝大多数来源于乡村，如地龙灯、摆手舞、油茶汤制作技艺等。这些文化遗产在乡村社会仍在广泛传承。发现并整理这些乡村文化项目，并使之获得更大的认可和传承机会，是乡村文化服务中心最基础的任务。如来凤县有舍米湖摆手舞、板沙界的地龙灯等成功案例，发掘更多具有特色的乡村乡寨，更能体现民族地区乡村的文化内涵。

（四）乡村文化基础设施建设必须以便民为要旨

乡村级文化基础设施的设置要便于群众。大多数村级文化服务中心多建在村委会办公场所的专用空间，这类专用空间具有政治权力将公共空间私有化的一种体现，对于村来说具有空间的区隔，增加了村民空间的成本。[①] 首先，由于中国传统乡村文化中"民"与"官"之间有着天然的区隔，一般情况下，村级极少自愿地去代表着"官"的空间中娱乐。其次，村民娱乐活动多数不拘于场地和形式，只要娱乐同伴符合要求，随时随地都可以娱乐。同时，多数村民也有着自身活动习惯，不愿限制在一定的时间和地点之中。因此，村级文化服务中心建设要寻找村民认可的公共空间，如传统宗祠、空置的古建筑、民族文化中心、文化广场等文化服务场所。这种空间一定要便于村民参加文化活动，与现有居住格局、地方文化特点和传统相一致。在一定程度上也可以突显出以家族关系为基础的组织形式，崇尚孝悌、勤俭社会道德和以舆论、情感为纽带的乡村文化建设特点。

（五）创新丰富乡村文化产品，塑造乡村文化品牌

武陵山区乡村文化产品与服务，大多限于提供活动场所、农家书屋、电子信息等政策规定的固定项目，目前仍然无法满足乡村文化服务需求。因此，必须加强乡村文化产品和服务的供给。一是应鼓励创作更多更好地面向乡村的文化产品，并采取流动舞台车送戏下乡、举办乡村文化艺术节、文化设施免费开放等方式，进一步丰富乡村文化产品供给。二是充分发掘民间民俗文化资源，大力发展集镇文化、村落文化、社区文化等。三是整合有线数字网络设施、党员远程教育系统、农家书屋等文化资源，健全完善县、乡、村三级文化网络，提升公共文化传播能力，实现文化信息资源共享。四是丰富乡村文化产品形式，如在纸质信息方面，可以采用画册、宣传手册、宣传单等形式，将村民需

---

① 郑欣：《治理困境下的乡村文化建设研究：以农家书屋为例》，载《中国地质大学学报》（社会科学版）2013年第2期。

要了解的信息用最通俗易懂的文字、画面或视频等形式展现出来。五是进一步加强乡村文化设施建设，落实活动经费、场所、器材，满足农村群众开展文化活动的需求。六是强化乡村文化品牌建设，培养和发展民间文化队伍，立足本村特色文化，创建文化项目，完善文化展演形式，提升村级文化服务的知名度。

（六）乡村文化发展与建设必须充分利用现代先进技术

从武陵山区大多数乡村文化服务中运行情况来看，文化服务中心的硬件设施使用率在实际上并不高。对于农家书屋，其藏书量确定达到了标准化建设要求，然而其藏书各类、实用性并不能满足村民的阅读需要。当前在乡村居住的人群中，老人与小孩的比例很大，针对老人与孩子的图书在农家书屋很少看到。图书形式以及图书信息的滞后性也是乡村农家书屋不能满足需求的重要原因。在一些采用数字技术、网络技术的电子信息共享的电子阅览室，除了少数人能熟练操作以外，大部分村民根本不懂，也不会使用这些设备。现代数字设备的操作使用困难也是使村级文化服务中心服务质量下降的原因。同时，功能越来越齐全的电子设备（智能手机、随身WiFi、iphone等）使信息获得变得容易，对于村级电子阅览服务的需求并不明显。因此，村级文化服务必须规范配置文化服务资源，完善服务，充分利用文化服务中心资源。一是加快文化产品和文化服务更新速度。包括增加农家书屋图书的收藏量，不满足于上级机构调拨、社会捐赠，还应该主动购买村民急需的农技、防灾减实、历史、人物传奇、社会价值、文摘、畅销书等图书。二是有计划、目的的利用图书馆资源，切实做到系统指导、合理规划、充分利用。以活动为载体，大力宣传，合理引导，逐渐渗透，开展丰富多彩的活动，激发村民读书兴趣。三是及时更新公共文化服务信息服务器数据，升级服务客户端，优化村级通信网络，简化操作程序，从而降低门槛，扩大信息服务范围。

参考文献

一、专著

[1][英]雷蒙·威廉斯著：《乡村与城市》，韩子满等译，商务印书馆2013年版。

[2][美]芮德菲尔德：《农民社会与文化》，中国社会科学出版社2013年版。

[3][美]史蒂文·瓦戈著：《社会变迁》，王晓黎等译，北京大学出版社2007年版。

[4]杜赞奇著：《文化、权力与国家》，程克雄译，江苏人民出版社2003年版。

[5][美]塞缪尔·亨廷顿主编：《文化的重要作用——价值观如何影响人类进步》，程克雄译，新华出版社2002年版。

[6][美]M·罗吉斯著：《乡村社会变迁》，王地宁译，浙江人民出版社1998年版。

[7][美]奥格本：《社会变迁——关于文化和先天的本质》，浙江人民出版社1992年版。

[8][法]H·孟德拉斯著：《农民的终结》，李培林译，中国社会科学出版社1991年版。

[9][美]吉尔伯特·罗兹曼：《中国的现代化》，江苏人民出版社1988年版。

[10]余继平、洪业应：《乌江流域特色文化产业创新发展研究》，经济日报出版社2016年版。

[11]阎海军：《崖边报告：乡土中国的裂变记录》，北京大学出版社2015年版。

[12]李秀忠、李妮娜：《当代中国乡村文化建设问题研究》，山东人民出版社2014年版。

[13]《我们的酉阳》编委会：《我们的酉阳》，重庆大学出版社2013年版。

[14]周军：《中国现代化与乡村文化建构》，中国社会科学出版社2013年版。

[15]贺雪峰：《新乡土中国（修订版）》，北京大学出版社2013年版。

[16]于影丽：《社会转型期乡村文化：传承与断裂——玉村教育人类学考察》，教育科学出版社2012年版。

[17]秦红增：《乡土变迁与重塑——文化农民与民族地区和谐乡村建设研究》，商务印书馆2012年版。

[18]梁漱溟：《中国文化的命运》，中信出版社2010年版。

[19]辛秋水：《传统文化与现代文明相对接——新乡村建设的理论与实践》，合肥工业大学出版社2010年版。

[20]葛志华：《从新农村到新国家》，江苏人民出版社2008年版。

[21]张鸣：《乡村社会权力和文化结构的变迁（1903－1953）》，陕西人民出版社2008年版。

[22]李小云、赵旭东、叶敬忠主编：《乡村文化与新农村建设》，社会科学文献出版社2008年版。

[23]李友梅：《快速城市化过程中的乡土文化转型》，上海人民出版社2007年版。

[24]舒扬：《当代文化的发生机制》，中央编译出版社2007年版。

[25]徐杰舜：《新乡土中国——新农村建设武义模式研究》，中国经济出版社2006年版。

[26]张锦秋：《毛泽东、邓小平、江泽民关于"三农"问题的部分论述》，中国农业出版社2005年版。

[27]梁漱溟：《中国文化要义》，上海世纪出版集团2005年版。

[28]楼陪敏：《中国城市化：农民、土地与城市发展》，中国经济出版社2004年版。

[29]李培林：《村落的终结——羊城村的故事》，商务印书馆2004年版。

[30]陈桂棣、春桃：《中国农民调查》，人民文学出版社2004年版。

[31]李忠斌：《科技进步与土家族地区经济社会发展》，民族出版社2001年版。

[32]宋俊岭：《中国城镇化知识15讲》，中国城市出版社2001年版。

[33]柏贵喜：《转型与发展：当代土家族社会文化变迁研究》，民族出版社2001年。

[34]陆学艺：《中国农村现代化道路研究》，广西人民出版社2001年版。

[35] 段超：《土家族文化史》，民族出版社 2000 年版。
[36] 黄宗智：《华北的小农经济与社会变迁》，中华书局 2000 年版。
[37] 谢立忠：《当代中国社会变迁导论》，河北大学出版社 2000 年版。
[38] 吴敏先：《中国共产党与中国农民》，东北师范大学出版社 2000 年版。
[39] 方向新：《农村变迁论——当代中国农村改革与发展研究》，湖南人民出版社 1998 年版。
[40] 王晖、陈燕谷：《文化与公共性》，三联书店 1998 年版。
[41] 费孝通：《乡土中国》，北京大学出版社 1998 年版。
[42] 王铭铭：《村落视野中的文化与权力》，三联书店 1997 年版。
[43] 陈吉元、胡必亮：《当代中国的村庄经济与村落文化》，山西经济出版社 1996 年版。
[44] 孙立平：《传统与变迁——国外现代化及中国现代化问题研究》，黑龙江人民出版社 1992 年版。
[45] 王贵宸：《中国农村现代化与农民》，人民出版社 1994 年版。
[46] 王宽让：《传统农民向现代化农民的转化》，人民出版社 1994 年版。
[47] 庞朴：《文化的民族性与时代性》，中国和平出版社 1988 年版。
[48] 司马云杰：《文化社会学》，山东人民出版社 1986 年版。

二、论文

[1] 赵霞：《乡村文化的秩序转型与价值重建》，河北师范大学博士学位论文，2012 年。
[2] 吴利平：《农村社区建设与乡村文化网络的互动研究》，山东大学硕士学位论文，2013 年。
[3] 陈森林：《乡村文化的变迁及其重建路径研究——以苏北 G 村为例》，安徽大学硕士学位论文，2014 年。
[4] 孙天雨：《城镇化进程中乡村文化转型问题研究——基于马克思主义文化观视角》，河北农业大学硕士学位论文，2015 年。
[5] 刘翠：《当代中国乡村文化建设的若干问题研究》，山东师范大学硕士学位论文，2008 年。
[6] 闫惠惠、郝书翠：《多方博弈中现代性与乡村文化的共建》，载《党政视野》2016 年第 3 期。
[7] 李志强：《转型期农村社会组织治理场域演进——从适应、整合到均衡的路径分析》，载《中南大学学报》（社会科学版）2016 年第 2 期。

[8] 刘晋祎：《“人的新农村”建设的科学内涵与战略意义研究——基于人性发展哲学的视角分析》，载《改革与战略》2016 年第 4 期。

[9] 王纵横：《空间隔离的文化反叛——对中国社会城乡文化矛盾的一种解读》，载《山东社会科学》2016 年第 5 期。

[10] 沈妉：《论农民的文化自觉和乡村新文化的构建》，载《改革与开放》2016 年第 9 期。

[11] 吕宾、俞睿：《城镇化进程中乡村文化内生性建设》，载《学习论坛》2016 年第 5 期。

[12] 孙天雨、张素罗：《农村劳动力转移对乡村文化转型的影响及对策》，载《河北学刊》2014 年第 4 期。

[13] 沈玉梅、付文学：《新农村文化的考量：基于皖北 S 市乡村文化认同的实地考察》，载《毛泽东邓小平理论研究》2014 年第 7 期。

[14] 李松：《城镇化进程中乡村文化的保护与变迁》，载《民俗研究》2014 年第 1 期。

[15] 丁成际：《当代乡村文化生活现状及建设》，载《毛泽东邓小平理论研究》2014 年第 8 期。

[16] 梁茜：《乡村文化生态价值的现代性境遇与重建》，载《广西民族大学学报》（哲学社会科学版）2014 年第 3 期。

[17] 刘从水：《乡村文化产业：云南民族村寨经济转型的新动力》，载《思想战线》2013 年第 2 期。

[18] 沈妉：《城乡一体化进程中乡村文化的困境与重构》，载《理论与改革》2013 年第 4 期。

[19] 张振鹏：《新型城镇化中乡村文化的保护与传承之道》，载《福建师范大学学报》（哲学社会科学版）2013 年第 6 期。

[20] 陈方南：《论村民自治中传统乡村文化与现代民主意识的融合》，载《社会科学战线》2012 年第 3 期。

[21] 季中扬：《乡村文化与现代性》，载《江苏社会科学》2012 年第 3 期。

[22] 李佳：《乡土社会变局与乡村文化再生产》，载《中国农村观察》2012 年第 4 期。

[23] 王丽燕：《乡村文化生活的失落与回归——以浙江省为例》，载《中国青年政治学院学报》2011 年第 1 期。

[24] 马永强：《重建乡村公共文化空间的意义与实现途径》，载《甘肃社会科学》2011 年第 3 期。

[25] 赵霞：《传统乡村文化的秩序危机与价值重建》，载《中国农村观

察》2011 年第 3 期。

［26］周军：《当代中国乡村文化变迁的因素分析及路径选择》，载《中央民族大学学报》（哲学社会科学版）2011 年第 2 期。

［27］李德建、马翀炜：《意义之维中的民族地区乡村文化产业》，载《贵州社会科学》2010 年第 11 期。

［28］李志强：《城镇化背景下少数民族乡村文化的保持——以壮族布洛陀文化为例》，载《广西民族研究》2010 年第 2 期。

［29］孙美璆：《少数民族自我发展能力和乡村文化建设——以云南省乡村文化业为例》，载《黑龙江民族丛刊》2009 年第 3 期。

［30］孙庆忠：《离土中国与乡村文化的处境》，载《江海学刊》2009 年第 4 期。

［31］马永强、王正茂：《农村文化建设的内涵和视域》，载《甘肃社会科学》2008 年第 6 期。

［32］丁永祥：《城市化进程中乡村文化建设的困境与反思》，载《江西社会科学》2008 年第 11 期。

［33］周尚意、龙君：《乡村公共空间与乡村文化建设——以河北唐山乡村公共空间为例》，载《河北学刊》2003 年第 2 期。

［34］陈润儿：《乡村文化消费失衡的原因与对策分析》，载《消费经济》1997 年第 1 期。

［35］高长江：《乡村现代化与乡村文化建设》，载《中国农村观察》1995 年第 4 期。

后 记

本不想在本书留下前言后语，但出版社老师建议写个后记。正好今年有一件值得纪念的大事——我家小福星出生了！儿子为家里带来了福气，也该给他点见面礼。

从武陵山区腹地来到长江乌江交汇的涪陵，让左冲右突、身心俱疲的我再次拥有了温馨而完整的家。柴、米、油、盐、生计、教育、娱乐、旅游、休闲、养生，让我体验到文化变迁，并思有所得。

我出生在乡村，第一份工作也是在乡村。那时，作为文化专干被下派到具有浓郁土家族文化氛围的河东乡——一个位于鄂湘渝三省（市）交界的地方，每当有学者到这里考察，领导都会派我领着客人们去看新的和旧的省界碑。这可是"一脚踏三省"的好地方！那里有现今保存最为完整的摆手堂，传承着原生态的摆手舞。然而，在少数民族乡村工作时未能体会到传统少数民族文化的奇绝和热烈，更多地看到了人们为了生计春种秋收的忙碌，或者是为了生个儿子而东躲西藏。那个时候在村寨里看不到鲜艳的少数民族服装、听不到用苗话和土家话聊天，少数民族文化是乎离人们很远很远。

乡村文化在一些人的眼中可能出现了断裂，少数民族传统文化在当今社会已然少见踪迹，若不是国家有文化保护政策，可能再过几年就没有了乡村文化。可我不这么认为，可能是执着于一种乐观的文化发展观吧。有人就有文化，文化总是随着人的变化而变化。对于新型城镇化进程中的乡村文化传承研究，也是基于文化与人同步发展的思想。文化的传承发展与人的主观选择息息相关，而影响选择的因素则是多元的。与其让乡村文化的传承与发展一定要保存其传统风貌，还不如放任自然，文化传统会在新的时空中找到自己的出路。我试图用这样的理解来解释当代武陵山民族乡村的文化变迁与转型问题，只有这样，乡村文化才是真实的。

本书是重庆市社科规划项目"新型城镇化进程中武陵民族地区乡村文化传承与发展研究"结题成果，其出版得到了长江师范学院武陵山区特色资源开发与利用研究中心、武陵山片区绿色发展协同创新中心的资助，在此表示衷心的感谢!

非常感谢经济科学出版社的王娟老师!她为了本书早日与读者见面,提出很好的修改建议和出版策略,付出了大量的辛劳!

刘安全

2017年12月1日于重庆涪陵